人文社會科學叢書

張哲郎著

明代巡撫研究

國立編譯館主編
文史哲出版社印行

國立中央圖書館出版品預行編目資料

明代巡撫研究 / 張哲郎著. -- 初版. -- 臺北市
: 文史哲, 民84
面 ; 公分. -- (人文社會叢書 ; 3)
參考書目:面
ISBN 957-547-926-2(平裝)

1. 政治制度 - 中國 - 明(1368-1644)

573.16 84001874

人文社會科學叢書 ③

明代巡撫研究

著者：張哲郎
主編者：國立編譯館
著作財產權人：國立編譯館
出版者：文史哲出版社
登記證字號：行政院新聞局局版臺業字五三三七號
發行人：彭正雄
發行所：文史哲出版社
印刷者：文史哲出版社
臺北市羅斯福路一段七十二巷四號
郵撥〇五一二八八一二彭正雄帳戶
電話：三五一一〇二八
實價新台幣四六〇元
中華民國八十四年九月初版

ISBN 957-547-926-2

明代巡撫研究目次

第一章　前　言

明代巡撫與總督之設置，是明清兩代地方最高行政長官的濫觴。研究中國政治史，尤其是中國地方政治史的學者，對於巡撫與總督的形成與發展，皆有相當大的興趣。民國七年，吳廷燮曾經編著《明督撫年表》一書，把明代設置督撫將近二百年間，總共二千多人次的巡撫與總督，依每一督撫的設置與異動的時間，分門別類，列表記載，給予研究明史的學者提供了可貴的資料。吳書的取材相當豐富，有《明實錄》、《明史》、《國榷》、《明史稿》、《明人傳記》、文集、碑傳及地方志，收集的史料有四百餘種，下了不少功夫。然此書亦有其缺點，例如有很多的地方捨《明實錄》的史料不用，而取用談遷的《國榷》。《國榷》一書依編年體編纂而成，查看督撫之史料比實錄方便。可是其史料多抄自實錄，吳書捨實錄不用，而取材《國榷》，實犯史料選擇之大忌。難怪吳書中之年代及日期之干支，屢有錯誤。另外，吳書在引文中，並未完全照原文徵引，有時只節錄一段，有時則截取大意，使讀者無從取捨。還有，由於人物衆多，史料闕如或編纂未善，人名、地點及任期錯誤甚多。例如把江西巡撫列入南贛巡撫，廣西巡撫列入廣東巡撫，甚至同名同姓而相隔近百年的二位不同的巡撫誤爲同一人。

一九八二年，大陸重新對吳廷燮之《明督撫年表》加以編修出版，分爲上下兩冊，由魏連科點校，並在每一巡撫前加表題，年號紀年下加公元紀年，書末又附有督撫人名索引，增加本書之可讀性。可惜這次重新出版，只在編目及索引上有所改進，對於內容之錯誤則未作修正。

總而言之，吳廷燮之《明督撫年表》，只是一本明代總督與巡撫之任期表。書中並未告訴我們明代督撫形成之原因，發展之經過。也未告訴我們明代督撫之職掌與功能之演變，選任之方式，異動之情形及任期之短長等等。因此，本書仍是針對以上諸問題做研究，來看明代巡撫之形成與發展。由於人物衆多，史料繁雜，故本書只討論明代的巡撫，至於明代的總督，將在另文中敘及，不在本書研究之範圍。

本書之史料，以《明實錄》爲主，其他史料如吳書、《國榷》、《列卿表》、《明史》、地方志及其他史料之巡撫任免之年代，如與《明實錄》有不同之處，則以《明實錄》之記載爲準。崇禎年間，各地巡撫任免之日期，實錄缺乏之處，則以《崇禎長編》、《國榷》，再參考其他史料。

第二章　明代巡撫之始創

第一節　巡撫之沿革

巡撫之「巡」，說文解釋為視行也。段玉裁注曰，視行者，有所省視之行也。①故巡撫與巡按之「巡」，皆為古代天子巡狩天下之意。因明代之天子不能像古代天子那樣隨時到處巡狩，而設巡撫官以自代，猶如天子自行巡狩之意。②

巡撫之「撫」，說文解釋為揗也、摩也、敷也或安也。③也就是說「拊摩鞠育，與生民安養休息之謂也。匪欲樹奇功，博崇名已也」。④總之，「巡撫」之意，就是代天子巡狩天下，安撫百姓之意。

巡撫制度為明代新創之官制，為中國其他朝代所無。據黃本驥之《歷代職官表》之記載說，明代之巡撫可追溯到三代之州牧、州伯、方伯，或晉至北齊之持節刺史，後周至隋之總管刺史，唐代之總管都督、節度副使及經略副使，五代之節度使，宋之節度使及安撫使，遼之節度使，金之同知都總管及節度使，元之行中書省左右丞。⑤三代之州牧、州伯及方伯在文獻中並未明載，無法考證它與明代巡撫之關係。而晉以後之持節刺史及唐以後之節度使，已成為地方之最高行政長官，並擁有相當大的兵力與軍事權。這與明代巡撫的功能相近，但是明代之巡撫後來雖常駐在地方，地位也在行省之布政使之上，可以說是地方最高之行政長官，但他並沒有自己的部屬，沒有帶兵權。這與清代巡撫的組織不同。黃本驥之《歷代職官表》是以清代之巡撫為本，追溯其源。清代之巡撫已成為正式的地方行政長官，有自己的部屬，有自己的軍隊，甚至於帶兵作戰的權力，與明代之巡撫不太相同。所以明人張萱在他的《西園聞見錄》中說：「明代之巡撫，即魏之慰撫大使，隋代之宣撫大使，唐代之存撫安撫使。」⑥魏之慰撫使及隋唐以後之安撫使，皆為臨時派遣往各道巡視之大臣，並非常設之官。唐中期以後，在各道皆設有節度使、觀察使，遂不復置安撫使。宋代罷節度使及觀察使，以知州直屬中央，而知州之職權太小，不能應付較廣大之地區，於是在地方又設立一種叫做路的監察區。宋代的路，有轉運司掌管一路歲糧之轉運及監察地方之吏治。另外每路又有帥司，其長官就叫經略安撫使或安撫使。北宋之經略安撫使，雖也管民政、錢穀之事，但偏重於軍事，尤其是在邊地，軍事因素更是經略安撫使之主要功能。《宋史》中說：

帥臣任河東、陝西嶺南路，職在綏御戎夷，則為經略安撫使兼總管以統制軍旅，有屬官典領要密文書，奏達機事。河北及近地，則使事止於安撫而已。⑦

如北宋眞宗時（西元九九八—一〇二二年）以翰林學士王欽若為四川安撫使，知制誥梁顥為陝西安撫使。南宋時則因防止金人入侵，更於一些軍事要衝設立制置使，就是所謂的制撫。⑧隋唐以後之安撫使某些功能雖與明代之巡撫相近，但它並不是一種常設之機構，這與明代常駐地方之巡撫不同。宋代之經略安撫使與明代之巡撫較爲接近，然而宋代之經略安撫使有固定之屬吏，而且其主要功能是以軍事爲主，這與明代巡撫之以安撫百姓，督理稅糧及勸導農業爲主之功能有別。

總之，明代巡撫之制度雖可追溯到前代，但此制度乃明代所創，其組織及功能皆有其特色，與歷代之地方行政機構不盡相同。

【附註】

① 諸橋轍次：《大漢和辭典》，十二冊（東京：大修館書店，一九七六，第五刷），第四冊，頁三三三四。

② 趙南星：「覆陳給事疏」於〈趙忠毅奏疏〉，見陳子龍等編：《明經世文編》，六冊，五〇四卷，補遺四卷。（香港：珠璣書店，一九六四年），第六冊，卷四五九，頁五〇二一。

③ 諸橋轍次：《大漢和辭典》，第五冊，頁三九一。

④ 鄒元標：「直抒膚見以光聖德以奠民生疏」，〈鄒忠憲公奏疏〉，見《皇明經世文編》，第六冊，卷四四五，頁四八九六。

⑤ 黃本驥：《歷代職官表》，六卷（臺北：洪氏出版社，民國六五年一月），頁二五八。

⑥ 張萱：《西園聞見錄》，四〇冊，一〇七卷（北平：哈佛燕京學社，民國二十九年），第三五冊，卷九三，頁一一上至一一下。

⑦ 脫脫等修：《宋史》，四九六卷，一八冊（臺北：鼎文書局，民國六十七年九月），卷一六七，志一二〇，職官七，第五冊，頁三九六〇。

⑧瞿蛻園：〈歷代職官簡釋〉，見黃本驥：〈歷代職官年表〉，頁五八，及張忱石：〈點校說明北宋經撫年表，南宋制撫年表〉，見吳廷燮著，張忱石點校：《北宋經撫年表》，《南宋制撫年表》（北京：中華書局，一九八四年四月）頁一－二。

第二節　巡撫之創立

明代巡撫設置之年代，有各種不同的說法：

一、《國朝典彙》說：「洪熙間，嘗命廣西布政司周幹巡視直隸、浙江。宣德初，幹還言，有司多不得人，土豪肆虐，良民苦之。乞命廷臣往來巡撫，庶民安田里。下吏部會戶部、工部議，遂命廣西按察使胡槩為大理寺卿，同四川參政巡撫直隸及浙江諸郡，此巡撫之始。」①《國朝典彙》之作者徐學聚認為洪熙皇帝死後，宣德皇帝尚未正式即位的洪熙元年閏七月（西元一四二五年），為明代巡撫設立之年。

二、《古今治平略》卷十五〈國朝官制〉云：「其巡撫，自永樂十九年，敕大臣十三員，各同給事中一員，巡行天下，考察官吏。」②《古今治平略》則以永樂十九年（西元一四二一）為明代巡撫設立之年。

三、孫承澤之《春明夢餘錄》說：「天下設巡撫都御史，洪武未有也。太祖不欲以重臣令典錢糧兵馬。永樂十九年，敕尚書、侍郎、都御史、少卿等官十三員，各同給事中一員，巡行天下，是謂巡撫。」③《春明夢餘錄》中又以永樂十九年，爲明代巡撫設立之始。

四、章潢在其《圖書編》中說：「問天下巡撫之設何如？曰：『天下設巡撫都御史，洪武未有也。』太祖不欲以重臣令典錢糧兵馬。永樂十九年，敕尚書、侍郎、都御史、少卿等官十三員，各同給事中一員，巡行天下，是謂巡撫。」④又以永樂十九年爲始設之年。

五、夏燮之《明通鑑》則說：「（洪熙元年八月癸未），詔大理寺卿熊槪，參政葉春巡撫南畿、浙江。先是，槪與周幹奉命巡視南畿、浙江。幹還，劾左參政岳福庸懦不任職，土豪肆惡爲民患。仁宗監國時，嘗命槪以御史署刑部，知其賢。及是使還，催任大理，還令與春同往巡撫——巡撫之設自此始。」⑤夏燮則以洪熙元年八月爲明代巡撫之始設。但他又說，在宣宗宣德五年（西元一四三〇），擢監察御史于謙，越府長史周忱等六人爲侍郎，巡撫兩京、山東、山西、河南、江西、浙江、湖廣等處，這是各省專設之始。⑥夏燮以爲洪熙元年爲明代巡撫初設之年。但在各省設置巡撫，則始於宣德五年。

六、皇甫錄之《皇明紀略》中言：「永樂十九年四月，上命大臣巡撫天下，而各副以近臣一人，此殆巡撫鎭守之始。」⑦皇甫錄又以永樂十九年，爲明巡撫設立之年。

七、《明史》中云：「巡撫之名，起於懿文太子巡撫陝西。永樂十九年遣尚書蹇義等二十六人，巡行天下，安撫軍民。」⑧雖未明言，似乎以永樂十九年爲巡撫始創之年。

八、何孟春之《餘冬序錄》中言：「國家奉使大臣，有地方專責者，自永樂年來，惟巡撫官爲然。」⑨何孟春又以永樂十九年爲巡撫設置之開始。

九、朱睦㮮之《皇朝中州人物志》則說：「論曰；巡撫之設，即成周以王朝卿出監之意也，洪武、永樂之際，或曰『採訪』，或曰『巡視』，事已即罷。宣德庚戌，乃置專職。」⑩朱睦㮮則以宣德五年（西元一四三〇）爲設置之年。

十、余繼登之《典故紀聞》說：「仁宗嘗命廣西布政使周幹巡視直隸、浙江。宣宗即位，幹還言：『有司多不得人，土豪肆虐，良民苦之。乞命廷臣往來巡撫，庶民安田里。』下吏部會戶部、工部議，遂命廣西按察使胡槪爲大理寺卿，同四川參政葉春，巡撫直隸及浙江諸郡，此巡撫之始。」⑪余繼登則以洪熙元年爲始設之年。

十一、清代乾隆時官修之《歷代職官表》，引用《國朝典彙》之文，認爲永樂十九年派遣右都御史王彰巡撫河南，爲巡撫設立之年。王彰，河南人，永樂中爲右都御史，當時有人密告說周王想造反，永樂帝準備派兵征討，問王彰有何意見，王彰認爲周王並沒有造反的跡象，師出無名，不如由他率領三、四名御史隨行前往調查，並要求永樂皇帝給予敕命，巡撫其地。永樂皇帝同意他的看法，於是王彰奉敕巡撫河南，解決了河南周王府謀反的謠言。⑫巡撫之人只提王彰一人，然仍以永樂十九年爲巡撫始創之年。

十二、雷禮所著之《國朝列卿紀》中認爲，巡撫之名始設於永樂十九年，然事畢回朝，未有專命。宣德五年，因蘇州等府稅糧不繼，特別升任越府長史周忱爲工部右侍郎，總督稅糧兼巡撫應天、安慶、徽、寧、池、太、松、常、鎭、廣德地方，及處理浙西杭、嘉、湖稅糧。從此以後，巡撫遂成定制。⑬

十三、張萱之《西園聞見錄》中曾說：「我朝初制，歷遣監察御史巡撫方隅，或大甾重患，乃遣廷臣行視，謂之巡按，迄事而止，無定員。宣德年，以關中江南地大而要，始命官吏更替巡按，不復罷去。」⑭替代巡按之官，就是巡撫，所以張萱以宣德五年爲明代巡撫設立之開端。

十四、王世貞之《鳳州雜編》云：「偶有問巡撫所始者，記會典，始永樂十九年。然不得其實也。」⑮王世貞引用《大明會典》中說的永樂十九年，爲巡撫設立之始，但是他自己並不確定。

十五、沈德符在其《萬曆野獲編》中說，巡撫之名，始於洪武二十四年（西元一三九一），太祖命皇太子巡撫陝西地方。以後逐漸派遣尙書、侍郎、都御史、寺卿、少卿等官巡撫各處，但並未明言巡撫始設之年代。⑯

十六、龍文彬之《明會要》引用王世貞之《弇山堂別集》說：「巡撫之名，起於懿文太子陝西之行。其分遣大臣，自永樂十九年始。各省專設，自宣德五年始。」⑰其說法與雷禮之《國朝列卿紀》相同。

十七、鄭曉之《皇明大政記》中言：「宣德五年九月丙午，擢御史于謙等六人爲侍郎，巡撫各省。謙撫河南，越府長史周忱撫江蘇，吏部郎中趙新撫江西，兵部郎中趙倫撫浙江，禮部員外郎吳政撫湖廣，刑部員外郎曹弘撫北畿、山東，此各省專設巡撫之始。」⑱鄭曉則又以宣德五年，爲巡撫設置之始。

十八、陸深在其書《玉堂漫筆》中說：「國初歲遣監察御史巡按方隅，大災重患，乃遣廷臣行視，謂之巡撫，事迄而止，無定員。宣德間，以關中、江南地大而要，始命官吏代巡撫，不復罷去。」⑲陸深又以宣德五年爲巡撫設置之年。

十九、作者不明的《九朝談纂》中云：「舊制無巡撫侍郎等官，宣德中，吏部止有蹇尚書（義），左右侍郎久缺，候蹇奏保。文選鄭郎中誠，陸右侍郎。時本部趙郎中新，事蹇婿且久，因缺望日言於蹇曰：『鄭誠做得，趙新爲何做不得？』蹇奏保難於士論。久之，假以巡撫各處爲名，保陸十二人爲侍郎，趙新預列巡撫江西，此巡撫之名，自趙新始，而蹇公之心，實欺君也。」⑳在此不著撰人之《九朝談纂》，認爲明代巡撫是始設於宣德中，也就是宣德五年，吏部尚書蹇義因私人關係而舉用趙新巡撫江西始。

二十、陳登原在《國史舊聞》中說，巡撫總督，原爲巡察風紀之官，本爲臨時措置。其名始於洪武，其官始於永樂，其成爲經制，則在宣德，經天順至嘉靖，始爲經常性之地方大員。㉑

由以上各種不同史料的記載可以看出，從明永樂以來，對於明代巡撫之設立時間，有三種不同的說法：一說是認爲永樂十九年（西元一四二一）四月，永樂帝大量派遣大臣巡視天下，就是明代巡撫設立之始。另一說法是認爲洪熙元年閏七月（西元一四二五），洪熙帝死後不久，宣德皇帝派遣胡槩及葉春巡撫直隸及浙江諸郡，爲巡撫之始設。第三種看法是認爲宣德五年九月（西元一四三〇），宣德皇帝派遣趙新、于謙等六人巡撫地方，從此以後各省專設巡撫，這才是眞正巡撫設立的年代。《九朝談纂》更具體的說，明代巡撫之名，是始於趙新的巡撫江西。當時吏部缺侍郎，尚書蹇義保舉郎中鄭誠爲吏部右侍郎，引起吏部郎中趙新的不滿。趙新曾事奉吏部尙書蹇義的女婿，因此遂向蹇義抱怨說爲什麼鄭誠做得，趙新如何做不得？蹇義想推薦趙新，但又怕遭受攻擊，遂提出另途，奏保趙新等十二人爲侍郎做爲巡撫。所以巡撫之設，實際上是蹇義之私心而起。㉒這個說法很有意思，但其可靠性則值得懷疑。因爲巡撫之名，並不始見於宣德五年，早在洪武二十四年（西元一三九一）已有。何況蹇義所奏保者也只有六人，怎會有十二人？

事實上，上面之三種說法都沒錯，主要是從那種觀點來看。明代巡撫制度之設立，並不是在特定之某一天形成，也不是經由皇帝與大臣們詳細討論後才制定出來的一種制度，而是經過一段時間的演進才發展而成的制度。

巡撫之名，起於洪武二十四年，命懿文太子巡撫陝西：

命皇太子巡撫陝西，上諭皇太子曰：「天下山川，惟秦中號爲險固，嚮命汝弟分封其地已數十年，汝可一遊，以省觀風俗，慰勞秦民。」於是，擇文武之臣扈從，皆給道里費，仍命經過府縣，以宿顧聞。㉓

懿文太子之巡撫陝西，並非爲了巡視地方災情，也非爲了安撫百姓，而是爲了要選擇建立國都的地點。因此，懿文太子之巡撫陝西雖與後來巡撫名稱相同，其內容與性質卻迥然不同，不能視爲巡撫之起源。㉔

建文元年三月（西元一三九九），建文皇帝下令：

遣採訪都御史暴昭、侍郎夏原吉、給事中徐思勉等二十四人，巡行天下，問民疾苦，興廉黜貪，得便宜行事。㉕

暴昭等採訪使之派遣，名義上是巡視地方民情，實際上是爲了防止地方諸封建王國的反叛，派出去探聽諸侯之虛實，與後來派遣巡撫之目的不同。㉖

永樂皇帝即位之後，時常派遣官員巡視地方，這些派遣出去的官員皆是御史。以御史巡視地方，始於洪武年間，但並不常遣。永樂元年二月（西元一四〇四）以後，以御史巡視地方，成爲定制。㉗這些御史巡視地方之主要目的是考察地方官吏，並未觸及地方農業及安撫百姓等事務。因此，永樂時代用御史巡視地方，亦不能視爲巡撫設置之始。㉘

永樂十九年四月（西元一四二一），永樂皇帝大量派遣大臣巡視天下，其文曰：

癸丑，敕吏部尚書兼詹事府詹事蹇義等二十六人巡行天下，安撫軍民。敕曰：「今命爾等分歷郡縣，撫安軍民，詢察所苦。凡利之未興者，興之。害之未革者，革之。諸司官吏蠹法厲民者，黜之。守法愛民者，旌之。爾克副所命，致民安於田里，而無飢寒愁嘆之聲，則予汝嘉。如又徇私蔽公、不辨淑慝、不察是非，軍民休戚不以究心，將爾之罪，亦不可逭。欽哉。」命義及給事中馬俊往直隸、應天等府州。尚書金鈍、給事中葛紹祖往四川。都御史王彰、給事中王勵往河南。都御史劉觀、給事中李暘往陝西。副都御史虞謙、給事中許能往四川。侍郎郭進、給事中章雲往江西。侍郎楊勉、給事中徐初往福建。侍郎郭敦、給事中陶術往順天等府州。侍郎李昶、給事中劉渙往山東。太常寺少卿周訥、給事中劉蓋往湖廣。大理寺丞郭瑄、給事中艾廣往廣東、大理寺丞孫時、給事中蕭寄往山西。通政司參議朱侃、給事中楊泰往廣西。㉙

這次派遣蹇義等二十六人巡行天下，目的是要安撫地方軍民，所以永樂十九年常被視爲明代巡撫設立的年代。

永樂十九年之大量派遣大臣巡視天下，雖有巡撫之實，卻沒有巡撫之名。實錄中提到蹇義等二十六人被派任出去巡行天下，安撫軍民，符合了後來巡撫之功能。不過實錄中並未有「巡撫」之名稱，而且這次只是臨時派遣，事畢即罷，亦不能視爲巡撫設置之年。

明仁宗洪熙元年正月（西元一四二五），

己亥，遣布政使周翰（幹之誤）、按察使胡槩、參政葉春，巡行應天、鎭江等八府，察民利病。賜敕諭曰：「朕祇奉鴻圖，君臨兆庶，惓夙夜，康濟爲心，而南方諸郡，尤廑念慮，誠以民眾地遠，情難上通。今特命爾等，巡視應天、鎭江、常州、蘇州、松江、湖口、杭州、嘉興八府，其軍民安否何似？何弊當去？何利當建？審求其故，具以實聞。爾等必公必勤，毋徒苟應故事，庶副朕憂憫元元之意。欽哉。」㉚

在這次命令中，並未提及「巡撫」之名，但在後來之實錄中，卻稱周幹爲巡撫。㉛同時《明實錄》又載曰：

> 命廣西按察使胡槩爲大（理）寺卿，同四川參政葉春，巡撫直隸及浙江諸郡。召浙江治農事通政岳福還。先是，廣西布政使周幹，奉仁宗皇帝命巡視及浙江，還言，有司多不得人，土豪肆虐，良民苦之。乞命廷臣往來巡撫，庶幾民安田里。又言，岳福老疾不能任事。上命行在吏部尚書蹇義，會户部、兵部議，至是義等議奏，請如幹言。㉜

胡槩及葉春從洪熙元年閏七月至宣德五年三月，擔任巡撫將近五年之久。㉝從此以後，巡撫遂成常設之機構，故有人認爲洪熙元年間，周幹、胡槩及葉春出任直隸巡撫，爲明代巡撫設置之年代。

這種長駐的巡撫，並不普遍。南直隸及浙江一帶，爲全國稅糧之重心，加上地方官不稱職，不得不再派周幹、胡（後改姓熊）槩等人幫忙處理南直隸之稅收，並安撫百姓，其他地方尚未有這種巡撫之設置，故有些學者認爲洪熙、宣德之際，也不能視爲巡撫設置之始。

宣德皇帝即位不久，宣德元年五月（西元一四二六），又派都察院右都御史王彰巡撫南京。㉞在此時，南京同時有巡撫胡槩、葉春及王彰等三人。然而王彰之巡撫南京，只是臨時性質，何況宣德皇帝對王彰之任務並不滿意㉟，不久就罷去，不再設。

宣德二年八月，首次派遣大臣巡撫南直隸以外地區，少師隆平侯張信及戶部尚書郭敦被派往陝西巡撫。但張信及郭敦之巡撫陝西，只有九個月，宣德三年五月，就被召回。㊱

宣德三年五月，取消陝西巡撫後，全國之巡撫只剩巡撫南直隸的胡槩。一直到宣德五年二月，才又任工部左侍郎許廓巡撫河南。㊲同年三月，改任總督南直隸的大理寺卿熊槩爲南京都察院右都御史，四川布政司右參政葉春爲行在刑部右侍郎。㊳四月，改任南京署刑部侍郎成均，往蘇松等處專理農務。㊴實錄在這次任命時，並未稱成均爲巡撫。但是後來實錄中之記載，皆稱成均爲巡撫。㊵

以上從宣德元年至三年間巡撫之任命，皆被學者所忽略，主要原因是這些巡撫多半是臨時派遣，而且任期不長之故。大部分學者認爲宣德五年九月，才是眞正明代巡撫設立之年代，主要是實錄記載說：

> 陞行在吏部郎中趙新爲吏部右侍郎，兵部郎中趙倫爲戶部右侍郎，禮部員外郎吳政爲禮部右侍郎，監察御史于謙爲兵部右侍郎，刑部員外郎曹弘爲刑部右侍郎，越府長史周忱爲工部右侍郎，總督稅糧。新，江西。倫，浙江。政，湖廣。謙，河南、山西。弘，北直隸府州縣及山東。忱，南直隸、蘇、松等府縣。先是上謂行在戶部臣曰：「各處稅糧多有逋慢，督運之人，少能盡心。姦民猾胥，爲弊滋甚。百姓徒費，倉廩未充，宜得重臣往涖之。」於是命大臣薦舉，遂舉新等以聞，悉陞其官，分命總督。賜敕諭曰：「今命爾往，總督稅糧，務區畫得宜，使人不勞困，輸不後期。尤須撫恤人民，扶植良善。遇有訴訟，重則付布政司、按察司及巡按監察御史究治。輕則量情責罰，或付郡縣治之。若有包攬侵欺及盜賣者，審問明白，解送京師。敢有沮撓糧事者，皆具實奏聞，但有便民事理，亦宜具奏，爾須公正廉潔，勤謹詳明，夙夜無懈，毋恭毋刻，庶副朕委任之重，欽哉。」㊶

學者們認爲，這一次有計劃的大量派遣官員到各地方，不像以前只派到某一特定地方，或者只是臨時性質，事罷即廢。而這次卻分別派遣大臣到六個不同地區，各省有專設巡撫，是從這次開始，所以這一年應該是明代巡撫設立之日期。

但是視這次任命爲明代巡撫之始設，也有不妥之處，第一：在前面實錄之任命中，並未言及「巡撫」二字，反而以「總督」稅糧爲名。當然在後來實錄之記載，卻又明言趙新、趙倫、于謙等爲巡撫。由此可見，巡撫之名稱，並非一特定之官名，在這個時候還是一個很含糊的一個名詞。也可能是一種「巡狩地方，安撫百姓」之動詞。於是凡是由中央派遣到地方巡視稅糧，安撫百姓的官員，幾乎都可稱爲巡撫。例如都察院右副都御史賈諒被派遣至江西，處理永充糧長之弊害時，亦稱爲巡撫。㊷第二：在這次巡撫之任命中，周忱被任命於南直隸，而自宣德五年四月以來，南京刑部右侍郎成均已在此地巡撫。于謙前往河南、山西，而自宣德五年二月以來，工部右侍郎許廓已任河南巡撫。因此，在南直隸及河南同時有二巡撫，成均一直到宣德七年七月才改任爲浙江巡撫㊸，而許廓一直到宣德六年一月才改任爲兵部尚書。㊹可見在此時巡撫制度也還未完全確定。第三：宣德五年九月任命的巡撫，趙新由吏部郎中升爲吏部右侍郎，趙倫由兵部郎中升爲戶部右侍郎，吳政由禮部員外郎升爲禮部右侍郎，于謙由監察御史升爲兵部右侍郎，曹弘由刑部員外郎升爲刑部右侍郎，周忱由越府長史升爲工部右侍郎。六人皆以右侍郎兼任巡撫，故這時之巡撫通稱「巡撫侍郎」，這與後來以都察院之都御史任巡撫之性質不同。巡撫以都御史官充任，始於景泰四年九月（西元一四五三），景帝以巡撫侍郎與巡按御史不相統屬，行事困難，改刑部右侍郎耿九疇爲都察院右副都御史。㊺從此以後，各地巡撫皆以都御史充任，巡撫制度才告確立。

總而言之，明代巡撫之設立，並不是在某一年或某一次命令設立後就告確定，而是經過長期的發展後，巡撫制度才告確定。巡撫之名，起於洪武二十四年派遣懿文太子巡撫陝西。然懿文太子之巡撫陝西，與後來巡撫之性質不同。永樂十九年四月，永樂皇帝派遣尙書蹇義等二十六人，巡視各地。此次出巡目的是爲安撫百姓，與後來巡撫之性質相近，但並未有巡撫之名。洪熙元年，派遣周幹、胡槩及葉春等巡撫南直隸，正式以巡撫之名視察地方，但範圍僅及於南直隸一地，或僅是臨時性質，事畢即罷。宣德元年至五年間，亦派大臣至各地巡撫，然亦爲臨時性質，未成常設機構。宣德五年九月，宣德皇帝派遣六侍郎往各地督理稅糧，此乃各省專設巡撫之始，一般皆認爲是明代巡撫設立之始。但明代之巡撫制度，並未在此時確立，景泰四年以後，改以都御史充任巡撫官，明代巡撫之制度才告確定。

【附註】

① 徐學聚：《國朝典彙》，四冊，二〇〇卷（臺北：臺灣學生書局，民國五十四年）第二冊，卷五五，部二一，頁六九一。

② 轉引自栗林宣夫：〈明代の巡撫の成立について〉，《史潮》一一卷三期（一九四二年三月），頁七九。

③ 孫承澤：《春明夢餘錄》，一冊，七〇卷（臺北：大立出版社，民國六十九年十月），卷四八「都察院」，頁二六或七九七。

④ 章潢：《圖書編》，三〇冊，一二七卷（臺北：成文出版社，一九七一年），第二三冊，第八九卷，頁四三。

⑤ 夏燮：《明通鑑》，四冊，一〇〇卷（正編九〇卷，前編四卷，附編六卷），沈仲九標點（北京：中華書局，一九五五年），卷一八，仁宗洪熙元年八月癸未，頁七九一至七九二。

⑥ 同上，頁八四九至七九二。

⑦ 皇甫錄：《皇明紀錄》，於王雲五主編：人人文庫二四二八種（臺北：商務印書館，民國六十八年八月），頁一八上。

⑧ 張廷玉等：《明史》，二七冊，三三二卷（北京：中華書局，一九七四年），第六冊，卷七三，志四九，職官二，頁一七六七至一七六八。

⑨ 何孟春：《餘冬序錄摘抄》，七卷，外篇六卷，於沈節甫輯：《紀錄彙編》，於王雲五主編：《宋元明善本叢書一〇種》，二六冊，二一六卷（臺北：商務印書館，民國五十八年五月），第一九冊，卷一五三，頁二上至二下。

⑩ 朱睦㮮：《皇朝中州人物志》，一六卷（臺北：臺灣學生書局，根據明隆慶二年，西元一五六八年刊本景印，民國五十九年十二月），卷六，頁一八五。

⑪ 余繼登：《典故紀聞》，一八卷（臺北：大立出版社，出版年代不詳），卷九，頁一五一。

⑫（清）永瑢等：《歷代職官表》，七二卷，於王雲五主編：《國學基本叢書》，第八六、八七冊（臺北：

臺灣商務印書館，民國五七年三月），第八七冊，頁一三九〇至一三九二。又見王鏊：《震澤紀聞》，於陳文燭編：《歷代小史》，三二冊，一〇五卷（上海：商務印書館根據上海涵芬樓影印明刻本，民國二十九年一月），第二六冊，卷八四，頁四下至五上。

⑬ 雷禮：《國朝列卿紀》，二五冊，一六五卷（臺北：成文出版社，民國五十九年十月），第一七冊，卷一〇〇，頁五四八一至五四八二。

⑭ 張萱：《西園聞見錄》，第三五冊，卷九三，頁一〇上。

⑮ 王世貞：《鳳洲雜編》，（臺北：廣文書局，民國五十八年九月），頁一二九。

⑯ 沈德符：《萬曆野獲編》，上中下三冊，三〇卷，補遺四卷（北京：中華書局，一九五九年二月），中冊，卷二二，頁五五二。

⑰ 龍文彬：《明會要》，八〇卷，上下冊（臺北：世界書局，民國四十九年），上冊，卷三四．職官六，頁五八八。

⑱ 龍文彬：《明會要》，卷三四，職官六，頁五八八。

⑲ 陸深：《玉堂漫筆摘抄》，一卷，於沈節甫輯：《紀錄彙編》，於王雲五主編：《宋元明善本叢書一〇種》，二六冊，二一六卷（臺北：商務印書館，民國五十八年五月），第一五冊，一三一卷，頁八上。

⑳ 佚名：《九朝談纂》，上中下三冊（臺北：偉文圖書出版社有限公司，民國六十六年八月），中冊，頁七〇六至七〇七。

㉑ 陳登原：《國史舊聞》（臺北：明文書局，民國七十年七月），第三分冊，卷四五，頁一〇六，第五二六條。

㉒ 佚名：《九朝談纂》，上中下三冊（臺北：偉文圖書出版社有限公司，民國六十六年八月），中冊，頁七〇六。

㉓ 《明實錄》（臺北：中央研究院，民國五十一年景印版），明太祖纂錄，卷二二一，頁二上，洪武二十四年八月乙丑。

㉔ 栗林宣夫：〈明代の巡撫の成立について〉，《史潮》，一一卷三期（一九四二年一月），頁七三。

㉕ 徐學聚：《國朝典彙》，卷五五，吏部二二，第二冊，頁九六〇。又見鄭曉：《今言》，二冊四卷（臺北：廣文書局，民國五十八年九月），卷二，第一六五條，頁四二上。

㉖ 栗林宣夫，〈明代の巡撫の成立について〉，頁七四。

㉗ 夏燮：《明通鑑》，四冊一〇〇卷，沈仲九標點（北京：中華書局，一九五九年），永樂元年二月乙卯，第一冊，卷一四，紀一四，頁六二一。

㉘ 栗林宣夫：〈明代の巡撫の成立について〉，頁七六至八〇。

㉙ 《明太宗實錄》，卷二三六，頁四上—四下，永樂十九年四月癸丑。

㉚ 《明仁宗實錄》，卷六下，頁九下，洪熙元年正月己亥。

㉛ 《明宣宗實錄》，卷四，頁一下，洪熙元年七月乙酉。《明宣宗實錄》，卷六，頁一一上。及《明宣宗

實錄》，卷一六，頁七上，宣德元年四月丙子。

㉜《明宣宗實錄》，卷八，頁二下，洪熙元年八月癸未。

㉝《明宣宗實錄》，卷六四，頁一二下，宣德五年三月戊辰。周幹由洪熙元年正月至閏七月被召還，任職七月。葉春，浙江海鹽縣人，宣德三年調四川未赴任，改命與大理寺卿胡槩，錦衣衛指揮任啓，巡撫蘇、常及浙江諸郡。任啓與葉春似乎只是幫助胡槩巡撫地方，兩人並未任巡撫官。葉春於宣德八年六月卒。見《明宣宗實錄》，卷一〇三，頁七下，宣德八年六月己酉。

㉞《明宣宗實錄》，卷一七，頁九上至九下，宣德元年五月庚戌。

㉟《明宣宗實錄》，卷一八，頁九下至一〇上，宣德元年六月庚寅。

㊱《明宣宗實錄》，卷四三，頁三上，宣德三年五月己未。

㊲《明宣宗實錄》，卷六三，頁六上，宣德五年二月己丑。

㊳《明宣宗實錄》，卷六四，頁一二下，宣德五年三月戊辰。

㊴《明宣宗實錄》，卷六五，頁三下至四上，宣德五年四月戊寅。

㊵《明宣宗實錄》，卷七〇，頁四上，宣德五年九月丙午及明宣宗實錄，卷七四，頁四上，宣德五年閏十二月庚戌。

㊶《明宣宗實錄》，卷七〇，頁三上至三下，宣德五年九月丙午。

㊷《明宣宗實錄》，卷七四，頁四上至四下。宣德五年閏十二月庚戌。

㊸《明宣宗實錄》，卷九三，頁二上，宣德七年七月辛酉。
㊹《明宣宗實錄》，卷七五，頁三下至四上，宣德六年正月壬午。
㊺《明宣宗實錄》，卷二三三，頁七下，景泰四年九月癸未。

第三節　巡撫稱呼之演變

明代巡撫之名稱，始見於洪武二十四年，命令皇太子巡撫陝西地方。繼而逐漸派遣尚書、侍郎、都御史、寺卿及少卿等官巡撫內外諸地，其名稱不一；在宣德五年九月，同時派遣趙倫、吳政、于謙、曹弘、周忱等六位侍郎巡撫天下，這時的巡撫常與侍郎並用，而稱巡撫侍郎。巡撫與侍郎並用，一直沿用到正統初年。正統四年二月（西元一四三九），戶部要求設置巡撫官催糧，仍以「乞仍命侍郎巡撫」①正統皇帝回答說：「稅糧已有添設官員，不必侍郎巡撫。」②可見在正統初，巡撫仍與侍郎並稱，至正統中才逐漸停用。

明英宗正統年間（西元一四三六—一四四九），因爲軍事上的需要，時常派遣文臣鎭守地方。這些鎭守文臣有的是六部尚書，有的是侍郎，有的是都察院的都御史，有的是寺卿及少卿等。他們的稱呼有時稱巡撫，有時又稱鎭守。③這些稱「鎭守」的文臣，與宦官或武將之「鎭守」不同，宦官或武將之「鎭守」有監軍或領兵作戰權，而文臣之「鎭守」，只負責糧餉補給、安撫士兵及軍情之報導而已。正統年間，以文臣出任鎮守，時而稱同一人爲鎮守，時又稱同一人爲巡撫的例子很多，例如正統三年四月同時稱陳鎰爲「巡撫」陝西右副都御史及「鎮守」陝西右副都御史。④到了正統三年八月，又稱陳鎰爲鎮守，而不稱巡撫。⑤正統十四年（西元一四四九），稱王文爲陝西巡撫，而正統十四年十二月，則又改王文爲陝西鎮守。⑥景泰元年四月（西元一四五〇），稱李純爲遼東巡撫，而在同年十一月，則稱李純爲鎮守。⑦景泰三年四月，王暹之頭銜是河南巡撫，一個月後，則又叫王暹爲河南鎮守。⑧景泰四年正月及六月，俱稱洪英爲浙江鎮守，而在四年六月實錄之另一記載中，洪英又成爲浙江巡撫了。⑨

以上巡撫與鎮守稱呼之互用，皆出自於《明實錄》。兩種稱呼之互用，並不表示巡撫與鎮守之職責不分，完全可以互用。有時是實錄在抄寫時之誤載，如上面所引之遼東巡撫李純自正統八年九月（西元一四四三）以來，就擔任遼東巡撫。⑩他不應該是鎮守。巡撫如要與鎮守互用的話，表示他一人除了負責以安撫百姓及督理稅糧的巡撫任務，同時又負責軍餉補給及軍情報導之鎮守工作。而在遼東，從正統七年十一月（西元一四四二）以來，就有都察院之右僉都御史王翺在此提督軍務。⑪一切與軍事有關之事務應當歸王翺處理，不會再由李純負責。所以遼東巡撫李純又稱鎮守顯然是筆誤的結果。同時，這也表示在此時，也就是正統與景泰間（西元一四三六—一四五六年），巡撫與鎮守的名稱經常可以互用，才會有這種錯誤發生。

在何種情形下，「巡撫」與「鎮守」的名稱才可以互用呢？第一：他必須是宣德十年以後，天順元年以前（西元一四三五—一四五六）成立的文臣鎮守官。根據《明實錄》的紀載，最先被任命爲鎮守的文臣，是鎮守江西的王翶，鎮守湖廣的賈諒，鎮守河南的王佐及鎮守山東的李郁。實錄說：

上（正統帝）命廷臣會舉文武大臣鎮守江西、湖廣、河南、山東。於是太師英國公張輔、少傅兵部尚書兼華蓋殿大學士楊士奇等，會舉都督同知馮斌、都督僉事武興、韓僖、毛翶，戶部侍郎王佐、李郁，副都御史賈諒，監察御史王翶以聞。遂陞（王）翶行在都察院右僉都御史，同（武）興鎮守江西，（毛）翶、（賈）諒鎮守湖廣，（韓）僖、（王）佐鎮守河南，（馮）斌、（李）郁鎮守山東。賜敕諭之曰：「今命爾等前去各處鎮守地方，撫綏人民，操練軍馬。遇有賊寇生發，隨即調軍勦捕。城池坍塌，隨即撥軍修理。其餘非奉朝廷敕旨明文，一軍一夫，不得擅役，一毫不許擅科，違者具實以聞，必罪不宥」。⑫

這個命令是在宣德十年正月發佈，但宣德皇帝已經去世，所以巡撫與鎮守互用的情形只有在英宗正統及景帝景泰二朝適用。因爲英宗復辟，天順元年（西元一四五七）以後，就廢止了以文臣充任鎮守之職。

第二：巡撫與鎮守可以互用的第二個條件是，這些派遣到地方的鎮守，必須是文臣。最常見的文臣是都察院的都御史，其中也有少數的尚書、侍郎及寺卿等。擔任鎮守的內臣與武官，則不能與巡撫互用。

第三：巡撫與鎮守可以互用的第三個條件是，在這一個地方只有一位巡撫，或只有一位鎮守，或多位鎮守，而沒有巡撫。例如像遼東地方，有李純負責撫安百姓及督理稅糧的巡撫工作，又有王翱負責以軍事爲主的鎮守任務。在此情況下，巡撫與鎮守的功能劃分很清楚，不易混淆。然而在一個地方如果只設有巡撫，在發生兵亂或外族入侵時，巡撫常被指派負責與軍事有關之事務，這時巡撫又可稱爲鎮守。例如洪英從景泰三年二月（西元一四五三），就由山東巡撫改任浙江巡撫，而原任的浙江鎮守則改任福建鎮守。⑬《明實錄》明顯的以洪英爲浙江巡撫，當時浙江沒有其他的鎮守文臣，也沒有贊理浙江軍務的文臣。因此，在景泰四年元月，朝廷命令洪英督理地方衛所等軍事任務時，就改稱洪英爲鎮守了。⑭

眞正的巡撫又稱爲鎮守的情況比較少見，反之，實際上是鎮守，而同時又稱爲巡撫，則屢見不鮮。如上面提到的鎮守陝西右都御史陳鎰，陳鎰從宣德十年三月以來就任陝西鎮守⑮，此時之陝西巡撫是羅汝敬。羅汝敬在正統三年正月因病去職，又以陝西按察使王文爲都察院右副都御史，鎮守陝西。⑯使得陝西同時有二位鎮守，卻沒有巡撫。正統三年四月，朝廷命令陝西鎮守陳鎰處理稅糧問題時，因涉及巡撫官之任務，又稱陳鎰爲巡撫。⑰同年四月，命令陳鎰處理馬草供應事務，因涉及軍事項目，又稱陳鎰爲鎮守了。⑱同樣兵部左侍郎孫原貞，在景泰二年四月擔任浙江鎮守。景泰三年六月，升任兵部尙書，仍鎮守浙江，一切的行文都以鎮守稱呼。直到景泰三年閏九月時，孫原貞上書請求裁撤浙江府縣監督屯種管糧冗官時，因涉及巡撫事務，在實錄中又以巡撫爲名了。⑲

總而言之，巡撫又可稱爲鎮守，是在宣德十年宣德皇帝死後，一直到天順元年以前（西元一四三五—一四五六），在這段期間通用的名稱。而巡撫與鎮守互用的範圍則是在這段期間內，文臣以都察院之都御史，或少數以尚書、侍郎及寺卿等官，派任地方負責巡撫或鎮守之任務者。以武將及內官充任之鎮守官，則不能與巡撫互用。一般而言，巡撫負責督理稅糧，災荒救濟及安撫百姓之工作，而鎮守則負責軍事事務，兩者之職責劃分得很清楚。不過地方上如果只有一人巡撫，或只有一人或多人鎮守，爲了方便，有時命令巡撫負責軍事任務，有時命令鎮守負責稅收及安撫百姓工作。如此一來，巡撫又可稱爲鎮守，而鎮守又可稱爲巡撫了。到了後來，在天順以前，巡撫與鎮守常常互用的結果，一些文臣之鎮守，雖不具有巡撫之任務，也都視爲巡撫了。

此外，因爲軍事上之需要，巡撫又加「提督」、「贊理」、「參贊」、「協贊」，甚至於加「總督」之名。沒有總兵官的地方，而兼有軍事任務的巡撫，才可以加上「提督」軍務之名。⑳但是駐有總兵官之地方，如果總兵官未掛將軍印，兼有軍務的巡撫，也可加「提督」軍務之名。㉑文臣加提督之名，始於宣德年間，派遣通政司右通政李暹爲通政使，提督京倉糧儲。㉒以文臣提督，最初多半是負責糧儲工作，不涉及軍事。李暹之後，正統元年（西元一四三六）又以工部尚書李友直，提督京倉糧儲。㉓不久，文臣充任提督的工作又擴大到鹽務及各項工程項目。正統六年九月，命令刑部右侍郎何文淵、戶部左侍郎王佐、都察院右副都御史朱與言，提督兩淮、長蘆及兩浙鹽課。以文臣提督軍務是正統七年以後才有，正統七年十一月，以右僉都御史王翶往遼東提督軍務。㉕這時的遼東巡撫是李濬，李濬負責巡撫任務，王翶負責提督軍務，二人的任務迥然有別，巡撫就是巡撫，提督軍務就是提督軍務，不可混爲一談。但是後來因邊地軍事日趨緊張，有些地方只有提督軍務的文臣，沒有巡撫，遂把督理稅糧及安撫百姓等項目也由提督軍務文臣處理，如正統十一年（西元一四四六），寇深以山西按察副使升爲右僉都御史，提督四川松潘軍務，正統十四年以後，因事實上之需要，又改稱爲巡撫了。㉖

有總兵官的地方，因實際上的需要而加軍務的巡撫，只能稱爲「贊理」、「參贊」或「協贊」。㉗以文臣參贊軍務，始於明仁宗洪熙元年（西元一四二五），以武臣疎於文墨，不得不選任文臣於各總兵官處，整理文書，商討機密，名爲「參贊」。㉘但是根據實錄的記載云：

命郎中李子潭等，分往總兵官楊武侯薛六等處，專理軍機文書，皆賜敕諭曰：「朕命將禦邊，其軍務之殷，重在嚴謹。而文墨所寄，尤重得人。今以爾等重厚，達于文理。特命往各總兵官處，凡其軍中機密文書，從總兵官同爾整理，必謹愼嚴密，不可洩漏。其總兵官調度軍馬，發號施令等事，爾一切不得干預，總兵官以禮待爾，爾亦宜循守禮法，不可輕慢。庶幾協和相濟，以成國事，欽哉」。㉙

從實錄之記載可以看出，洪熙皇帝有鑑於武臣疎於文墨，故令郎中李子潭等前往總兵官楊武侯薛六等地方處理文書，但並未提到「贊理」、「參贊」、「協贊」之名。由此可見，這次命令可視爲文臣往總兵官處幫忙整理文書的開端，至於「參贊」之名，則是後來的事。明代武臣不懂文墨，在洪熙時已成事實，到了英宗正統時，更爲明顯。定西侯蔣貴是正統時的名將，在麓川之役建有軍功。李賢敘述這位名將說：

定西侯蔣貴，起自行伍，一卒之微，以功歷陞至此。其爲將也，能與士卒公甘共苦，凡出境擣賊巢穴，衣糧器械不後，一人親帶而行，與士兵無異。及臨戰陣，必當先直衝，敵皆披靡，子弟及士卒如蟻追隨，以死向敵。……所恨者，不識字耳。以此短于謀略，必得軍師而所成功。然天性樸實，能忘己之勢，聽人指揮，略不較也。㉚

宣德十年六月，兵部試右侍郎徐晞往甘肅參贊軍務，協同佩平羌將軍印充總兵的太保寧陽侯陳懋鎭守甘肅。㉛此乃首次文臣前往掛印總兵官處治理事務，因有掛平羌將軍印的總兵官做爲軍事的負責人，故派任的文臣只能以「參贊」爲名。像這樣以文臣參贊軍事的現象，自正統元年，右僉都御史郭智前往寧夏參贊軍事以後，就甚爲常見。㉜最多的時候，甚至於一個地方同時有三位文臣參贊軍務。正統二年，兵部左侍郎柴車、右僉都御史曹翼及右僉都御史羅亨信等三人，皆被任往甘肅參贊軍務。㉝

「參贊」與「贊理」可以互用，沒有什麼不同。山東右參政劉璉升爲戶部右侍郎，前往宣府「贊理」軍務，後來又稱爲「參贊」。㉞在大同的戶部右侍郎沈固，先稱爲「贊理」大同軍務，後來又稱爲「參贊」大同軍務。㉟事實上，在英宗正統時代，多半以文臣「參贊」軍務，以文臣「贊理」軍務者並不多見，直到世宗嘉靖（西元一五二二—一五六六）年間，以文臣「贊理」軍務才較爲普遍。而以文臣「協贊」軍務，更不常見。在實錄中可以見到的只有一例，那就是正統九年，以監察御史馬恭「協贊」延綏軍務。㊱也許馬恭以職位較低的監察御史前往延綏任職，故名爲「協贊」。馬恭在後來升為右僉都御史，甚至又升為右副都御史，職位提升。但他並非在協助掛將軍印或都督以上的總兵官，而是武職較低的都督僉事王禎，故仍名為「協贊」。㊲

至於巡撫加「總督」之名，自右都御史王來在景泰二年（西元一四五一），以總督湖廣、貴州軍務兼巡撫貴州以後㊳，遂成常設。後來或以總督兼巡撫，或獨立設置，成為明清兩代地方最高之行政單位。

此外，有時又派文臣「參謀」軍事，「整飭」邊務，或「撫治」、「巡治」及「總理」某些地方特殊任務，都是因特殊需要而設，有時事竣即罷，不常設。有時因設置時間稍為長些，則被視同巡撫，否則設置時間太短，就不被視為巡撫了。其中只有「撫治」一辭，是專指湖廣、河南、陝西及四川交界地區之鄖陽巡撫之稱呼。成化十五年（西元一四七九），以大理寺少卿吳道宏負責統轄四省交界地區，而吳道宏是以大理寺少卿充任，而非像其他巡撫是以都察院之都御史充任，故以「撫治」為名。㊴但此說法並不可靠，因為後來撫治鄖陽之文臣，都以都察院之都御史充任，而治理鄖陽之文臣仍名「撫治」，而不稱巡撫。據說是因為負責統轄鄖陽之文臣，主要是負責治理四省交界地區流民之任務，故名為「撫治」。㊵比較特別的是在大同的沈固於正統十年（西元一四四五）七月，在大同「整理邊儲」，隨後的實錄又稱他為「大同鎮守」、「參贊大同軍務」及「參謀大同軍事」等四種不同的稱呼。㊶沈固在大同約六年，這些「整理邊儲」、「鎮守」、「參贊軍務」及「參謀軍事」等稱呼，皆被視為巡撫官。此四種名稱中，「鎮守」及「參贊」較為常見，「整理邊儲」也偶可見到。只有「參謀軍事」在此可見，以後就不再有以文臣「參謀軍事」了。沈固以一個職位而有四種不同的名稱，實際上他是大同的「鎭守」。而在宣府的戶部右侍郎劉璉，則一人身兼三職，戶部右侍郎劉璉身兼總督糧儲，又參贊軍務，又兼宣府巡撫。同樣接任的右僉都御史李秉，也身兼總督、參贊及巡撫之職。㊷

要言之，明代之巡撫官與「參贊」、「贊理」、「協理」、「總督」、「整飭」、「經理」、「撫治」甚至「參謀」軍務或其他事務之文臣，本來是不同性質的官職，後來因實際上的需要，以巡撫加「提督」、「參贊」、「贊理」軍務等頭銜，遂使巡撫之名漸漸與「提督」「參贊」及「贊理」等名稱混在一起。嘉靖以後，幾乎所有的巡撫都加有「提督」、「參贊」及「贊理」軍事等頭銜。追溯以往，我們遂把宣德末年以來所成立的「提督」、「參贊」及「贊理」等非巡撫文臣，也視爲巡撫了。

巡撫與地方之巡按御史關係密切，常與巡按合稱爲「撫按」。景泰四年（西元一四五三）以後，巡撫皆由都察院之都御史充任，故巡撫又稱「撫院」、「撫臺」，俗稱「撫軍」。海瑞在隆慶三年（西元一五六九），以右僉都御史巡撫應天，在此巡撫時，海瑞著有督撫（應天）條約，條約中海瑞屢次稱呼自己爲「本院」。㊸他是由都察院選派出任應天巡撫，故自稱「本院」。別人則可稱他爲「撫院」。也因爲巡撫官皆由都察院的都御史充任，由皇帝任命，領有專敕，所以在每人的職銜上都加有「欽差」二字，屬於欽差官，不受吏部的管轄。㊹巡撫又稱爲「撫臺」，「臺」就是唐代御史臺的簡稱。唐代之御史臺，就是明代之都察院。都御史古稱「臺長」，以都察院之都御史擔任巡撫之職，再改以古名，就成爲「撫臺」了。王世貞之《觚不觚錄》曾說：

余自嘉靖丁巳、戊午（嘉靖三十六—三十七年，西元一五五七—一五五八）間，爲青臬，前後所周還三撫臺，劉公來（采之誤）、傅公頤、丁公以忠（中之誤），皆知己。丁公又同寮，而是時撫臣體尚尊，劉公三次詢問事體，丁公亦如之。皆手書不具名。惟丁公一次單紅帖而已。戊辰（穆宗隆慶二年，西元一五六八）起兵備大名，撫臺爲溫公如璋。㊺

這段話是說，王世貞任職青臬時，「青」是指青州（今山東省益都縣），「臬」指提刑按察司，指王世貞在青州按察司擔任兵備按察副使時，前後遇到三位「撫臺」，也就是三位山東巡撫：劉采、傅頤及丁以中，與他們形同知己，書信往來都不具名。直到穆宗隆慶時，王世貞以兵備副使駐守大名，當時的「撫臺」，也就是巡撫，是保定巡撫溫如璋。㊻可見「撫臺」指的是巡撫。至於「撫軍」稱巡撫，是一種俗稱，清代較爲常見。

另外，巡撫又稱「中丞」，馮琦在其「答呂新吾方伯」中云：

古人外臺行省，皆與內比肩。地方事並取裁決，即國初亦然。自直指出，而外臺之重損。中丞出，而行省之職侵。㊼

「外臺」指地方之提刑按察使，「直指」就是巡按御史，而「中丞」就是巡撫。「中丞」，是漢代的御史中丞，相當於明代都察院之左右副都御史及左右僉都御史，而明代都察院之左右都御史則相當於漢代之御史大夫，明代以訛傳訛，稱明代之左右都御史爲大中丞。既然明代之巡撫後來皆以都察院之都御史充任，自然順理成章以「中丞」稱巡撫了。

巡撫有時亦稱「軍門」。本來「軍門」之稱呼是明代總兵官之尊稱，往後武臣地位日衰，軍事權被新設的總督所奪，「軍門」遂成爲總督之專稱。不過明代之巡撫中，有幾個巡撫可以稱「軍門」。第一個是南贛巡撫。孝宗弘治八年（西元一四九五），以廣東左布政使金濂爲都察院右副都御史巡撫南贛，巡撫之範圍包括江西之南安、贛州、建昌，福建之汀州，廣東之潮州、惠州及南雄，湖廣之郴州等地。南贛巡撫初設時，只處理與軍事有關之事務，不預民事。[48]也因南贛巡撫督理四省地區，又只管軍事，與總督地位相當，故獨以「軍門」稱南贛巡撫。例如曾經在嘉靖四十到四十二年（西元一五六一－一五六三），擔任南贛巡撫的陸穩，上書給嘉靖皇帝時說：

> 一曰明職掌，臣竊惟天下事，勢一則專，勢分則散。南贛軍門，界四省之邊，其勢已分屬矣。……及其盜賊一至，則又曰此非我事也，南贛軍門事也。[49]

明代各地巡撫，凡兼有「提督軍務」職銜者，不一定都可稱「軍門」。明代巡撫加「提督軍務」者，有鳳陽、應天、山東、河南、浙江、南贛、福建、湖廣、鄖陽、四川、貴州、偏沅及山永等巡撫。而在實錄中，除南贛巡撫外，只有廣東、鳳陽及應天巡撫可稱「軍門」。廣東及鳳陽巡撫皆由總督兼任，自然可稱爲「軍門」。而應天巡撫爲何可稱「軍門」呢？應天巡撫雖在嘉靖三十三年（西元一五五四）加提督軍務銜，並不能就稱「軍門」。其被稱爲「軍門」是因應天巡撫亦加總督南京糧儲之故。所以南京兵科給事中范宗吳在上書給嘉靖皇帝時，就稱「應天、鳳陽二巡撫軍門」。[50]

總結本節，明代巡撫最初由各部侍郎充任，與侍郎合稱爲「巡撫侍郎」。正統皇帝即位，各地設有文臣之「鎮守」官，負責地方之軍事，本與巡撫無關。後因事實之需要，鎮守文臣亦兼涉民政之巡撫任務，故「鎮守」亦稱巡撫。不久，亦有些巡撫因地方兵亂，負有與鎮守相同之軍事任務，故巡撫亦稱「鎮守」。「巡撫」與「鎮守」稱呼互用的結果，後來的文臣之「鎮守」，不管有沒有巡撫之功能亦被稱爲巡撫了。不過，此現象僅止於文臣之鎮守，內官及武臣之鎮守則不適用，天順之後，文臣之「鎮守」被撤去後，遂不復見。

正統年間（西元一四三六——一四四九），地方兵亂頻繁，屢用文臣「提督」、「參贊」、「贊理」、「協贊」、「參謀」、「總督」軍務，這些職位本與巡撫無關，其後因需要有巡撫加「提督」、「參贊」、「贊理」、「協贊」、「參謀」等軍務之頭銜。反過來說，這些「提督」、「參贊」等軍務之文臣，也因事實之需要加巡撫頭銜。追溯以往，所有以前非兼有巡撫性質之「提督」、「參贊」、「贊理」、「協理」、「參謀」等軍事文臣，亦視爲巡撫了。

巡撫加提督銜，或總督加巡撫銜，使早期之巡撫亦與總督互用。其後總督成爲高於巡撫之獨立行政機構，遂使兩者不可混爲一談。至於「巡治」及「經理」某地或某事之文臣，因不常設，或設置時間短，故不能與巡撫之名互用。而「撫治」一詞，則專指鄖陽地區之巡撫而言。

最後，巡撫亦因出身，可稱爲「撫院」、「撫臺」、「撫軍」及「中丞」等名稱。而只有南贛、廣東、鳳陽及應天等四巡撫，可稱「軍門」。

【附註】

① 《明英宗實錄》，卷五二，頁六下，正統四年二月丁卯。

② 同上，頁七上。

③ 張廷玉等：《明史》，卷七三，志四九，職官二，第六冊，頁一七六七至一七六八。又見沈德符：《萬曆野獲編》，三冊，三〇卷，補遺四卷（北京：中華書局，一九五九年二月），中冊，卷二二，「督撫——巡撫之始」，頁五五二。

④ 《明英宗實錄》，卷四一，頁二上，正統三年四月乙卯及卷四一，頁四上，正統三年四月甲子。

⑤ 《明英宗實錄》，卷四五，頁六上，正統三年八月乙丑。

⑥ 《明英宗實錄》，卷一八四，頁九下至一〇上，正統一四年十月丁巳及《明英宗實錄》，卷一八六，頁十九下，正統一四年十二月辛未。

⑦ 《明英宗實錄》，卷一九二，頁一一上，景泰一年四月癸未及《明英宗實錄》，卷一九八，頁九上，景泰一年十一月乙丑。

⑧ 《明英宗實錄》，卷二二五，頁三下，景泰三年四月丙子。《明英宗實錄》，卷二二六，頁一六上，景泰三年五月丙辰，實錄記載王暹爲陝西巡撫，實爲河南巡撫之誤。

⑨ 《明英宗實錄》，卷二二五，頁七上，景泰四年一月庚午。《明英宗實錄》，卷二三〇，頁七下，景泰四年六月乙巳。《明英宗實錄》，卷二三〇，頁二下，景泰四年六月己丑。

⑩ 《明英宗實錄》，卷一〇八，頁八上，正統八年九月戊寅。

⑪《明英宗實錄》，卷九八，頁五下，正統七年十一月乙丑。

⑫《明英宗實錄》，卷一，頁一七下至一八上，宣德一〇年一月辛丑。

⑬《明英宗實錄》，卷二三四，頁一四下，景泰三年十二月辛亥。

⑭《明英宗實錄》，卷二三五，頁七上，景泰四年一月庚午。

⑮《明英宗實錄》，卷三，頁三上至三下，宣德十年三月辛巳。

⑯《明英宗實錄》，卷三八，頁四上，正統三年一月庚子。

⑰《明英宗實錄》，卷四一，頁二上，正統三年四月乙卯。

⑱《明英宗實錄》，卷四一，頁四上，正統三年四月甲子。

⑲《明英宗實錄》，卷二〇三，頁二上，景泰二年四月甲戌。卷二一七，頁六上，景泰三年六月癸未。卷二二一，頁五下，景泰三年閏九月丙寅。

⑳張廷玉等：《明史》，卷七三，志四九，職官二，第六冊，頁一七六八。又見李東陽等撰，申時行等重修：《大明會典》，五冊，二二八卷（臺北：新文豐出版股份有限公司，民國六十五年七月），第五冊，卷二〇九，都察院，「督撫建置」，頁四至五，或二七八〇至二七八一。

㉑沈德符：《萬曆野獲編》，中冊，卷二二，頁五五四。

㉒《明英宗實錄》，卷二三，頁七上，宣德十年十月丁酉。

㉓《明英宗實錄》，卷一五，頁八上，正統元年三月甲申。

㉔《明英宗實錄》，卷二二，頁六下，正統元年九月辛丑。
㉕《明英宗實錄》，卷九八，頁五下，正統七年十一月乙丑。
㉖《明英宗實錄》，卷一四二，頁六下，正統十一年六月丙辰。卷一七五，頁八上，正統十四年二月己巳。
㉗張廷玉等：《明史》，卷七三，志四九，職官二，頁一七六八。及李東陽等：《大明會典》，第五冊，卷二〇九，都察院，「督撫建置」，頁四至五，或二七八〇至二七八一。
㉘章潢：《圖書編》，三〇冊，一二七卷（臺北：成文出版社，民國六十年），第二三冊，卷八三，頁一二。及沈德符：《萬曆野獲編》，卷二二，「督撫—參贊軍務之始」，頁五五三。
㉙《明仁宗實錄》，卷九下，頁七上，洪熙元年四月戊辰。
㉚李賢：《古穰雜錄》，一卷，於沈節甫編：《紀錄彙編》，二一六卷（上海：涵芬樓影印萬曆刻本），卷二三，頁一三上至一三下。
㉛《明英宗實錄》，卷六，頁一下，宣德十年六月辛丑。
㉜《明英宗實錄》，卷一四，頁二下，正統元年二月庚子。
㉝《明英宗實錄》，卷三五，頁三下至四上，正統二年十月甲子。
㉞《明英宗實錄》，卷一一五，頁八下，正統九年四月乙巳。卷一九八，頁四上，景泰元年十一月丁未。
㉟《明英宗實錄》，卷一五六，頁三下，正統十二年七月辛丑。卷一八六，頁一五下，正統十四年十一月辛酉。

㊱《明英宗實錄》，卷一二一，頁三上，正統九年九月己丑。

㊲《明英宗實錄》，卷一四二，頁四上，正統十一年六月壬寅。卷二〇一，頁一上，景泰二年二月庚午。天順年間，吳楨以監察御史出任廣西處理軍務，亦稱「協贊」。見《明英宗實錄》，卷三一三，頁一下，天順四年三月壬午。

㊳《明英宗實錄》，卷二〇七，頁八上，景泰二年八月壬午。

㊴夏燮：《明通鑑》，卷三四，紀三四，成化十五年十二月，頁一二九八。

㊵陳登原：《國史舊聞》，第三分冊，卷四五，第五二六條，頁一〇七。又見陸容：《菽園雜記》，一五卷，於高鳴鳳輯：《今獻彙言》，一〇冊（明萬曆中刊本，民國二十六年上海商務印書館據明本景印），第七冊，卷九，頁一。

㊶《明英宗實錄》，卷一三二，頁五上－五下，正統十年七月丁亥。卷一八一，頁二〇下，正統十四年八月丙子。卷一八六，頁一五下，正統十四年十二月辛酉。卷一九六，頁七下，景泰元年九月丁巳。

㊷《明英宗實錄》，卷二〇五，頁一三下，景泰二年六月庚寅。卷二二二，頁六上，景泰三年十月庚戌。

㊸海瑞：〈督撫應天條約〉，海瑞：《海忠介公全集》，七卷（臺北：海忠介公全集輯印委員會，民國六十二年五月），卷二，頁二七二至二八二。

㊹敖英：《東谷贅言》，二卷，附校勘記一卷，於胡思敬輯：《豫章叢書》，三〇函，二六五冊（民國南昌豫章叢書編刻局刊本，民國五年刊），第九函，第七〇冊，卷下，頁八上。

㊺王世貞：《觚不觚錄》，一卷，於陳繼儒輯：《寶顏堂秘笈》，六集，四八冊（明萬曆中繡水沈氏刊本，民國十一年，上海文明書局石印本），第二集，第十冊，頁六。

㊻張廷玉等：《明史》，卷二八七，列傳一七五，文苑三，「王世貞傳」，第二四冊，頁七三八〇。

㊼馮琦：「答呂新吾方伯」於其書，《馮北海文集》，見陳子龍等編：《明經世文編》，六冊，五〇四卷（香港：珠璣書局，一九六四），第六冊，卷四四〇，頁四三八二。馮琦，爲萬曆五年進士，官至禮部侍郎及尙書。

㊽何喬新：〈新建巡撫院記—南贛撫院〉於其書《椒丘文集》，見陳子龍等編：《明經世文編》，第一冊，卷六七，頁五七三。又見馬文升〈請添巡撫疏—弘治七年〉，於王有立主編：《御選明臣奏議》，《中華文史叢書》之一，四冊，四〇卷（臺北：臺灣華文書局，一九六八），第一冊，卷七，頁三六下至三八下，或四三六至四四〇。

㊾陸穩：〈剿除山寇事宜疏〉於其書《陸北川奏疏》，見《明經世文編》，第四冊，卷三一四，頁三三三二。

㊿《明世宗實錄》，卷五二四，頁二上，嘉靖四十二年八月丙辰。

第三章　明代各地巡撫之設置

第一節　各地巡撫設置始末

一、順天巡撫

順天巡撫之全名爲「整飭薊州等處邊備，兼巡撫順天等府地方」，統率薊州兵備、昌平兵備、永平兵備、密雲兵備及霸州等五個兵備道。順天、永平二府，長陸等九陵衛，薊州等九衛，撫寧等六衛，密雲中、後等十衛，大寧都司之營州前屯等衛所城堡。①

順天巡撫設置的時間可追溯到永樂十九年之派遣侍郎郭敦及給事中陶術，往順天安撫軍民。②不過這次派遣只是暫時性質，事罷即止，不能視爲順天巡撫設置之年代。宣德五年九月（西元一四三〇），陞刑部員外郎曹弘爲刑部侍郎，總督稅糧於北直隸府州縣及山東。③範圍包括北直隸之順天府，理應視爲順天巡撫設置之年。但是曹弘實際上都在山東巡撫，史料上皆不視曹弘爲順天巡撫。正統三年（西元一四三八），曹弘死後④，不久又派大理寺右少卿李畛及都察院右僉都御史張純，巡視北直隸、順天、保定、河間各地。⑤李畛及張純兩人在此巡視的時間較長。尤其是張純，一直到正統五年十一月才召回，任職約一年三個月。但張純及李畛雖有巡撫之性質，實錄中卻未以巡撫爲名，故亦不能視爲順天巡撫之始設。

正統七年，又命吏部左侍郎魏驥往順天、永平二府，光祿寺丞張如宗往河間、順德二府，大理寺左寺丞仰瞻往廣平、大名二府，分巡各地之蟲災。⑥這次出巡時間短，亦未有巡撫之名。正統十年五月，又命刑部右侍郎薛希璉巡撫直隸、眞定、保定、河間、大名、順德、廣平，及南直隸之鳳陽、淮安、揚州、廬州、滁州、徐州地方。⑦這次有巡撫之名，但也非常設。像這種臨時設置的巡撫，直到正統十四年，土木之變發生後，才完全改觀。

土木之變後，北方軍事情勢日趨緊張，爲了防衛京師安全，先後在居庸關、易州、河間、保定及眞定等地方，設立了鎮守。這些鎮守在局勢穩定後，先後被裁，只有在順天參贊應城伯孫傑軍務的通政司右參議鄒來學，沒有被裁。⑧鄒來學之任命爲參贊軍務，可視爲順天巡撫正式設置之年代。因爲鄒來學此後在順天充任巡撫，直到景泰六年（西元一四五五）才去職。

天順元年（西元一四五七），裁去天下巡撫官，順天巡撫亦被裁去，此後將近九年順天無人巡撫，憲宗成化二年（西元一四六六）才復設。成化八年九月，兵科都給事中梁璟建議，以京畿地方有順天、永平、保定、眞定、河間、大名、順德、廣平等八府，境土廣濶，只一人巡撫，恐誤事機。遂從居庸關分爲二巡撫；河間、保定以南六府，由都御史陳濂巡撫。而從薊州至密雲一帶邊關，及順天、永平二府，則由都御史張綱巡撫。從此以後，順天與保定巡撫分治，北直隸遂有二巡撫。⑨

正德二年至四年間（西元一五〇七—一五〇九），曾裁去一些巡撫，順天巡撫亦被撤去。劉瑾被殺後，又恢復。神宗萬曆九年（西元一五八一）四月，革去順天巡撫，由薊遼總督吳兌兼管，萬曆十一年正月又恢復。⑩

明代末年，流賊與滿洲人相繼為亂，尤其是喪失遼東地方後，順天巡撫首當其衝，為應付日益吃緊的軍事，遂在順天巡撫之轄區內，分設總督與巡撫，以防外敵。首先在崇禎四年（西元一六三一）十一月，在順天巡撫之轄區內，設立了山海、永平巡撫。⑪接著在崇禎十年，又設立昌平鎮守，後又稱巡撫⑫，最後，又在崇禎十一年，設立密雲巡撫。⑬至此，順天巡撫之轄區，只剩薊州兵備及霸州兵備二道。崇禎十六年五月，一度又把密雲巡撫歸併入順天巡撫，但不到一個月，又把密雲巡撫分出去。⑭

總之，順天巡撫在正統十四年，土木之變發生後正式成立。統轄北直隸之順天、永平、保定、眞定、河間、大名、順德、廣平等八府。憲宗成化八年，保定、眞定、河間、大名、順德、廣平六府，脫離順天，單獨成為保定巡撫。直到明末，滿洲人寇邊，又在順天巡撫之轄區內，分出山海、永平巡撫，密雲巡撫及昌平鎮守。順天巡撫從最初一個巡撫，分裂成五個不同的巡撫。

【附　註】

① 李東陽等：《大明會典》，卷一二八，鎮戍三，頁一上至二下。及吳廷燮：《明督撫年表》，上下二冊，附人名索引，魏連科點校（北京：中華書局，一九八二），上冊，頁二〇。

②《明太宗實錄》，卷二三六，頁四下至五上，永樂十九年四月癸丑。
③《明宣宗實錄》卷七〇，頁三上至三下，宣德五年九月丙午。
④《明英宗實錄》，卷四九，頁八下至九上，正統三年十一月己卯。
⑤《明英宗實錄》，卷五七，頁七上，正統四年七月丁卯，李畛之派任。《明英宗實錄》，卷五八，頁二上，正統四年八月辛巳，張純之派任。《明英宗實錄》，卷七三，頁一下至二上，正統五年十一月壬寅，張純被召回。
⑥《明英宗實錄》，卷八八，頁五下至六上，正統七年一月癸未。
⑦同上，卷一二九，頁七上，正統十年五月己亥。
⑧同上，卷一八一，頁七上，正統十四年八月戊辰。
⑨余繼登：《典故紀聞》，一八卷（臺北：大立出版社，出版年代不詳），卷八，頁二六三至二六四。
⑩《明神宗實錄》，卷一一一，頁八上，萬曆九年四月己未。及卷一三三，頁八上，萬曆十一年一月壬午。
⑪萬言：《崇禎長編》，六六卷（臺北：中央研究院，民國五十一年景印本），卷五二，頁三一上，崇禎十一年四月戊戌。
⑫談遷：《國榷》，一〇〇卷，一〇冊（臺北：鼎文書局，民國六十七年七月），第一〇冊，卷九六，頁五七七七，崇禎十年三月壬戌。
⑬同上，卷九六，頁五八八二，崇禎十一年十月庚戌。

⑭ 同上，卷九九，頁五九七六，崇禎十六年五月己酉。及卷九九，頁五九八二，崇禎十六年六月壬午。

二、遼東巡撫

遼東巡撫之全名爲「巡撫遼東地方，兼贊理軍務」，統率寧前兵備道、遼海東寧分巡道、開原兵備道、遼海東寧分守道及苑馬寺卿兼金、復、海、蓋兵備道。①

遼東巡撫設立於宣德十年十二月（西元一四三六），以行在都察院右僉都御史李濬巡撫遼東。②正統年間，因軍事需要，在各地紛紛以文臣提督軍務。在上一章已說過，這些提督軍務之文臣，亦視爲巡撫，遼東亦有提督軍務之文臣。正統七年（西元一四四二），以右僉都御史王翺往遼東提督軍務。③此刻之遼東巡撫是李濬，一時遼東有巡撫及提督軍務文臣。如此巡撫與提督軍務並存的現象，直到景泰四年（西元一四五三），以寇深提督遼東軍務又兼巡撫才停止。④

天順元年，裁去天下巡撫官，遼東巡撫亦不能免。天順二年四月復設。復設之遼東巡撫，一時並未再加「提督軍務」之銜。成化三年（西元一四六七），遼東巡撫右僉都御史張岐曾兼有「贊理軍務」銜。⑤張岐去任後，又裁去「贊理軍務」銜。嘉靖初，曾一度又加兼「贊理軍務」銜，不久又廢去，直到萬曆二十七年（西元一五九九），對遼東用兵，又恢復加兼「贊理軍務」銜。⑥直至明亡爲止。嘉靖三十二年（西元一五五三），因沿海倭寇爲亂，又在遼東巡撫之本職上，加兼理海防⑦，倭寇事寧後，才去掉兼理海防事務。

萬曆四十六年（西元一六一八）四月，滿洲人攻陷撫順，巡撫李維翰遷遼東巡撫於遼陽，不久革去巡撫李維翰職，以楊鎬爲遼東經略兼巡撫。⑧楊鎬以經略兼遼東巡撫不到三個月，又以周永春任遼東巡撫。⑨熹宗天啓五年（西元一六二五）十月，以兵部尚書高第經略遼東、薊鎭、天津、登萊等處軍務⑩，巡按御史洪如鐘認爲遼東軍事失利，皆因經撫不和而起。爲使軍權劃一，洪如鐘建議，有樞輔擔任經略的地方，不應該再有撫臣，若用撫臣，則不必再設經略。在洪如鐘的建議下，遂撤去了遼東巡撫，召回遼東巡撫喻安性。⑪撤去遼東巡撫是在避免經撫不和，使事權專一，以便防寇。但是這種改變並不見得有效。天啓六年三月，又以袁崇煥爲遼東巡撫⑫，恢復了停止將近五個月的遼東巡撫。

天啓七年，遼東巡撫袁崇煥去職，又以經略王之臣兼遼東巡撫。⑬崇禎皇帝即位，再恢復遼東巡撫，此時遼東情勢已日益惡化，崇禎元年（西元一六二八）八月，遼東巡撫畢自儼被亂兵圍困自殺死。⑭大部分之遼東地區已陷入滿洲人手中，遼東未再設巡撫有二年之久，直到崇禎三年六月才恢復。但在此時，關外地方幾乎全部喪失，再設的巡撫不再稱爲遼東巡撫，而稱「寧錦巡撫」。新任的寧錦巡撫方一藻認爲改遼東巡撫爲寧錦巡撫，有喪權辱國之譏，請改回爲遼東巡撫。⑮雖然仍稱遼東巡撫，但其轄地只是關內少數地方，新任遼東巡撫移駐寧遠、錦州地方，與登萊、天津巡撫，及後來的山海、永平巡撫，幾乎重疊在一起，遼東巡撫已名存實亡。

【附註】

① 李東陽等：《大明會典》，卷二二八，兵部一一，頁三下至四下。

②《明英宗實錄》，卷一二，頁三上，宣德十年十二月丁未。

③同上，卷九八，頁五下，正統七年十一月乙丑。

④同上，卷二三四，頁七上，景泰四年十月辛丑。

⑤《明憲宗實錄》，卷四八，頁一下，成化三年十一月丙寅。

⑥《明武宗實錄》，卷八，頁九上至九下，弘法十八年十二月戊寅。《明世宗實錄》，卷六二，頁六上，嘉靖五年三月辛丑及卷三三四，頁一上，嘉靖二十七年三月丁丑。

⑦《明世宗實錄》，卷四〇〇，頁五上至五下，嘉靖三十二年七月甲子。

⑧《明神宗實錄》，卷五七〇，頁一二下，萬曆四十六年五月壬子。

⑨同上，卷五七三，頁八下，萬曆四十六年八月戊辰。

⑩《明熹宗實錄》，卷六十四，頁四上，天啓五年十月庚辰。

⑪同上，卷六四，頁七上至七下，天啓五年十月甲申。

⑫同上，卷六九，頁一一上，天啓六年三月壬子。

⑬同上，卷八六，頁一上至一下，天啓七年七月乙丑。

⑭萬言：《崇禎長編》，卷一，頁七上，崇禎元年八月丙申。

⑮同上，卷六二，頁二七下至二八下，崇禎五年八月庚辰。

三、保定巡撫

保定巡撫之全名爲「巡撫保定等府，兼提督紫荊等關，兼管河道」，駐守眞定。統率天津兵備、紫荊兵備、井陘兵備及大名兵備等四兵備道。範圍包括，保定、眞定、河間、大名、順德、廣平六府，及天津、河間、滄州、眞定等衛，大寧都司之保定等衛所，兼制山西廣昌、靈平、平定、樂平、五臺、繁峙，併山東、河南鄰近州縣衛所。①

永樂十九年，派遣侍郎郭敦等往順天等府安撫軍民，然事罷則止，未有專職。宣德五年，曹弘以刑部右侍郎總督稅糧於北直隸府州縣及山東，但其巡撫範圍主要是在山東地區，史料中皆不視他爲順天或保定巡撫之始創者。正統四年，陸續派遣大理寺右少卿李畛及右僉都御史張純往北直隸巡視民瘼。正統七年，蟲災肆虐，派遣大理寺右少卿賀祖嗣往眞定、保定二府，光祿寺丞張如宗往河間、順德二府，大理寺丞仰瞻往廣平、大名二府，巡視蟲災。他們皆以巡視爲名，不是巡撫。正統十年以後四年間，屢次命令刑部右侍郎薛希璉巡撫南北直隸，雖有巡撫之名，但亦非專設。

正統十四年，土木之變發生。八月，陸浙江道監察御史段信爲都察院右僉都御史，往保定等府撫安軍民，任職僅三個月，段信就以軍事失利被逮問。②在段信之前，正統十四年四月，曾經以大理寺左寺丞李奎巡撫河南及眞定等處，以取代河南巡撫于謙。然不久河南巡撫由王來所取代，李奎巡撫地區，遂以直隸及眞定爲主。這時，北方軍事吃緊，紛紛在重地設置鎮守。如以都御史孫祥鎮守紫荊關

③，右僉都御史蕭啓鎭守河間④，右僉都御史祝暹鎭守保定⑤，右僉都御史陸矩鎭守眞定。⑥保定巡撫之轄區內，一時有四鎭守，一巡撫，形勢相當混亂，故史料中亦不視李奎爲保定巡撫之始創者。李奎之後，陳詢接任保定巡撫。陳詢之後，陳泰以易州鎭守兼保定巡撫，易州並非保定巡撫之轄區，而是在順天巡撫之轄區內，所以這時之保定巡撫尙未有明顯的界定。

天順元年（西元一四五七），廢去天下巡撫官，終天順之世，保定未再設巡撫。成化初年，以順天巡撫兼管保定地區。成化八年（西元一四七二），把順天巡撫一分爲二；河間、保定二府及以南之眞定、大名、順德、廣平等四府，合共六府，劃爲保定巡撫之轄區，由都御史陳濂充任巡撫。這一年遂成爲保定巡撫正式成立之年。

憲宗成化十一至二十年（西元一四七五－一四八四）⑦，成化二十一至二十三年（西元一四八五－一四八七）⑧及武宗正德二至五年間（西元一五〇七－一五一〇）⑨，曾因事革去保定巡撫。

穆宗隆慶及神宗萬曆初年，黃河屢次潰決，水患嚴重，漕運運道受阻，漕糧轉運困難。爲了治理運道，萬曆八年（西元一四八〇），辛自修陞任保定巡撫時，開始兼管河道。⑩此後的保定巡撫，遂兼有管理河道之責。萬曆四十五年（西元一六一七），東北軍事緊張，保定巡撫又兼理海防軍務。⑪崇禎十七年（西元一六四四）二月，李自成逼近北京，曾以保定巡撫徐標兼任總督⑫，合巡撫、總督爲一人。然不久，徐標被殺，保定巡撫亦告終止。

【附註】

①李東陽等：《大明會典》，卷一二八，兵部一一，鎮戍三，頁二下至三下及吳廷燮：《明督撫年表》，頁七七。
②《明英宗實錄》，卷一八一，頁一三上至一三下，正統十四年八月庚午及卷一八五，頁二上，正統十四年十一月戊寅。
③雷禮：《國朝列卿紀》，第一九冊，卷一一八，頁一至二。
④《明英宗實錄》，卷一八五，頁一七上至一七下，正統十四年十一月丁酉。
⑤同上，卷二二三，頁六上，景泰三年十月丙午。
⑥同上，卷二三五，頁一上，景泰四年十一月甲寅。
⑦《明憲宗實錄》，卷一三七，頁二下，成化十一年一月丁卯及卷二四九，頁五下，成化二十年二月甲戌。
⑧《明憲宗實錄》，卷二七二，頁五下至六上，成化二十一年十一月甲戌及《明孝宗實錄》，卷一〇，頁六下至七上，弘治元年閏正月辛未。
⑨《明武宗實錄》，卷二七，頁二下，正德二年六月癸未。卷六三，頁六下，正德五年五月庚辰。
⑩《明神宗實錄》，卷一〇五，頁一下，萬曆八年十月辛丑。《大明會典》，卷二〇九，「都察院」，頁一二上，說成萬曆七年，實誤。
⑪《明神宗實錄》，卷五六一，頁七上，萬曆四十五年九月乙酉。
⑫萬言：《崇禎長編》，卷二，頁一六下至一七上，崇禎一七年二月壬午。

四、宣府巡撫

宣府巡撫之全名爲「巡撫宣府地方，贊理軍務」，統率口北分巡道、口北分守道及懷隆兵備道等三道。巡撫範圍包括直隸之延慶州、保安州，山西布政司之蔚州、廣昌縣，萬全都司之萬全右衛等十四衛，興和等七所，昆都力哈諸部貢市。①

宣府巡撫設置於正統元年（西元一四三六），以都察院右僉都御史李儀巡撫宣府、大同。②設置之初，宣府與大同兩地，由一巡撫兼管，負責提督宣府及大同地區的屯種及各倉場糧草等事，並兼有撫恤軍民之責。而軍事任務，除了有總兵官綜理外，又有文臣贊理軍務。在宣府有右參政劉璉參贊軍務。劉璉從正統五年四月到景泰二年十二月（西元一四四〇—一四五一），在宣府參贊軍務將近十二年。③職位亦由山東右參政，升至戶部左侍郎。在這段期間，實錄稱劉璉爲「參贊軍務」及「巡撫」，甚至又加「總督糧儲」之銜。④因此，在這十二年間，宣府實際上有二位巡撫。直到景泰二年時，宣府與大同分爲二巡撫，才結束一地有二巡撫之現象。景泰二年三月，大同總兵官郭登建議另設大同巡撫⑤，並把政績不佳的宣府巡撫任寧，貶爲廣西按察副使⑥，劉璉遂成爲唯一的宣府巡撫。劉璉在宣府巡撫將近十二年，一人負責屯糧、倉場及撫恤軍民等巡撫職責，又兼贊理軍務，後來甚至於又負有總督邊儲之責，使宣府巡撫之地位，提升不少。

天順元年，裁去天下巡撫官，亦被裁去。二年五月，又恢復。天順四年（西元一四六〇）十一月，韓雍以右僉都御史巡撫宣府、大同，宣府與大同巡撫又合而爲一。天順六年十二月（西元一四六三），李匡以左僉都御史巡撫宣府，宣府與大同又分爲二個巡撫。⑦成化初年，宣府與大同巡撫時分時合，到了成化十年（西元一四七四），宣府與大同分爲二個巡撫後，才固定下來。

神宗萬曆四十六年（西元一六一八），新任之宣府巡撫董可威未赴任，一度由宣大總督吳崇禮帶管宣府巡撫三個月。⑧

總之，宣府巡撫自正統元年設置以來，與大同巡撫時分時合。然自成化十年後，直到明亡爲止，一直相當穩定。

【附註】

① 李東陽等：《大明會典》，卷一二八，兵部一一，鎮戍三，頁四下至五上。吳廷燮：《明督撫年表》，頁一一二一。

② 《明英宗實錄》，卷一六，頁七下至八上，正統元年四月戊午。

③ 同上，卷六六，頁六上至六下，正統五年四月戊子及卷二七一，頁三下，景泰二年十二月庚子。

④ 《明英宗實錄》，卷二〇五，頁一三下，景泰二年三月庚寅。

⑤ 同上，卷二〇二，頁九上，景泰二年三月甲子。

⑥ 同上，卷二〇三，頁五下，景泰二年四月丁亥。

⑦ 同上，卷三三一，頁三上，天順四年十一月庚寅及卷三四七，頁四下，天順六年十二月戊寅。

⑧《明神宗實錄》，卷五七〇，頁七下，萬曆四十六年五月己亥。

五、大同巡撫

大同巡撫之全名爲「巡撫大同地方，贊理軍務」，駐守大同，統率冀北分巡道、陽和兵備道、冀北分守道，及左衛兵備道等四道。管轄範圍包括山西布政司之應、朔、渾源三州，大同、懷仁、山陰、馬邑、廣靈、靈丘六縣，山西行都司之大同左衛等十四衛，山陰第三所城堡，順義諸部貢市。①

大同巡撫設立於正統元年，以右僉都御史李儀巡撫宣府、大同。同樣在軍事上，有贊理軍政的沈固。沈固從正統五年四月至景泰二年三月（西元一四四〇—一四五一），在大同贊理軍務約十一年。②贊理軍務後來亦視爲巡撫，所以在大同這段期間內，同時有二位巡撫。景泰二年（西元一四五一），大同總兵官郭登奏曰：

左都御史沈固在邊年久，法令不行，致邊城經收糧草官吏，大肆姦貪，以灰土插和米麥，軍士啼饑號寒，無所於訴。乞別選廉明剛正之人以代固。臣切見禮部尚書楊寧、河南左布政使年富，皆足勝其任。乞敕廷臣會議，選委一員；授職來此，與臣同心整理邊務，庶克有濟。又大同既有都御史一員，並巡按御史，其僉都御史任寧，宜止於宣府巡撫。③

景泰皇帝同意郭登的建議，另設大同巡撫。遂以河南左布政使年富爲左副都御史，巡撫大同。天順元年至二年間，大同巡撫亦被裁去。天順四年至六年，又與宣府巡撫合而爲一，天順七年後，又脫離成爲一獨立的巡撫。成化年間，因情勢需要，或因一時無人取代，大同與宣府巡撫時分時合。直到成化十年，兩者分開，個別成立巡撫，才穩定下來，直至明末，未再改變。

【附註】

①李東陽等：《大明會典》，卷一二八，兵部一一，鎭戍三，頁五上至五下。吳廷燮：《明督撫年表》，頁一四八。

②《明英宗實錄》，卷六六，頁六上至六下，正統五年四月戊子及卷二〇二，頁九上，景泰二年三月甲子。

③《明英宗實錄》，卷二〇二，頁九上，景泰二年三月甲子。

六、山西巡撫

山西巡撫之全名爲「提督雁門等關，兼巡撫山西地方」，駐守太原。統率冀寧分巡道及兵備道、雁平兵備道、岢嵐兵備道、河東分巡道及兵備道、潞安兵備道及寧武兵備道等六道。巡撫山西布政司之太原、平陽、潞安、汾州四府，遼、沁、澤三州，山西都司之太原左右衞等九衞，沁州、寧化等九所城堡。①山西巡撫本來駐守在太原，不過以情勢之需要，有時駐代州，有時在秋冬期間駐守寧武關，就近調度，以防外犯。②

永樂十九年，命令大理寺丞孫時及給事中蕭奇往山西巡撫。③但此次任命是暫時性質，不應視爲山西巡撫設置之年代。山西巡撫設置於宣德五年九月，以監察御史于謙爲兵部右侍郎，往河南、山西總督稅糧。④于謙從宣德五年起到正統十二年止（西元一四三〇—一四四七），共在山西擔任巡撫有十七年之久。⑤

自正統十二年七月，于謙以父喪離任，山西有二年未再設巡撫。正統十四年八月，土木之變發生，才以山西左布政使朱鑑爲右副都御史，巡撫山西。⑥爲防止也先入侵，從景泰元年三月至二年十一月（西元一四五〇—一四五一）間，同時設置文臣之鎭守，以右副都御史羅通鎭守山西。⑦所以在景泰元年至二年間，山西等於有二個巡撫。

天順元年，革去天下巡撫官，山西巡撫革去後，終天順之世，未再恢復。遇有災荒時，則派有大臣巡視地方。成化二年（西元一四六六），才恢復山西巡撫官。此後，終至明亡，在成化六年十月至八年二月（西元一四七〇—一四七二）⑧，成化十年五月至十三年七月（西元一四七二—一四七五）⑨，及正德三至五年（西元一五〇八—一五一〇）間，曾三度缺巡撫官。

【附註】

① 李東陽等：《大明會典》，卷一二八，兵部一一，鎭戍三，頁五下至六上。吳廷燮：《明督撫年表》，頁一七三。

② 《明世宗實錄》，卷六，頁四上，正德十六年九月辛酉。及李東陽等：《大明會典》，卷二〇九，都察院一，頁一三上。

③ 《明太宗實錄》，卷二三六，頁四下至五上，永樂十九年四月癸丑。

④《明宣宗實錄》卷七〇，頁三上至三下，宣德五年九月丙午。
⑤《明英宗實錄》，卷一五六，頁一下，正統十二年七月癸巳。
⑥同上，卷一八一，頁一七上，正統十四年八月癸酉。《大明會典》，卷二〇九，「都察院」一，頁一三上，說成正統一三年，實誤。
⑦《明英宗實錄》，卷一九〇，頁四下，景泰元年三月癸丑。及卷二一〇，頁三下，景泰二年十二月丙午。
⑧《明憲宗實錄》，卷八四，頁九上，成化六年十月辛未。及卷一〇一，頁五下，成化八年二月壬午。
⑨《明憲宗實錄》，卷一二八，頁三上，成化十年五月戊子。及卷一六八，頁一〇下，成化十三年七月癸巳。

七、陝西巡撫

陝西巡撫之全名爲「巡撫陝西地方，贊理軍務」，駐守西安，統率西安兵備、涇邠兵備、商洛兵備、潼關兵備及漢羌等五兵備道。管轄陝西布政司之西安、鳳翔、漢中三府，平涼府之涇州，陝西都司之西安左衛等五衛。①

宣德二年八月（西元一四二七），首先命令少師隆平侯張信、戶部尚書郭敦往陝西整飭庶務。②命令中並未提及巡撫字眼，但後來之實錄中卻以巡撫稱之。③張信與郭敦在陝西巡撫九個月就召回④，所以這次任命不可視爲陝西巡撫之始設。

宣德六年二月（西元一四三一），以工部右侍郎羅汝敬往陝西經理屯田之務⑤，至正統三年（西元一四三八）去職止，約七年時間，羅汝敬在陝西提督屯田，同時亦兼巡撫之職。不過《大明會典》卻不認爲羅汝敬是陝西巡撫之始創者。《大明會典》中說：

巡撫陝西地方，贊理軍務一員。宣德間，命尚書侍郎出鎮。正統間，命右都御史出入更代鎮守。景泰三年，改都御史巡撫，遂爲定制。成化二年，加提督軍務，後改贊理軍務。⑥

《大明會典》不認爲羅汝敬在宣德六年之任命爲陝西巡撫之始創，其原因有二：㈠羅汝敬從宣德六年二月任命以來，同年九月就召回。⑦七年二月又任命，八年十二月，又因侵盜屯糧而得罪。⑧去職前，因外敵寇邊，羅汝敬被留在陝西提督屯田，宣德十年才被逮下獄，放逐至邊地。⑨改由提督京倉參政李新，以行在戶部右侍郎巡撫陝西又兼屯田。但因效果不彰，又調回戍邊的羅汝敬巡撫陝西。⑩直到正統三年才召回。由以上可見羅汝敬雖從宣德六年以來就在陝西，可是前四年羅汝敬的任命並不固定。㈡羅汝敬在陝西，是以提督屯田任命，負責邊地屯田事務，後來雖有巡撫之名，但並未有巡撫之實。

羅汝敬在宣德六年之任命，雖然不能視爲陝西巡撫之始設年代，《大明會典》所說的景泰三年（西元一四五二），亦不正確。景泰三年任命刑部右侍郎耿九疇鎮守陝西⑪，並不是陝西有持續性選任或鎮守的開始。早在宣德十年（西元一四三五）三月，就陞浙江按察司副使陳鎰爲行在都察院右副都御史，與都督同知鄭銘鎮守陝西。⑫陳鎰自宣德十年三月至正統六年正月（西元一四三五－一四四一），在陝西鎮守。正統六年正月，由右僉都御史王翶代回，正統七年，陳鎰又往陝西鎮守。⑬本來是規定陝西巡撫實施二年輪調制，不過陳鎰這次卻又鎮守三年，至正統十年才被王文代回。⑭由此可見，陳鎰自宣德十年之任命，從未中斷，故宣德十年才是陝西巡撫之始創年代，而非《大明會典》所記載的景泰三年。

正統四年以前，陝西地方有巡撫，有文臣之鎮守。正統四年以後，只有鎮守文臣。這些鎮守文臣，亦爲巡撫。因爲他們在處理軍事事務時稱鎮守，在處理屯田、稅糧或撫恤百姓時，實錄則稱他們爲巡撫。

天順元年，去天下巡撫官，陝西巡撫亦去。天順六年，恢復陝西巡撫。以河南按察使王槩爲右副都御史，巡撫陝西。⑮從此以後，遂以巡撫爲名，不再稱爲鎮守。成化二年（西元一四六六），河套地區外寇入侵，仍命陝西巡撫提督軍務，與太監裴當、總兵官楊信往剿河套。⑯巡撫加提督軍務，職權與總督相當。但成化二十二年（西元一四八六），賈奭以右副都御史巡撫陝西，兼贊理軍務。⑰陝西巡撫不再兼「提督軍務」，改以職權較輕之「贊理軍務」，成爲定制。

【附註】

① 李東陽等：《大明會典》，卷一二八，兵部一一，鎮戍三，頁八下至九上。吳廷燮：《明督撫年表》，頁三三一。

② 《明宣宗實錄》，卷三〇，頁六下，宣德二年八月丁丑。

③ 同上，卷三二，頁三上，宣德二年十月甲子。

④ 同上，卷四三，頁三上，宣德三年五月己未。

⑤ 同上，卷七六，頁二上至二下，宣德六年二月丁丑。
⑥ 李東陽等：《大明會典》，卷二〇九，都察院一，頁一三下至一四上。
⑦ 《明宣宗實錄》，卷八三，頁一下至二上，宣德六年九月丙寅。
⑧ 《明宣宗實錄》，卷八七，頁五下，宣德七年二月庚戌。及卷一〇七，頁一〇下，宣德八年十二月甲戌。
⑨ 《明宣宗實錄》，卷一一〇，頁五下，宣德九年四月戊辰。《明英宗實錄》，卷四，頁四上，宣德十年四月己未。及卷七，頁九下，宣德十年七月乙未。
⑩ 《明英宗實錄》，卷七，頁七下，宣德十年七月戊子。及卷一一，頁七上，宣德十年十一月丁酉。
⑪ 《明英宗實錄》，卷二一四，頁一〇下，景泰三年三月壬戌。
⑫ 同上，卷三，頁三上至三下，宣德十年三月辛巳。
⑬ 同上，卷七五，頁二下，正統六年正月壬子。及卷八九，頁八上，正統七年二月己酉。
⑭ 同上，卷一三四，頁九下，正統十年十月乙丑。
⑮ 同上，卷三四七，頁一上，天順元年十二月癸亥。
⑯ 《明憲宗實錄》卷三一，頁八下，成化二年六月丁卯。及李東陽等：《大明會典》，卷二〇九，都察院一，頁一四上。
⑰ 吳廷燮：《明督撫年表》，頁二二七。

八、延綏巡撫

延綏巡撫之全名爲「巡撫延綏等處，贊理軍務」，駐守榆林。統率靖邊兵備道、神木兵備道、榆林兵備道、河西分守道等四道。管轄陝西布政司之慶陽府，延安府之綏德、葭二州，膚施等縣。陝西都司之榆林、延安、慶陽、綏德等衛所城堡，吉能諸部貢市。①

宣德十年十月，陞河南道監察御史郭智爲都察院右僉都御史往綏德、延安，同守備都指揮僉事整飭邊備。②郭智的整飭邊備，任務近似巡撫。但郭智在延綏三個月後召還③，不能視爲延綏巡撫設置之始。據《大明會典》之記載：「景泰元年，以都御史參贊軍務，遂爲定制。」④此說法並不正確，因爲從正統九年（西元一四四四）以來，馬恭就一直在延綏協贊軍務。不過，馬恭在正統九年的任命，是往寧夏協贊軍務，可是後來實錄中之記載卻記成「協贊延綏軍務監察御史」。⑤也許實錄把「延綏」誤作「寧夏」，也許馬恭之任務後來擴大至延綏地方。但無論如何，正統十一年六月時，實錄中卻很清楚記載著：「敕右僉都御史馬恭往延綏，協贊都督僉事王禎等軍務。」⑥馬恭在延安協贊軍務約七年，景泰四年（西元一四四六—一四五三）去任。所以正統十一年才是延綏創立的年代，而非如《大明會典》記載的景泰元年。

馬恭以十三道監察御史助理軍務，職位低，故以「協贊」爲名。升任右僉都御史，甚至右副都御史，仍稱爲「協贊」。⑦直到馬恭去任，才改名爲「參贊」。⑧天順元年至二年三月間裁去。天順二年四月恢復延綏巡撫，未再加「協贊」或「參贊」軍務。隆慶六年（西元一五七二），以陝西左布政使馮舜漁爲右副都御史，巡撫陝西，才又加「贊理軍務」之銜。⑨延綏巡撫設立之後，以馬恭爲協贊軍務，位低權輕，只負責榆林地區之軍馬，其他有關錢糧及民政等巡撫事務皆由陝西巡撫負責。這種情形並不因天順二年復設之後而有所改變。嘉靖九年（西元一五三〇），以李如奎爲延綏巡撫，延安、慶陽二府地方之民政及錢糧事務，才脫離陝西巡撫之統轄，改由延綏巡撫負責。⑩

【附註】

① 李東陽等：《大明會典》，卷一二八，兵部一一，鎭戍三，頁六下至七上。吳廷燮：《明督撫年表》，頁二四八。

② 《明英宗實錄》，卷一〇，頁四上至四下，宣德十年十月丁未。

③ 同上，卷一三，頁一上，正統元年正月庚午。

④ 李東陽等：《大明會典》，卷二〇九，都察院一，頁三上。

⑤ 《明英宗實錄》，卷一二一，頁三上，正統九年九月己丑。及卷一二九，頁二下，正統十年五月庚辰。

⑥ 同上，卷一四二，頁四上，正統十一年六月壬寅。

⑦ 同上，卷二〇一，頁一上，景泰二年二月庚午。及卷二〇四，頁一〇下，景泰二年五月丁巳。

⑧ 同上，卷二三五，頁一上，景泰四年十一月甲寅。

⑨《明神宗實錄》，卷八，頁一七下，隆慶六年十二月庚辰。

⑩《明世宗實錄》，卷一一二，頁一三下至一四上，嘉靖九年四月癸未。

九、寧夏巡撫

寧夏巡撫之全名爲「巡撫寧夏地方，贊理軍務」，統率寧夏管糧道及寧夏兵糧道二道。管糧陝西都司之寧夏等六衛，靈州等二所城堡，台吉諸部貢市。①

《大明會典》說：

宣德六年，命侍郎理陝西、甘肅、寧夏屯政。十年，命都御史鎮守陝西、延綏、寧夏等處，未有專職。正統元年，以都御史鎮撫寧夏地方，參贊軍務，整飭邊備，遂爲定制。②

宣德六年派遣之大臣，是指工部右侍郎羅汝敬往陝西管理屯田之事。羅汝敬之轄區日久也擴大至寧夏及甘肅等地方，《大明會典》因而列入寧夏巡撫之中，甚至於嘉靖寧夏新志中，也把羅汝敬列爲第一位寧夏巡撫。③不過羅汝敬之任務主要是在陝西，寧夏地區只是暫時權宜性質，不能視爲寧夏巡撫之始創。至於《大明會典》另指宣德十年的派任都御史往陝西、延綏及寧夏鎮守，並不適用於寧夏。實錄說：

陞行在兵部武庫司郎中徐晞爲本部試右侍郎，浙江按察司副使陳鎰爲行在都察院右副都御史，行在山西道監察御史羅亨信爲行在都察院右僉都御史。復都指揮陳忠、榮貴職，陞府前衛指揮朱通、魏榮俱爲指揮僉事，俱賜以敕書。命（徐）晞與（朱）通往臨洮、鞏昌、洮州、岷州。（陳）鎰與都督同知鄭銘鎮守陝西。（羅）亨信與（魏）榮往平涼、莊浪、河州、西寧。（陳）忠與（榮）貴往寧夏，各提督所屬衛所官軍，土軍操練。④

上文中，兵部試右侍郎徐晞與右僉都御史羅亨信，都是前往甘肅，右副都御史陳鎰則往陝西。到寧夏的陳忠與榮貴都是武臣，並非文臣。因此，這次任命對寧夏而言，並不能視爲巡撫之令。

寧夏巡撫設置的年代，應該是正統元年（西元一四三六）的郭智。是年，以右僉都御史郭智參贊寧夏軍務⑤，遂成定制。此後皆以參贊軍務爲名，天順二年，恢復巡撫官，以山西右布政使陳翌爲都察院右副都御史，巡撫寧夏，方去參贊軍務之名，改以巡撫之稱呼，並鑄給巡撫寧夏關防。⑥寧夏巡撫加「贊理軍務」頭銜，據《大明會典》說是在隆慶六年（西元一五七二），不過在實錄中卻未提及。實錄中，在寧夏巡撫贊理軍務，是在萬曆九年（西元一五八一），以湖廣左布政使晉應槐以右僉都御史巡撫寧夏，才加贊理軍務銜⑦，沿用至明亡爲止。

【附註】

① 李東陽等：《大明會典》，卷一二八，兵部一一，鎮戍三，頁七下至七下。吳廷燮：《明督撫年表》，頁二七三。

② 李東陽等：《大明會典》，卷二〇九，都察院一，頁一三下。

③ （明）胡汝礪編，（明）管律重修，陳明猷校刊：《嘉靖寧夏新志》（銀川：寧夏人民出版社，一九八

二年十二月)，卷二，頁四八二。

④《明英宗實錄》，卷三，頁三上至三下，宣德十年三月辛巳。

⑤同上，卷一四，頁二下，正統元年二月庚子。

⑥同上，卷二九一，頁七上，天順二年五月壬寅。及卷二九一，頁一一下，天順二年五月癸丑。

⑦《明神宗實錄》，卷一一二，頁一下，萬曆九年五月丁卯。

十、甘肅巡撫

甘肅巡撫之全名爲「巡撫甘肅等處，贊理軍務」，統率甘肅兵備、西寧兵備及莊浪兵備三道，統轄陝西行都司之甘州十二衛，鎮夷等三所城堡，赤斤蒙古等六衛，朵甘等衛及宣慰招討等司，西海、丙兔諸部貢市。①

根據《大明會典》之記載：

宣德十年，命侍郎鎮守甘肅地方。正統元年，甘、涼多事，命侍郎參贊軍務出鎮，於是甘肅以文臣參贊，遂爲定制。景泰元年，定爲巡撫都御史。在隆慶六年，改贊理軍務。②

宣德十年三月，以兵部武庫司郎中徐晞，爲兵部試右侍郎，山西道監察御史羅亨信爲右僉都御史。徐晞與都指揮僉事朱通，往甘肅之臨洮、鞏昌、洮州、岷州，羅亨信與都指揮僉事魏榮往甘肅之平涼、莊浪、河州、西寧，提督所屬諸衛所官軍、土軍操練。③此次派任文中，並未提到「巡撫」及「鎮守」

之稱，不能視爲甘肅巡撫之設置。然而同年十月，改命徐晞參贊軍務，與佩平羌將軍印總兵官寧陽侯陳懋共同鎮守甘肅。④所以宣德十年六月的派任，才是甘肅巡撫設置之始，而非《大明會典》所記之正統元年。

不久，柴車前往甘肅整飭邊備⑤，整飭邊備亦視爲鎮守，也是巡撫，一時甘肅有二巡撫。正統元年，又命巡撫陝西監察御史曹翼往甘肅整飭邊務⑥，正統二年，早在此地之羅亨信，亦改任爲參贊軍務。⑦所以在正統一、二年間（西元一四三六－一四三七），甘肅有徐晞、柴車、羅亨信及曹翼等四巡撫。不過，曹翼、羅亨信及柴車都稱爲整飭邊備，徐晞稱爲鎮守，都不稱爲巡撫。此現象一直維持到正統四年，曹翼回京，剩下羅亨信、柴車及徐晞三人。正統五年六月，羅亨信又往宣府、大同巡撫，剩下徐晞及柴車二人。過一陣，曹翼取代柴車，又剩徐晞及曹翼在甘肅鎮守及參贊軍務。正統六年，徐晞調往巡督麓川地方，才只剩曹翼一人在甘肅贊理軍務。⑧

天順元年及二年間，參贊甘肅軍務之文臣被裁。天順二年恢復後，甘肅地方改以巡撫稱呼。《大明會典》又言，隆慶六年（西元一四七二），甘肅巡撫又加贊理軍務銜。但《明實錄》從隆慶六年以後就任之巡撫，皆未加有贊理軍務之名。萬曆二十年（西元一五九二），外夷入寇寧夏、甘肅地方，又逢寧夏兵變，寧夏巡撫黨馨被叛兵所殺⑨，邊地情勢日趨緊張，才又以陝西按察使田樂爲右僉都御史巡撫甘肅，贊理軍務銜，直到明亡未變。

【附註】

① 李東陽等：《大明會典》，卷一二八，兵部一一，鎭戍三，頁八上至八下。吳廷燮：《明督撫年表》，頁二七九。
② 李東陽等：《大明會典》，卷二〇九，都察院一，頁一四上。
③ 《明英宗實錄》，卷三，頁三上至三下，宣德十年三月辛巳。
④ 同上，卷六，頁一下，宣德十年六月辛丑。
⑤ 同上，卷一一，頁四下，宣德十年十一月壬午。
⑥ 同上，卷一三，頁八上至八下，正統元年正月甲午。
⑦ 同上，卷一七，頁三上至三下，正統元年五月辛丑。
⑧ 同上，卷五二，頁七下，正統四年閏二月庚子，曹翼召回。同上，卷六八，頁三下，正統五年六月戊寅，羅亨信調任宣大巡撫。同上，卷七五，頁四上至五上，正統六年正月甲寅，徐晞調往麓川。
⑨ 《明神宗實錄》，卷二四六，頁二下，萬曆二十年三月丁卯。

十一、鳳陽巡撫

鳳陽巡撫之全名爲「總理漕運，兼提督軍務，巡撫鳳陽等處，兼管河道」，駐紮淮安。①「總理漕運」是萬曆十五年（西元一五八七），申時行重修《大明會典》時之稱呼。事實上，其他時代皆以「總督漕運」爲名。而且鳳陽巡撫並不常「兼管河道」。此名稱是重修《大明會典》時，剛好以總理漕運兼巡撫鳳陽之都御史兼任，故又稱「兼管河道」，其他時候，別有專設之總理河道大臣，不以鳳陽巡撫兼管。正常的鳳陽巡撫之全名，應該是「總督漕運，兼提督軍務，巡撫鳳陽等處地方」。鳳陽巡撫統率潁州兵備道、淮、揚海防道及徐州兵備道三道，負責管轄鳳陽、廬州、淮安、揚州四府，滁、和、徐三州，中都留守之鳳陽等七衛，洪塘一所。直隸之廬州、揚州、高郵、儀眞、滁州、徐州、淮安、大河、邳州、沂州、泗州、壽州、宿州等衛，海州中所等所。②

鳳陽巡撫與其他巡撫不同的地方是它是由總督漕運之文臣兼任，不過鳳陽巡撫在始創時是一獨立的單位，日後才與漕運總督合而爲一。明代設置巡撫官以前，漕運事宜由武臣統理。永樂時，平江伯陳瑄以武臣總督漕運兼鎮守淮安，督理河道。③巡撫制度一成立，逐漸改用文臣總督漕運兼鳳陽巡撫。但總督漕運與鳳陽巡撫因局勢之不同，時分時合，並不一定。

正統十年（西元一四四五）五月，刑部右侍郎薛希璉被任命前往巡撫北直隸之眞定、保定、河間、大名、順德、廣平，及南直隸之鳳陽、淮安、揚州、廬州、徐州等地方。④這次及以後四年間，幾次派任到南北直隸巡撫，只是臨時性質，並非專設。正統十四年四月，薛希璉改任福建鎮守，繼以吏部右侍郎趙新巡撫山東及直隸鳳陽等府。⑤趙新之任，也是暫時性質，事竣即回。鳳陽巡撫設立於景泰元年（西元一四五〇），以刑部右侍郎耿九疇巡撫鳳陽⑥，遂成定制。景泰二年十月，右僉都御史王竑以總督漕運兼巡撫淮安等地，繼之又兼鳳陽巡撫。⑦總督漕運與鳳陽巡撫首度合而爲一。

成化八年（西元一四七二），江北地方水旱災交替，總督漕運兼鳳陽巡撫張鵬一人無法兼理撫安百姓事務，遂以南京兵部右侍郎兼右僉都御史馬顯，專任鳳陽巡撫，張鵬專理漕運。⑧總督與巡撫分開一年，成化九年，又合而爲一。正德十三年（西元一五一八），兩者又分開。分開之因是總督漕運兼鳳陽巡撫的叢蘭得罪了兵部尚書王瓊，王瓊想削弱叢蘭的職權，改任叢蘭專理鳳陽巡撫，用順天巡撫右都御史臧鳳爲漕運總督。⑨正德十六年，兩者又在一起。⑩

嘉靖三十六年（西元一五五七），倭寇侵擾江北，爲了防止倭亂，又分漕運總督與鳳陽巡撫爲二，以原任提督操江右僉都御史李遂爲鳳陽巡撫。⑪嘉靖四十年，巡按直隸御史陳志建議說，總督漕運與鳳陽巡撫分開的結果，使總督漕運管理糧餉，而巡撫官負責軍事，這都是海寇爲亂一時權宜之計，現在倭患漸息，請以總督漕運兼鳳陽巡撫。⑫結果二者又合而爲一了。此外，在嘉靖三十二年（西元一五五三），也在海寇猖獗時，鳳陽巡撫之本職上又加兼海防事務，倭亂平定後，才去掉兼理。⑬《大明會典》又言，萬曆七年（西元一五七九），總督漕運兼鳳陽巡撫又加兼管河道。⑭明代之河道自成化七年（西元一四七一）以來，就有工部侍郎王恕爲總督河道。正德四年（西元一五〇九）後，皆以都御史任總督河道大臣。⑮萬曆五年（西元一五七七），有鑑於漕運及河道事權重複，決定以總督漕運兼巡撫鳳陽都御史，兼管河道事務。⑯萬曆八年，首次以兵部尚書兼左副都御史凌雲翼總督漕運、巡撫鳳陽、兼理河道。⑰河漕合而爲一之後，職權加重，以一文臣身任總督漕運，又要負責巡撫之職，再加上管理河道之事，其繁重可想而知。萬曆十六年（西元一五八八），直隸巡按御史喬璧星上奏說，河道之能暢通，是歸功於以前河道大臣如劉天河之修復魯橋，朱衡之開通南陽，潘季馴之濬刷崔鎮，故請另設總理河道大臣⑱，河漕又分為二。

萬曆二十三年（西元一五九五），總理河道工部尚書楊一魁與總督漕運兼鳳陽巡撫褚鈇，兩人在治理黃河看法不同，引起爭執。楊一魁想把過多的黃河水導向淮河，然後再疏通黃河之出海口。而鳳陽巡撫褚鈇則認為淮北地方，災害嚴重，人民無法承受導向淮水之黃河的水患，所以想先疏濬淮河，把治理黃河的計劃暫緩實施。⑲萬曆皇帝採納楊一魁的意見，撤去褚鈇，並在萬曆二十六年，以總理河道之工部尚書楊一魁，兼管漕運事務。⑳河漕合而為一，卻把鳳陽巡撫與漕運總督分開，單獨設置。萬曆三十年，吏科都給事中桂有根以漕運總督兼理河道，為一時權宜之計，不能視為長規。何況漕運事務以南方糧食為重。而河道事務，則以北方之黃河、淮河為重，一人怎能兼顧，故建議把河漕分開。㉑萬曆皇帝採納桂有根之提議，把河漕分治，漕運總督又兼鳳陽巡撫，再兼巡撫海防軍務。此後，除在萬曆三十九年（西元一六一一），總漕撫鳳之李三才病免，一時找不到人替代，短暫以總理河道劉士忠兼理外㉒，至明末止，河漕分開，總督漕運兼鳳陽巡撫，又兼理海防。

鳳陽巡撫有時又加「提督軍務」，本來漕運是以武官之總兵統率，以參將佐之。景泰二年（西元一四五一），用都御史總督漕運，遂革去輔佐漕運之參將。但是總兵官仍在，目的是維護沿途漕船之安全。萬曆七年，漕運總督與總理河道合而為一，因總理河道自隆慶四年（西元一五七〇）就加有「提督軍務」銜。㉓所以總漕撫鳳兼理河大臣亦兼有「提督軍務」之銜。如此一來，他與總兵官之關係就日益微妙了。一文臣身兼總督漕運，又兼巡撫，再加提督軍務，其軍事權已超乎總兵官之上。再加上明代中葉以來，武臣之地位日漸低落，負責漕運安全之總兵官，已名存實亡，其權力已漸被總漕撫鳳之文臣所奪。後來河漕分開，總漕撫鳳之文臣未兼提督軍務，然總兵官之權已被奪，無法恢復舊觀。萬曆四十年（西元一六一二），有人建議裁去管理漕運總兵官。但也有人反對，因爲維護漕運運道之安全，總兵官之存在仍有必要。不過反對裁撤漕運總兵官的人認爲，漕運總兵官雖不該撤，擔任漕運總兵官二十餘年之王承勳卻不該留。他們認爲總兵官在位太久，會威脅到總漕撫鳳大臣之權力。而且漕運總兵官更不應該以有爵位之武臣充任。如此一來，總兵官皆受總漕撫鳳之文臣節制，則事權劃一。㉔所以後來漕河分治，總督漕運及鳳陽巡撫雖一時未加有提督軍務職銜，其軍事權仍在總兵官之上。泰昌元年（西元一六二〇），李養正充任總督漕運巡撫鳳陽，兼理海防時，方又加「提督軍務」之銜。㉕

總之，鳳陽巡撫之名稱依時代之不同，有很大的差異。《大明會典》重修於萬曆十五年，所用之名稱以當時之稱呼具名，並不能通用於整個明代。景泰元年，鳳陽巡撫創建，稱爲鳳陽巡撫，未兼他銜。景泰二年，與總督漕運合而爲一，改稱總督漕運兼巡撫鳳陽。成化八年，與漕運總督分開，又以鳳陽巡撫爲名。一年後，又合而爲一。正德十三至十六年及嘉靖三十六至四十年間，又分開。萬曆七年到十六年，總督漕運、巡撫鳳陽，又兼總理河道，一人身兼三職。萬曆二十六至三十年，鳳陽巡撫與河漕分開，鳳陽巡撫兼海防事務。萬曆三十年以後，漕運總督與總理河道分開，與鳳陽巡撫再合在一起。此後之稱呼是「總督漕運、巡撫鳳陽、提督軍務、兼理海防」。

【附　註】

①李東陽等：《大明會典》，卷一二八，兵部一一，鎮戍三，頁九下至一〇上。
②同上。及吳廷燮：《明督撫年表》，頁三二三。
③《明英宗實錄》，卷二七七，頁一五下至一六上，天順元年四月庚申。
④同上，卷一二九，頁七上，正統十年五月己亥。
⑤同上，卷一七七，頁七上至七下，正統十四年四月丁卯。
⑥同上，卷一九七，頁三下，景泰元年十月庚辰。
⑦同上，卷二〇九，頁一二下，景泰二年十月壬辰。
⑧《明憲宗實錄》，卷一〇三，頁二下，成化八年四月乙亥。
⑨《明武宗實錄》，卷一六二，頁五上，正德十三年五月癸亥。
⑩《明世宗實錄》，卷三，頁三下，正德十六年六月丙戌。
⑪《明世宗實錄》，卷四五二，頁一上，嘉靖三十六年十月丁亥。
⑫同上，卷四九六，頁二下，嘉靖四十年五月乙亥。
⑬同上，卷四〇〇，頁五上至五下，嘉靖三十二年七月甲子。
⑭李東陽等：《大明會典》，卷二〇九，都察院一，頁五下。
⑮同上，頁一五下。及《明神宗實錄》，卷一九七，頁一上，萬曆十六年四月甲寅。
⑯《明神宗實錄》，卷六六，頁二下至三上，萬曆五年閏八月戊子。

⑰ 同上，卷一〇一，頁五上，萬曆八年六月辛酉。但《大明會典》之卷二〇九，頁五下，卻記載爲萬曆七年。《大明會典》在萬曆十五年重修，其記載應該比較正確。但實錄及其他史料卻記載爲萬曆五年或八年。也許是在萬曆五年時決定河漕合一，萬曆七年下命令，萬曆八年正式實施，才有此三種不同之記載。

⑱ 《明神宗實錄》，卷一九七，頁一上至一下，萬曆十六年四月甲寅。

⑲ 張廷玉等：《明史》，卷八四，志六〇，河渠二，黃河下，第七冊，頁二〇五八至二〇六二。乾隆敕撰：《歷代職官表》，卷五九，頁一六五〇至一六五一。

⑳ 《明神宗實錄》，卷三一九，頁三下至四上，萬曆二十六年二月乙丑。

㉑ 同上，卷三七〇，頁八下至九上，萬曆三十年三月辛巳。

㉒ 同上，卷四八〇，頁四下，萬曆三十七年二月戊子。

㉓ 《明穆宗實錄》，卷四四，頁三上至三下，隆慶四年四月乙巳。又見李東陽等：《大明會典》，卷二〇九，都察院一，頁一五下。

㉔ 《明神宗實錄》，卷四九七，頁一〇下，萬曆四十年七月辛亥。

㉕ 《明光宗實錄》，卷五，頁八上，泰昌元年八月己未。

十二、應天巡撫

應天巡撫之全名，在《大明會典》及《明史》中皆稱爲「總理糧儲、提督軍務兼巡撫應天等府」。①

統率徽州、寧國、池州、太倉、安慶、廣德兵備道，及蘇州、松江、常州、鎮江兵備道二道，巡撫範圍包括應天、徽州、寧國、池州、太平、安慶、蘇州、松江、常州、鎮江十府，廣德一州，直隸蘇州、太倉、鎮海、金山、新安、建陽、宣州、安慶等衛，吳淞江等所。②

永樂初年，曾派遣尚書往江南治水患，兼理農業。永樂十九年，又命吏部尚書蹇義及給事中馬俊往直隸應天等府巡行天下，安撫軍民。③明仁宗洪熙元年間，又遣布政使周幹等巡行應天、鎮江等八府。④洪熙元年至宣德五年三月（西元一五二五－一五三〇），五年多內，又派大理寺卿胡槩及參政葉春等，巡視應天及浙江諸郡。⑤另外，由於應天等地爲稅糧重地，宣德元年及五年間，又曾命都御史王彰、刑部侍郎成均，在應天等地方巡撫及處理農務。⑥上面的派遣，皆屬臨時性質，不能視爲應天巡撫設置之年代。應天巡撫設立於宣德五年九月，越府長史周忱以工部右侍郎，往南直隸、蘇松等處，總督稅糧⑦，遂成定制。

應天巡撫原未兼「總理糧儲」，天順元年，革去天下巡撫官，南直隸龐大的稅糧不能沒人督理。天順元年二月，遂以原任宣府巡撫右僉都御史李秉、總督南直隸糧儲。⑧天順二年，恢復應天巡撫，就改任應天巡撫兼總理糧儲之職。

正德二年至五年（西元一五〇七－一五一〇），應天巡撫被裁去。嘉靖三十二年（西元一五五三），沿海遭受倭犯，又在應天巡撫之本職，加兼理海防事務⑨，倭亂平定，方去海防之職。嘉靖三十三年，爲防倭寇，依照浙江巡撫之例，也在應天巡撫之本職上，加「提督軍務」。以南京兵部右侍郎兼右僉都御史屠大山，總理糧儲、提督軍務，兼巡撫應天。

【附　註】

① 李東陽等：《大明會典》，卷一二八，兵部一一，鎭戍三，頁九上。及卷二〇九，都察院一，頁八上。又見張廷玉等：《明史》，卷七三，志四三，職官二，第七冊，頁一七七五。

② 李東陽等：《大明會典》，卷一二八，兵部一一，鎭戍三，頁九上至九下。吳廷燮：《明督撫年表》，頁三四六。

③ 《明太宗實錄》，卷二三六，頁四上至四下，永樂十九年四月癸丑。

④ 《明仁宗實錄》，卷六下，頁九下，洪熙元年正月己亥。《明宣宗實錄》，卷六，頁九下至一一下，洪熙元年閏七月丁巳。

⑤ 《明宣宗實錄》，卷八，頁五下至六上，洪熙元年八月丁亥。及同上，卷六四，卷一二下，宣德五年三月戊辰。

⑥ 同上，卷六五，頁三下至四上，宣德五年四月戊寅。同上，卷九三，頁二上，宣德七年七月辛酉。

⑦ 同上，卷七〇，頁三上至三下，宣德五年九月丙午。

⑧ 《明英宗實錄》，卷二七五，頁四下至五下，天順元年二月庚子。

⑨ 《明世宗實錄》，卷四〇〇，頁五上至五下，嘉靖三十二年七月甲子。

十三、山東巡撫

山東巡撫之全名爲「巡撫山東等處地方，贊理營田，兼管河道，提督軍務」，率領武定兵備道、濟寧兵備道、曹（州）濮（州）兵備道、沂州兵備道、臨清兵備道、青州兵備道及海道等七道。其管轄範圍，包括山東布政司之濟南等六府，山東都司之濟南、兗州護衛等十八衛，諸城等十八所。①

山東巡撫創立年代，據《大明會典》說：

正統五年，遣大理少卿巡撫山東地方，十三年始定都御史，嘉靖四十二年加督理營田，萬曆七年加兼管河道，八年加提督軍務。②

而《明史》則言：

正統五年始設巡撫，十三年定遣都御史。③

《國朝列卿紀》則說：

自永樂十六年遣侍郎鄭剛巡視，事竣即止，無定員。歷宣德五年初，遣刑部侍郎曹弘。正統五年遣大理寺少卿張驥出巡地方，尚未專設。至正統十三年土木之變，宇內多事，遣都御史洪英出巡，遂相沿至今。④

上述三種記載皆以正統五年（西元一四四〇）遣大理寺卿巡撫山東，正統十三年（西元一四四八）改以都御史巡撫才定設。但是以上三種史料之記載，並不正確。永樂十九年，侍郎李昶、給事中劉渙等曾前往山東，巡行天下，撫安軍民。⑤宣德十年正月至九月間，戶部侍郎亦曾往山東鎮守。⑥這兩次皆是臨時性質，並未專設。宣德五年九月，以刑部員外郎曹弘爲刑部右侍郎，往北直隸府州縣及山東，總督稅糧。⑦曹弘在山東巡撫約十年之久，正統三年十二月（西元一四四〇）才去職。⑧所以宣德五年，才是山東巡撫創立之年代。《大明會典》、《明史》及《國朝列卿紀》等，以正統五年之派任大理寺少卿張驥前往山東巡撫，爲山東巡撫之始創，並非正確。因爲在正統四年九月，有命令說，

> 罷江西、湖廣、浙江、山東、陝西巡撫官，其稅糧令布按二司正官提督。⑨

正統四年九月，罷去山東巡撫後，將近七年，山東未再設巡撫。直到正統十年五月，方命大理寺右寺丞張驥，巡撫山東。⑩張驥之任命，是在正統十年，而非正統五年，顯然三種史料之記載皆錯。正統十二年二月，張驥升任大理寺右少卿，召回本部。⑪緊接二年多內，山東缺巡撫官。正統十四年，土木之變發生，山東左布政使洪英陞爲左副都御史，巡撫山東。⑫《大明會典》、《明史》及《國朝列卿紀》所載之正統十三年以洪英爲山東巡撫，也不對。

天順元年至二年間，成化十二至二十年間（西元一四七六—一四八四）及正德二年至五年間，山東無巡撫官。嘉靖三十二年（西元一五五三），以沿海倭亂發生，山東巡撫又兼理海防。⑬嘉靖四十二年（西元一五六三），命令新任之山東巡撫張鑑，以不妨原務，兼理營田。⑭至於《大明會典》所說的萬曆七年（西元一五七九），山東巡撫加兼管河道，在實錄中未見。而萬曆八年提督軍務，實錄中在萬曆末年才普遍提到。

【附註】

①李東陽等：《大明會典》，卷一二八，兵部一一，鎮戍三，頁一七上至一七下。吳廷燮：《明督撫年表》，頁三七四。

②李東陽等：《大明會典》，卷二〇九，都察院一，頁一一上至一一下。

③張廷玉等：《明史》，卷七三，志四九，職官二，第七冊，頁一七七七。

④雷禮：《國朝列卿紀》，卷一一一，頁一下。

⑤《明太宗實錄》，卷二三六，頁四上至四下，永樂十九年四月癸丑。

⑥《明英宗實錄》，卷一，頁一七上至一八上，宣德十年正月辛丑。及同上，卷九，頁四下。卷七〇，頁三上至三下。卷七〇，頁三上至三下，宣德十年九月癸未。

⑦《明宣宗實錄》，卷七〇，頁三上至三下，宣德五年九月丙午。

⑧《明英宗實錄》，卷四九，頁八下至九上，正統三年十二月己卯。

⑨同上，卷五九，頁六上，正統四年九月丙寅。

⑩同上，卷一二九，頁七上至七下，正統十年五月己亥。

⑪同上，卷一五〇，頁八下，正統十二年二月丁巳。

⑫同上，卷一八一，頁一七上，正統十四年八月癸酉。

⑬《明世宗實錄》，卷四〇〇，頁五上至五下，嘉靖三十二年七月甲子。

⑭　同上，卷五一七，頁二下，嘉靖四十二年正月甲午。

十四、河南巡撫

河南巡撫之全名爲「巡撫河南等處地方，兼管河道，兼提督軍務」。①以上的稱呼是萬曆十四年（西元一五八六）以後才定的。萬曆十四年，升浙江左布政使衷貞吉爲右副都御史，巡撫河南，同時又兼管河道及提督軍務②，萬曆十四年以前，並未有兼管河道及提督軍務。河南巡撫統有開封兵備道、大梁兵巡道、磁州兵備道及汝南分巡道等四道。轄區包括河南布政司之開封八府，汝州一州，河南都司之宣武等十二衛，禹州等七所。③

永樂十九年，曾派都御史王彰、給事中王勵，往河南巡行天下，安撫軍民④，宣德五年至六年間，亦曾派工部左侍郎許廓往河南巡撫⑤，然皆非專設。河南巡撫始創於宣德五年，以監察御史于謙爲兵部侍郎，往河南、山西總督稅糧。⑥于謙雖身兼河南、山西二地巡撫，但此次任命毫無疑問是河南巡撫創立之期。因爲從宣德五年至正統十二年（西元一四三〇—一四四七），于謙在此二地巡撫有十七年之久。于謙丁憂去職，河南有二年缺巡撫官。正統十四年，土木之變發生，仍任王來巡撫河南。王來未兼山西巡撫，但又兼巡撫與湖廣交接之襄陽、黃州等府。⑦景泰元年（西元一四五〇）十月，王暹接任河南巡撫，才專一巡撫河南地區。

天順元年，去天下巡撫，河南巡撫亦去。天順六年（西元一四六二），恢復河南巡撫，不過這次卻由山東巡撫賈銓兼任。⑧賈銓身兼兩地巡撫約四年，至成化二年止。成化二年六月至八年一月（西元一四六六—一四七二），河南無巡撫。萬曆十四年（西元一五八六）開始，河南巡撫又兼管河道，並提督軍務，至明末未變。

【附註】

① 李東陽等：《大明會典》，卷一二八，兵部一一，鎮戍三，頁一八下。
② 《明神宗實錄》，卷一七一，萬曆十四年二月戊寅。
③ 李東陽等：《大明會典》，卷一二八，兵部一一，鎮戍三，頁一八下至一九上。吳廷燮：《明督撫年表》，頁四〇一。
④ 《明太宗實錄》，卷二三六，頁四上至四下，永樂十九年四月癸丑。
⑤ 《明宣宗實錄》，卷六三，頁六上，宣德五年二月乙丑。及同上，卷七五，頁三下至四上，宣德六年正月壬午。
⑥ 同上，卷七〇，頁三上至三下，宣德五年九月丙午。
⑦ 《明英宗實錄》，卷一八一，頁一七上，正統十四年八月癸酉。及同上，卷一八六，頁二七上，正統十四年十二月癸酉。
⑧ 《明英宗實錄》，卷三四七，頁二下，天順六年十二月戊辰。

十五、浙江巡撫

浙江巡撫之全名爲「提督軍務，巡撫浙江等處地方」，統率杭（州）嚴（州）兵備道、金（華）衢（州）兵備道、嘉（興）湖（州）兵備道、臺州兵備道、溫（州）處（州）兵備道及兼理寧（波）紹（興）兵備道之海道共六道。轄區包括浙江布政司之杭州等十一府，浙江都司杭州前衛等十六衛，衢州等三十五所。①

浙江巡撫之設立，極不穩定，時設時廢。永樂十九年，副都御史虞謙、給事中許能，往浙江巡行天下，安撫軍民。②洪熙元年，右布政使周幹、大理寺卿胡槩、參政葉春也曾赴應天、鎭江等八府巡行。③周幹等在應天及浙江等地巡行，到宣德五年才去職。④

實錄中有時亦稱他們爲巡撫，但他們與永樂十九年所派任一樣，均是臨時性質，非定設。浙江巡撫始設於宣德五年九月，全國共有六位大臣前往各地總督稅糧，被視爲各地巡撫設置之始。浙江亦不例外，兵部郎中趙倫陞戶部右侍郎往浙江總督稅糧。⑤趙倫在浙江巡撫不到兩年，就因用法太嚴去職，陞戶部侍郎成均巡撫浙江。⑥接任成均的是王瀹，王瀹在正統四年（西元一四三九）八月去職，亦罷去浙江巡撫不設。⑦此後三年浙江缺巡撫官，正統七年，浙江屢受倭寇侵擾，仍令戶部右侍郎焦宏往浙江整飭備倭，「整飭」之職亦視同巡撫。焦宏在浙江三年多，正統十年十月去職。⑧接著三年，浙江又沒巡撫。正統十三年，浙江地方亂事發生，命令大理寺少卿張驥往浙江撫安人民。十四年，改張驥爲浙江鎮守。⑨浙江巡撫改稱爲鎮守，實錄中有時又稱爲巡撫。正統十四年至景泰年間，有時浙江與福建同一人巡撫，有時又同一人鎮守。如孫原貞於景泰三年（西元一四五二），改任福建鎮守，浙江鎮守則由山東巡撫洪英改任。洪英去職，右副都御史劉廣衡一人身兼浙江及福建巡撫。景泰六年，劉廣衡去任，福建鎮守孫原貞同時兼任浙江鎮守。⑩

天順元年，罷浙江巡撫。成化四年（西元一四六八），戶部郎中夏寅上書請設浙江、福建巡撫，未獲答允。⑪憲宗成化八年（西元一四七二），陞福建左布政使劉敷爲右副都御史，巡撫浙江。不到兩年，劉敷改任湖廣巡撫，又罷去浙江巡撫官。⑫弘治元年（西元一四九五），兵部尚書馬文升建議在浙江、福建等處設置巡撫官，馬文升說：

臣竊惟我朝，自宣德年間，各地方添設巡撫官員，或都御史、侍郎以節制三司，比時惟河南、山西、陝西、南直隸、蘇松等府，設有巡撫官，其餘布政司，止是不時差遣大臣巡視，或一年二年而回。所以三司官員互相因循，府司官員惟知貪利，以致福建賊首鄧茂七、浙江賊首葉宗留、廣東賊首黃蕭養，倡爲亂階。……查得本部先嘗建議，要于福建、浙江添設巡撫官員，未蒙俞允，今日勢又非前數年之比矣。……乞敕吏部會同本部，推舉練達老成，剛柔兼濟官二員，爲都御史巡撫浙江、福建地方，專一撫安軍民，緝捕盜賊禁貪，殘除奸弊，修理城池，整飭武備，措置倉糧，操練民兵。⑬

馬文升之建議，未被採納，浙江缺巡撫官約五十五年之久（成化十年三月至嘉靖八年六月，西元一四七四至一五二九）。

嘉靖八年（西元一五二九），倭寇爲亂，仍令山東巡撫王堯封巡視浙江、福建沿海地方。又恢復浙江巡撫。不久，王堯封以病請去，改陞浙江左布政使胡璉爲右副都御史巡視浙江、福建。僅一年多，胡璉改任江西巡撫，又罷浙江巡撫。⑭嘉靖二十六年（西元一五四七），浙江沿海地區倭寇日益猖獗，在巡按御史楊凡舉建議下，復設浙江巡撫，並以巡撫南贛右副都御史朱紈爲浙江巡撫，兼管福建之福興、建寧、漳（州）、泉（州）等處海道。⑮嘉靖二十七年，改浙江巡撫爲巡視。巡視之地位不如巡撫，這是因朱紈在擔任浙江巡撫期間，嚴守海禁政策，使浙江及福建兩地，從事走私之商人及地主，深爲痛恨。御史周亮，福建人，在浙江及福建兩地商人及地主之慫恿下，上疏請改浙江巡撫爲巡視，目的是要扼殺朱紈的職權。⑯改巡撫爲巡視不及一年，嘉靖二十八年（西元一五四九），巡視朱紈被罷去，巡視亦廢不置，浙江又缺巡撫官。⑰

嘉靖三十一年七月，浙江巡按御史林應箕之奏請，又恢復浙江巡視官，以山東巡撫右僉都御史王忬，提督軍務，「巡視」浙江，兼管福（州）、興（化）、泉（州）、漳（州）地方。嘉靖三十一年，才改巡視爲巡撫。⑱

嘉靖三十三年，以倭寇日益嚴重，以南京兵部尚書張經，加都察院右副都御史，總督南直隸、浙江、山東、兩廣、福建等處軍務。⑲一時在浙江地方，有總督、有巡撫。嘉靖三十六年，胡宗憲以總督南直隸、浙、福軍務，又兼浙江巡撫，以後五年中，均由胡宗憲一人兼任總督及浙江巡撫之職。⑳

嘉靖四十四至四十六年間（西元一五六五—一五六七），劉畿及張師載皆因倭寇肆虐，以總督浙、直及江西等處軍務，兼浙江巡撫。上述總督浙江巡撫，爲一時權宜之計，其他時候，未再有以總督兼任浙江巡撫之事。

總之，浙江巡撫在宣德五年（西元一四三〇）九月設立開始，曾經有六度罷去巡撫官。正統四年至七年（西元一四三九—一四四二），正統十年至十三年（西元一四四五—一四四八），天順元年至成化八年（西元一四五七—一四七二），嘉靖十年至二十六年（西元一五三一—一五四七）及嘉靖二十八至三十一年（西元一五四九—一五五二）等六次無巡撫官。嘉靖三十一年七月，復設以後，浙江巡撫一直加兼提督軍務職銜。

【附註】

① 李東陽等：《大明會典》，卷一二八，兵部一一，鎮戍三，頁一〇上至一一上。吳廷燮：《明督撫年表》，頁四三〇。
② 《明太宗實錄》，卷二三六，頁四上至四下，永樂十九年四月癸丑。
③ 《明仁宗實錄》，卷六，頁九下，洪熙元年正月己亥。
④ 《明宣宗實錄》，卷六四，頁一二下，宣德五年三月戊辰。
⑤ 同上，卷七〇，頁三上至三下，宣德五年九月丙午。
⑥ 同上，卷九三，頁二上，宣德七年七月辛酉。

⑦《明英宗實錄》，卷五八，頁九上，正統四年八月戊戌。
⑧同上，卷九三，頁五下，正統七年六月壬子。及同上，卷一三四，頁一下，正統十年十月癸卯。
⑨《明英宗實錄》，卷一七一，頁六上，正統十三年十月丙子。及同上，卷一七七，頁四下，正統十四年四月庚申。
⑩同上，卷二四六，頁一上，景泰五年十月己卯。同上，卷二五三，頁五上，景泰六年正月丁巳。及同上，卷二五七，頁二上，景泰六年八月丁未。
⑪《明憲宗實錄》，卷六一，頁七下，成化四年十二月丙午。
⑫同上，卷一〇八，頁九上，成化八年九月乙卯。及同上，卷一二六，頁五上，成化十年三月己亥。
⑬馬文升：〈請添巡撫疏〉，於王有立主編：《御選明臣奏議》，《中華文史叢書》之三，四冊，四〇卷（臺北：臺灣華文書局，一九六八），第一冊，卷七，頁三六下至三八下或四三六至四四〇。
⑭《明世宗實錄》，卷一〇四，頁一四上至一四下，嘉靖八年八月丙戌。及同上，卷一〇八，頁一〇上，嘉靖八年十二月丁亥。及同上，卷一二四，頁五下，嘉靖十年四月庚午。
⑮同上，卷三二五，頁二上，嘉靖二十六年七月丁巳。及同上，卷三三四，頁七上至七下，嘉靖二十六年六月癸卯。
⑯張廷玉等：《明史》，卷二〇五，列傳九三，第一八冊，頁五四〇三至五四〇五，朱紈傳。《明世宗實錄》，卷三三八，頁一上至一下，嘉靖二十七年七月甲戌。

⑰《明世宗實錄》，卷三四七，頁五上，嘉靖二十八年四月辛亥。
⑱同上，卷三八七，頁四上至五上，嘉靖三十一年七月己亥。及同上，卷三八七，頁五下，嘉靖三十一年七月壬寅。及卷四〇〇，頁四下至五下，嘉靖三十二年七月甲子。
⑲同上，卷四一〇，頁四上至四下，嘉靖三十三年五月丁巳。
⑳同上，卷四四三，頁一上，嘉靖三十六年正月丁酉。及同上，卷五一三，頁三上至三下，嘉靖四十一年十一月丁亥。

十六、江西巡撫

江西巡撫之全名爲「巡撫江西地方，兼理軍務」，統領南昌兵備道、九江兵備道、撫（州）建（昌）廣（信）兵備道，及袁州兵備道等四兵備道。轄區包括江西布政司之南昌等十一府，江西都司之南昌左衛等四衛，吉安等九所，兼制直隸之安慶府、湖廣之興國等六州縣。①江西巡撫在弘治十六年（西元一五〇三）以前，駐紮贛州，兼控湖廣、廣東、福建等交界地方。但自南贛巡撫設立後，及南昌、瑞州地方又逢賊亂，遂把江西巡撫移至南昌。②

永樂十九年，派侍郎郭進及給事中章雲往江西，巡行天下，安撫軍民。③然事罷即止，未有專設。江西巡撫設置於宣德五年九月，派遣吏部郎中趙新爲吏部右侍郎，往江西總督稅糧。④趙新在江西九年（西元一四三〇—一四三九），正統四年，以江西及陝西俱有文臣督催稅糧，故罷其巡撫官。⑤與趙新同時，自宣德十年正月至正統二年八月（西元一四三五—一四三七），江西也有文臣之鎮守官，右僉都御史王翶，在江西擔任鎮守⑥，江西在此期間內也有二位巡撫官。

正統四年至十三年（西元一四三九—一四四八），江西未設巡撫。正統十三年十月，福建有鄧茂七、浙江有葉宗留之亂，怕波及江西，遂令刑部右侍郎楊寧往江西巡撫。⑦天順元年至成化二十一年（西元一四五七—一四八五），弘治二年至十二年（西元一四八九—一四九九），正德二年至五年（西元一五〇七—一五一〇）及嘉靖七年至十年（西元一五二八—一五三一），又有四次革去巡撫官。

江西巡撫之兼理軍務頭銜，始於嘉靖四十年（西元一五六一）；因江西一些地方亦受倭亂波及，仍命浙、直總督兼節制江西，爲配合胡宗憲，遂在江西巡撫加「兼理軍務」職銜。⑧

【附　註】

① 李東陽等：《大明會典》，卷一二八，兵部一一，鎮戍三，頁一上至一下。吳廷燮：《明督撫年表》，頁四五二。

② 《明孝宗實錄》，卷一九七，頁一上，弘治十六年三月戊辰。

③ 《明太宗實錄》，卷二三六，頁四上，永樂十九年四月癸丑。

④ 《明宣宗實錄》，卷七〇，頁三上至三下，宣德五年九月丙午。

⑤ 《明英宗實錄》，卷五七，頁三下，正統四年九月甲寅。

⑥ 同上，卷一，頁一七下至一八上，宣德十年正月辛丑。

⑦同上，卷一七二，頁六上，正統十三年十月丙子。

⑧《明世宗實錄》，卷四九九，頁四上至四下，嘉靖四十年七月己亥。

十七、南贛巡撫

南贛巡撫之全名爲「巡撫南（安）贛（州）、汀（州）、韶（州）等處地方，提督軍務」，「南」、「贛」指的是江西布政司之南安府及贛州府。「汀」指的是福建之汀州，「韶」指的是廣東之韶州。南贛巡撫初設時，所轄的地區包括江西之南安、贛州、建昌三府。福建之汀州，廣東之潮州、惠州、南雄，湖廣之郴州等四省交界地帶，駐守在贛州。日後轄區擴大至廣東之韶州及福建之漳州，減去江西之建昌。①

正德十二年（西元一五一七），江西盜賊爲亂，遂令巡撫南贛、汀、漳地方左僉都御史王守仁提督軍務，王守仁上奏曰：

盜賊日滋，由於招撫之太濫，招撫之太濫，由於兵力之不足，兵力之不足，由於賞罰之不行。乞假以令旗、令牌，得便宜行事。②

以令旗、令牌，並兼提督軍務。南贛巡撫擁有令旗、令牌，可以號令軍隊，是所有巡撫中，最早擁有旗、牌者。南贛巡撫身兼江西、湖南、廣東、福建四省交會處巡撫，其權力遠超乎其他管轄單獨一省之巡撫。其提督軍務之銜，亦早於其他內地軍事重地之巡撫，南贛巡撫雖然駐紮江西境內之贛州，江西巡撫亦不得節制，其權力甚至遠超乎江西巡撫之上。故王守仁在討南贛反賊時，所有之剿寇事宜，均不須照會鎮守江西太監許滿，亦不必知會江西巡撫。太監畢眞認爲地方之鎮守太監爲皇帝之特使，有權知道地方情勢，才能報告給皇帝知道。故請求正德皇帝允許鎮守江西太監許滿，參與南贛討賊事宜。然兵部卻反對，認爲南贛設立巡撫之目的，就是希望它能夠專任責成，不受牽制，才能處理四省交界地方之治安死角。如果一切事宜還要與江西鎮守太監及江西巡撫官合議，豈不違反設立之原意。正德皇帝同意兵部之意見，所有剿寇事宜，不必事先與江西鎮守太監及江西巡撫商量。不過，爲防止亂事擴大，仍應把賊情讓鎮守太監及巡撫知道。③事實上，南贛巡撫最初設置目的，是以軍事爲主，不預民事④，有關討賊事務，當然有自主權。又因軍事爲主之巡撫，其提督軍務及令旗、令牌，自然也比其他巡撫優先了。不過，南贛巡撫逐漸亦兼有勸農、撫安人民之事務，與其他地方巡撫，並無太大的不同。

正德十四年，寧王朱宸濠反，江西巡撫孫燧被害，以南贛巡撫王守仁兼江西巡撫。王守仁身兼兩巡撫，又平定朱宸濠之亂有功，使南贛巡撫之地位，一時在江西巡撫之上。

嘉靖八年（西元一五二九），南贛巡撫又兼管江西吉安府境內之萬安、龍泉、泰和、永豐、永寧等縣，及江西撫州府之樂安縣。嘉靖四十五年（西元一五六六），福建、廣東先後已設巡撫官，遂把部分地方，如惠州、潮州及漳州三府歸還廣東及福建巡撫。南贛巡撫之轄區，只包括江西嶺北贛州道、廣東嶺東惠潮道、嶺南韶南道、福建漳南道，及湖廣郴桂道。⑤所以在嘉靖四十五年以前，南贛巡撫之全名是「巡撫南、贛、汀、漳等處地方，提督軍務」。而嘉靖四十五以後，漳州府已歸福建巡撫管轄，又改爲「巡撫南、贛、汀、韶等處地方，提督軍務」，以「韶州」代替「漳州」。

南贛巡撫設置於孝宗弘治八年（西元一四九五），鎭守江西太監鄧原，以江西南（安）、贛（州）二府與福建、廣東、湖廣交界處，流賊出沒，事權不一，難以追捕，以致盜賊猖獗，爲害地方。請在這四省交界處，特設一巡撫。弘治皇帝同意鄧原之提議，陞廣東左布政使金澤爲右副都御史，巡撫南贛。⑥首任南贛巡撫金澤，從弘治八年至十二年（西元一四九五—一四九九），任職四年。金澤升任南京刑部右侍郎，並未找人替補，南贛未設巡撫有十二年。正德六年（西元一五一一），才用右副都御史周南爲南贛巡撫。⑦終至明末，未再中斷。

【附註】

① 李東陽等：《大明會典》，卷二〇九，都察院一，頁九下至一〇上。及《明孝宗實錄》，卷九九，頁一〇上至一一下，弘治八年五月辛巳。

② 《明武宗實錄》，卷一五一，頁四上，正德十二年七月庚寅。《大明會典》，卷二〇九，都察院一，頁一〇上，記爲正德十一年，實錯。《明通鑑》，卷三八，紀三八，頁一四六一，記爲一〇年亦誤。

③ 《明武宗實錄》，卷一五八，頁三上至三下，正德十三年正月癸卯。

④ 馬文升：〈請添巡撫疏〉，於王有立主編：《御選明臣奏議》，第一冊，卷七，頁三六下至三八下或頁四三六至四四〇。

⑤ 李東陽等：《大明會典》，卷一二八，兵部一一，鎮戍三，頁一一下至一二上。

⑥《明孝宗實錄》，卷九九，頁一〇上至一一下，弘治八年四月辛巳。又見何喬新：〈新建巡撫院記〉於其書《椒丘文集》，卷一。見陳子龍等編：《明經世文編》，第一冊，卷六七，頁五七三，亦記載弘治八年。而《大明會典》，卷二〇九，都察院一，頁九下及《明通鑑》，卷三八，紀三八，頁一四六一，記成弘治十年，皆誤。

⑦《明武宗實錄》卷七六，頁八下，正德六年六月庚子。

十八、福建巡撫

福建巡撫之全名爲「提督軍務，兼巡撫福建地方」。①統率福州兵備道、福寧兵備道、建南兵備道、漳州海道、興泉兵備道及漳南分巡道等六處。轄區包括福建布政司之福州等八府，福寧一州，福建都司之福州中衛等衛所，福建行都司之建寧左衛等衛所。②

福建巡撫之設置，相當複雜，時設時廢。永樂十九年，命侍郎楊勉、給事中徐初往福建，巡行天下，安撫軍民。③宣德十年，亦曾命刑部右侍郎吾紳，往福建考察天下。④以上之任命，皆屬臨時性質，未有專設。福建巡撫正式設置於嘉靖三十六年（西元一五五七）⑤，但是在嘉靖三十六年以前，並非沒有福建巡撫，只因設置之時間不長，時設時廢。或者又與浙江巡撫合而爲一，或是部分地方由浙江巡撫兼管。爲方便起見，列表分述嘉靖三十六年以前，短暫設置之福建巡撫如下：

㈠焦宏　正統八年至十年（西元一四四三—一四四五）

「命浙江整飭備倭戶部右侍郎焦宏兼理福建備倭」，《明英宗實錄》，卷一〇〇，頁二上，正統八年正月壬戌。「命焦宏往河南、陝西、甘肅閱視倉儲糧料」，《明英宗實錄》，卷一三四，頁一下，正統十年十月癸卯。

㈡張楷　正統十三至十四年（西元一四四八—一四四九）

「命左軍都督府左都督劉聚，都察院右僉都御史張楷往福建」，《明英宗實錄》，卷一六九，頁五上，正統十三年八月壬申。「右僉都御史張楷。……統軍剿福建賊，失職免職」，《明英宗實錄》，卷一七八，頁三上至三下，正統十四年五月丙戌。

㈢金濂　正統十三至十四年（西元一四四八—一四四九）

「命刑部尚書金濂參贊軍務……征剿福建賊」，《明英宗實錄》，卷一七二，頁一下至二上，正統十三年十一月丙戌。「調刑部尚書兼太子賓客金濂于戶部」，《明英宗實錄》，卷一八五，頁六下，正統十四年十一月癸未。

㈣薛希璉　正統十四至景泰三年（西元一四四九—一四五二）

「命刑部右侍郎薛希璉鎮守福建」，《明英宗實錄》，卷一七七，頁四下，正統十四年四月庚申。「調鎮守福建尚書薛希璉於山東」，《明英宗實錄》，卷二一四，頁一四下，景泰三年十二月辛亥。

㈤**孫原貞**　景泰三年至天順元年（西元一四五二至一四五七）

「調鎮守浙江尚書於福建」，《明英宗實錄》，卷二二四，頁一四下，景泰三年十二月辛亥。「命兵部尚書孫原貞……致仕」，《明英宗實錄》，卷二七五，頁四下至五下，天順元年二月庚子。

㈥**劉廣衡**　景泰五至六年（西元一四五四—一四五五）

「命都察院右副都御史劉廣衡巡撫浙江、福建」，《明英宗實錄》，卷二四六，頁一上，景泰五年十月庚辰。「召福建等處撫捕盜賊左副都御史劉廣衡還京」，《明英宗實錄》，卷二五三，頁五上，景泰六年五月丁巳。

㈦**張　瑄**　成化八至十年（西元一四七二—一四七四）

「陸廣東左布政使張瑄爲都察院右副都御史巡撫福建」，《明憲宗實錄》，卷一〇八，頁九上，成化八年九月己卯。「改巡撫福建右副都御史張瑄，巡撫河南」，《明憲宗實錄》，卷一二九，頁一下，成化十年六月壬戌。

㈧**高　明**　成化十四年三—十二月（西元一四七八）

「起都察院右僉都御史高明巡撫福建」，《明憲宗實錄》，卷一七六，頁十下，成化十四年丙戌。「巡撫福建右僉都御史高明，仍歸養病，詔許致仕」，《明憲宗實錄》，卷一八五，頁二上，成化十四年十二月甲午。

㈨王　繼　成化二十三至弘治二年（西元一四八七—一四八九）
「陞山西布政司右布政使王繼爲都察院右副都御史，巡撫福建」，《明孝宗實錄》，卷三，頁六下，成化二十三年九月己未。「命……巡撫福建右副都御史王繼巡撫宣府」，《明孝宗實錄》，卷二四，頁六上，弘治二年三月辛未。

㈩王堯封　嘉靖八年八—十二月（西元一五二九）
「改巡撫山東右副都御史王堯封巡視浙江、福建沿海地方」，《明世宗實錄》，卷一〇四，頁一四上至一四下，嘉靖八年八月丙戌。「巡視浙江兼制福建沿海地方都御史王堯封請告……令革職閒住」，《明世宗實錄》，卷一〇八，頁一〇上，嘉靖八至十二月丁亥。

㈪胡　璉　嘉靖八至十年（西元一五二九—一五三一）
「陞浙江左布政使胡璉爲都察院右副都御史代之」，《明世宗實錄》，卷一〇八，頁一〇上，嘉靖八年十二月丁亥。「改巡視浙、福等處右副都御史胡璉，巡撫江西」，《明世宗實錄》，卷一二四，頁五下，嘉靖十年四月庚午。

㈫朱　紈　嘉靖二十六至二十八年（西元一五四七—一五四九）
「改巡撫南贛汀漳都御史朱紈，巡撫浙江兼管福建、福興、建寧、漳、泉等處海道」，《明世宗實錄》，卷三二五，頁二上，嘉靖二十六年七月丁巳。「罷巡視朱紈」，《明世宗實錄》，卷三四七，頁五上，嘉靖二十八年四月辛亥。

㈢王　忬　嘉靖三十一至三十三年（西元一五五二—一五五四）

「改山東巡撫王忬提督軍務，巡視浙江兼管福興、泉、漳地方」，《明世宗實錄》，卷三八七，頁五上，嘉靖三十一年七月壬寅。「改（福建）巡視爲巡撫」，《明世宗實錄》，卷四〇〇，頁四下至五上，嘉靖三十二年七月甲子。「改王忬巡撫山西」，《明世宗實錄》，卷四四一，頁六上，嘉靖三十三年六月壬辰。

㈣李天寵　嘉靖三十三至三十四年（西元一五五四—一五五五）

「吏部因請陞徐州兵備使李天寵爲都察院右僉都御史，代忬」，《明世宗實錄》，卷四一一，頁六上，嘉靖三十三年六月壬辰。「敕巡撫浙江都御史李天寵爲民」，《明世宗實錄》，卷四二三，頁四上至四下，嘉靖三十四年六月壬午。

㈤胡宗憲　嘉靖三十四至三十五年（西元一五五五—一五五六）

「陞巡按浙江御史胡宗憲爲右僉都御史代天寵」，《明世宗實錄》，卷四二三，頁四上至四下，嘉靖三十四年六月壬午。「胡宗憲陞兵部左侍郎兼都察院左僉都御史總督軍務」，《明世宗實錄》，卷四三一，頁五上至五下，嘉靖三十五年正月戊午。

嘉靖三十六年，改巡撫浙江都察院右僉都御史阮鶚，巡撫福建⑥，此爲福建正式設置巡撫之始。設置之初，仍聽總督南直隸、浙江及福建軍務之胡宗憲節制。嘉靖四十一年（西元一五六二），罷去南直隸及浙江、福建總督⑦，福建不再設總督。福建巡撫成為地方最高首長，其地位及職權至明末未變。

【附註】

① 李東陽等：《大明會典》，卷二〇九，都察院一，頁九上。

② 同上，卷一二八，兵部一一，鎮戍三，頁一二上至一二下。吳廷燮：《明督撫年表》，頁四九八。

③ 《明太宗實錄》，卷二三六，頁四上至四下，永樂十九年四月癸丑。

④ 《明英宗實錄》，卷五，頁一上，宣德十年五月壬申。實錄之派令中，雖未明言前往福建，但後來實錄所記載，皆以吾紳在福建。

⑤ 《明世宗實錄》，卷四四三，頁一上，嘉靖三十六年正月丁卯。《明通鑑》，卷六一，紀六一，嘉靖三十六年正月丁卯，頁二三六三。及《大明會典》，卷二〇九，都察院一，頁九上，說成嘉靖三十五年，實誤。

⑥ 《明世宗實錄》，卷四四三，頁一上，嘉靖三十六年正月丁卯。

⑦ 同上，卷五一五，頁三上至三下，嘉靖四十一年十一月丁亥。《大明會典》，卷二〇九，都察院一，頁九下，說成嘉靖四十年，實誤。

十九、湖廣巡撫

湖廣巡撫之全名爲「巡撫湖廣地方，兼提督軍務」。①率領武昌分巡道、荊西分守道、沔陽兵備道、岳州兵備道、蘄州兵備道、鄖（陽）襄（陽）兵備道、撫治荊州兼施（州）歸（州）兵備道、上荊南分守道、湖北分守道、郴（州）桂（陽）兵備道、靖州兵備道等十道。駐守武昌。其轄區包括湖廣布政司之武昌等十三府，郴、靖二州，湖廣都司之武昌等三十四衛，郴州等二十九所，及土官永順等二宣慰司，施南等四宣慰司，東鄉等五安撫司，搖把峒等二十一長官司，鎮遠等蠻夷五長官司，與都留守司之承天等三衛，德安一所。②

湖廣巡撫管轄之範圍極廣，北至襄陽、荊州一帶，東至廣東韶州府，南至廣西富賀，西至川貴邊境，幾乎包括現今之湖北、湖南全省，及江西、廣東、廣西、四川、貴州之一部分。轄區內有嘉靖皇帝之老家承天府，及苗傜等少數民族居住地，內容極爲複雜。

永樂十九年，派太常寺少卿周訥、給事中劉蓋，往湖廣巡行，安撫軍民。③事止即罷，不是常設性質。湖廣巡撫設立於宣德五年，禮部員外郎吳政陞爲禮部右侍郎，前往湖廣總督稅糧。④吳政於湖廣任巡撫八年（宣德五年至正統三年，西元一四三〇—一四三八）。正統三年，以匿遼王罪被逮下獄。⑤吳政在任期間，宣德十年，右副都御史賈諒亦在此鎮守一年，處理與軍務相關事務。正統元年（西元一四三六），召還賈諒，就不再派遣文臣鎮守湖廣。⑥

吳政在正統三年十二月（西元一四三八）去職，此後十年間，至正統十四年止，湖廣未補巡撫官。《大明會典》中說正統三年命都御史鎮守，以後或以侍郎、大理寺卿出撫。⑦不知根據何種史料，因爲在這段期間，《明實錄》中皆未見到有湖廣巡撫或鎮守之派任。正統十四年十一月，土木之變發生後，才又派人充任湖廣巡撫，陸應天府丞蔡錫爲大理寺卿，巡撫湖廣。⑧此後，南方如有苗亂，湖廣巡撫無法兼顧，或因苗亂波及數省，爲使事權統一，時有派遣大臣總督湖廣及貴州，甚至擴大至總督四川、雲南等四省，在此情形下，湖南巡撫皆受其節制。不過，這種總督只是短暫設置，並非常軌。

據《大明會典》之記載，景泰元年（西元一四五〇）湖廣巡撫又兼「贊理軍務」銜。⑨可是在實錄中卻未見到，實錄中見到最早加「贊理軍務」的湖南巡撫是成化十七年（西元一四八一），以四川左布政使馬馴爲右副都御史，巡撫湖廣開始，才加「贊理軍務」。⑩《大明會典》又言，萬曆八年（西元一四八〇），改「贊理」爲「提督」。萬曆十二年，復爲「贊理」。⑪《大明會典》重修於萬曆十五年，萬曆八年及十二年改爲「提督」及「贊理」之事，應該可信。但《大明會典》成書於萬曆十五年，而萬曆二十年（西元一五九二）以後，湖廣巡撫又改「贊理軍務」爲「提督軍務」，終至明末。

【附註】

① 李東陽等：《大明會典》，卷二二八，兵部一一，鎮戍三，頁十二下。
② 同上，頁二二下至二四下。吳廷燮：《明督撫年表》，頁五一八。
③ 《明太宗實錄》，卷二三六，頁四上至四下，永樂十九年四月癸丑。
④ 《明宣宗實錄》，卷七〇，頁三上至三下，宣德五年九月丙午。
⑤ 《明英宗實錄》，卷四九，頁二上，正統三年十二月丙辰。

⑥《明英宗實錄》，卷一，頁一七下至一八上，宣德十年正月辛丑。同上，卷一三，頁六下至七上，正統元年正月丙戌。
⑦李東陽等：《大明會典》，卷二〇九，都察院一，頁一〇上。
⑧《明英宗實錄》，卷一八五，頁二〇下至二一上，正統一四年一一月甲辰。
⑨李東陽等：《大明會典》，卷二〇九，都察院一，頁一〇上至一〇下。
⑩《明憲宗實錄》，卷二一七，頁三下，成化十七年七月乙未。
⑪李東陽等：《大明會典》，卷二〇九，都察院一，頁一〇下。

二十、鄖陽撫治

鄖陽撫治之全名爲「提督軍務，兼撫治鄖陽等處地方」。①明代各地之巡撫官，只有鄖陽不稱「巡撫」，而稱「撫治」，是因爲鄖陽開設時，地小人稀，其地位遠不如其他巡撫，故稱「撫治」。②鄖陽撫治統率湖廣下荊南之鄖（陽）襄（陽）道、河南汝（州）南（陽）道、陝西關南之漢羌道及商（州）洛（州）道、四川下川東之夔（州）瞿（塘）道，等五兵備道。③鄖陽撫治所轄之區域，包括湖廣、河南、陝西及四川之交界地，此區山多，林木茂密，流民聚居於此，成爲治安死角。成化元年（西元一四六五）以來，劉千斤、石和尚等曾在此作亂，明廷屢次派人安撫。列表如下：

㈠王　恕　成化元年至四年（西元一四六五—一四六八）

「命撫治南陽，荊襄右副都御史王恕，賑濟饑民」，《明憲宗實錄》，卷一九，頁六上，成化元年七月庚申。「以巡撫河南（鄖陽之誤，此時河南無巡撫官）左副都御史王恕爲南京刑部左侍郎」，《明憲宗實錄》，卷五一，頁六上，成化四年二月丁未。

(二)楊　璿　成化四至六年（西元一四六八—一四七〇）

「改戶部右侍郎楊璿爲都察院右副都御史撫治荊襄等處流民」，《明憲宗實錄》，卷五二，頁二上，成化四年三月戊辰。「命都察院右都御史項忠，總督河南、湖廣、荊襄軍務（楊璿乞回）」，《明憲宗實錄》，卷八五，頁一下至二上，成化六年十一月癸未。

(三)原　傑　成化十二至十三年（西元一四七六—一四七七）

「派右副都御史原傑往荊襄等處撫治流民」，《明憲宗實錄》，卷一五三，頁五下至六下，成化十二年五月戊辰。「命（撫治荊襄）右都御史原傑，改南京兵部尚書」，《明憲宗實錄》，卷一六五，頁五下，成化十三年四月戊申。

(四)劉　敷　成化十三年七至十月（西元一四七七）

「敕巡撫湖廣左副都御史劉敷兼撫治鄖陽地方」，《明憲宗實錄》，卷一六八，頁二下，成化十三年七月戊辰。「敕劉敷仍專心撫湖廣」，《明憲宗實錄》，卷一七一，頁二上至二下，成化十三年十月癸卯。

(五)李　衍　成化十三至十五年（西元一四七七—一四七九）

「敕巡撫河南右副都御史李衍兼理鄖陽地方」，《明憲宗實錄》，卷一七一，頁二上至二下，成化十三年十月癸卯。「陞監察御史吳道宏爲大理寺右少卿，撫治鄖陽等處流民」，《明憲宗實錄》，卷一九〇，頁二上至二下，成化十五年五月甲子。

以上皆屬臨時設置，或由湖廣、河南巡撫兼管，非專設。撫治鄖陽始設於成化十五年（西元一四七九），陞監察御史吳道宏爲大理寺右少卿，撫治鄖陽。④明代巡撫自景泰四年（西元一四五三）以來，皆以都察院之都御史充任。吳道宏卻以大理寺右少卿接掌鄖陽，主要是鄖陽之撫治，地位低於其他巡撫官，故以大理寺之右少卿充任。雖然大理寺右少卿之品位與都察院之左右僉都御史同爲正四品，但大理寺少卿不能享有都御史之免於巡按御史之干涉、直接上書給皇帝及以風聞彈劾其他官員之特權。

鄖陽撫治之轄區，據開設鄖陽時之記載說：

於是湖廣割竹山地，分置竹溪縣，割鄖縣地，分置鄖西縣。河南割南陽、汝州、唐縣地，分置桐柏、南召、伊陽三縣。陝西析商縣地，爲南陽、山陽二縣。而陞商縣爲商州。又於湖廣鄖縣設鄖陽府，以統鄖陽、房、竹山、竹溪、鄖西、上津六縣。且立鄖陽行都司，及鄖陽衛控制之。俾民流寓土著，相參錯居。經畫既定，乃列刻其事上。遂薦鄧州知州吳遠爲鄖陽知府，諸州縣皆選鄰境良能吏，習知其事者爲之。又以地界三省無統紀，薦御史吳道宏才望，請代已任，得兼制三省，撫治八郡，居鄖陽。⑤

首任鄖陽撫治吳道宏以大理寺右少卿充任，但第二任以後，則改以都察院之都御史充任，而「撫治」稱呼則一直未改，沿用至明末。萬曆二年（西元一五七四），以撫治事權不專，改「提督撫治鄖陽等處都御史」爲「提督軍務，兼撫治鄖陽等處」。⑥萬曆九年，裁去撫治鄖陽，由湖廣巡撫兼理。萬曆十一年，又恢復。⑦

撫治鄖陽與南贛、甘肅、延綏、寧夏巡撫一樣，都是在非單一布政司之所在地所設之巡撫。然其地位遠不如甘肅、延綏及寧夏巡撫。這些巡撫在北方軍事重地，故其職權甚大，與其他巡撫可相比擬。而南贛巡撫則因在王守仁時代討賊有功，並賜予旗、牌，可號令軍隊，其權力更遠非同等性質之鄖陽可比。但鄖陽及南贛與其他巡撫有一點不同，那就是前往此二地出差的巡按御史俱爲小差，不是中差。巡按御史之出差，必須由小差、中差然後大差，故出差此二地之巡按御史很吃虧，皆不願往。不過，從萬曆十三年十二月（西元一五八六）開始，應各地巡按之請求，改此二地之出差巡按御史，與甘肅，延綏及寧夏一樣，皆爲中差。⑧

【附註】

① 李東陽等：《大明會典》，卷一二八，兵部一一，鎭戍三，頁一四下。
② 夏燮：《明通鑑》，卷三四，紀三四，成化十五年十二月，頁一二九八。
③ 李東陽等：《大明會典》，卷一二八，兵部一一，鎭戍三，頁一四下。吳廷燮：《明督撫年表》，頁五四六。
④ 《明憲宗實錄》，卷一九〇，頁二上至二下，成化十五年五月甲子。

⑤〈高岱開設鄖陽〉於其書《鴻猷錄》，見沈節甫：《紀錄彙編》，王雲五主編：《宋元明善本叢書十種》，二六冊，二一六卷（臺北：商務印書館，民國五十八年五月），卷七七，頁一九上至一九下。
⑥《明神宗實錄》，卷二三，頁九上，萬曆二年三月壬寅。
⑦李東陽等：《大明會典》，卷二〇九，都察院一，頁一〇下。《明神宗實錄》，卷一一一，頁八上，萬曆九年四月己未。同上，卷一三二，頁八上，萬曆十一年正月壬午。
⑧《明神宗實錄》，卷一六九，頁二上至二下，萬曆十三年十二月庚午。

二十一、四川巡撫

四川巡撫之全名為「提督軍務，巡撫四川等處」，率領安綿兵備道、威（州）茂（州）兵備道、重慶兵備道、夔州兵備道、敘（州）馬（湖）兵備道、上川南分巡道、建昌兵備道、松潘兵備道等八道。轄區包括四川布政司之成都等九府，鎮雄等四軍民府，潼川等六州，永寧宣撫司，黎州安撫司。四川都司之成都左護衛、成都右衛等十二衛，青州等十一所。土官天全、六番招討司，石砫、酉陽二宣慰司。上藏、先結等十七長官司，八郎等四安撫司。四川行都司之建昌等五衛，禮州後所等八所，土官昌州等五長官司，烏思藏等都指揮司。①

永樂十九年，曾派尚書金純、給事中葛紹祖，往四川巡行，安撫軍民②，未有專設。《大明會典》以正統十四年（西元一四四九）為四川巡撫創設之年③，此說並不正確，首任巡撫應該是景泰元年（

西元一四五〇）之李匡④，吳廷燮之《明督撫年表》以寇深為首任四川巡撫，亦不正確⑤，寇深應該是松潘巡撫，而非四川巡撫，松潘應自立為一巡撫與四川分開。而且如以寇深為首任四川巡撫，那四川巡撫應該開設於正統十一年才對，因自正統十一年寇深就在松潘，不是《大明會典》所記之十四年。景泰元年，又因軍事上之需要，曾以吏科都給事中張固為大理寺卿，鎮守四川，景泰三年才罷去。⑥

首任四川巡撫在四川三年多去任，此後將近十年間（景泰三年十一月至天順六年七月，西元一四五二—一四六二），四川缺巡撫官。天順六年八月，陞廣東按察副使陳泰為都察院左僉都御史，巡撫四川⑦，又恢復。成化五至八年（西元一四六九—一四七二）及正德二至四年（西元一五〇七—一五〇九）曾二度中斷。正德四年後，至明末皆設有巡撫。

特別值得一提的是，嘉靖年間，大肆營建宮殿，需要大量建材，曾幾度派任大員往四川等地採辦大木。這些採辦大木之大臣，在實錄中亦屢稱為四川巡撫，實非眞正之巡撫官。如嘉靖十八至二十二年間（西元一五三九—一五四三），派往四川採辦大木之工部侍郎潘鑑及鄭仲。⑧

此外，在萬曆及天啓年間，有幾次以川、貴或川、湘、貴總督兼任四川巡撫。然此非常態，事止即罷。倒是自萬曆十一年（西元一五八三）開始，四川巡撫加「提督軍務」銜，終至明末未變。

【附註】

① 李東陽等：《大明會典》，卷一二八，兵部一一，鎮戍三，頁一六下至一七下。吳廷燮：《明督撫年表》，頁五七〇。

②《明太宗實錄》，卷二三六，頁四上至四下，永樂十九年四月癸丑。
③李東陽等：《大明會典》，卷二〇九，都察院一，頁一四上。
④《明英宗實錄》，卷一八九，頁一一上，景泰元年二月壬辰。
⑤吳廷燮：《明督撫年表》，頁五七一。
⑥《明英宗實錄》，卷一八九，頁一一上，景泰元年二月壬辰。及同上，卷二一四，頁二上，景泰三年三月戊戌。
⑦同上，卷三四三，頁二上，天順六年八月戊寅。
⑧《明世宗實錄》，卷二二六，頁五下，嘉靖十八年七月辛卯。及同上，卷二三五，頁二下，嘉靖十九年三月庚子。又同上，卷二三五，頁四下，嘉靖十九年三月丁巳。

二十一　松潘巡撫

《大明會典》及吳廷燮之《明督撫年表》，都未列松潘巡撫，倒是《明史》記說「贊理松潘地方軍務一員，正統四年，以王翺爲之」。①正統四年，松潘都指揮趙諒誘執國師商巴起來反叛，明廷令右僉都御史王翺與都督李安往討。②亂平，王翺就被召回，不能視爲設松潘巡撫的開始。

松潘巡撫創立於正統十一年（西元一四四六），陞山西按察副使寇深爲右僉都御史，提督松潘兵備。③寇深最初之任命是以「提督兵備」前往松潘，處理軍務。但在實錄中，有時稱寇深爲「提督兵備」，有時稱之爲「巡撫」，有時稱之爲「鎮守」。④吳廷燮之書把寇深列爲四川巡撫，並不正確。因寇深只負責松潘地區事務，並不包括整個四川。何況景泰元年，任命李匡爲四川巡撫，寇深還在松潘，兩者不能混爲一談。正德十六年（西元一五二一），四川巡撫胡世寧曾說：

景泰間，添設總兵官，都御史專治松潘，然四川會城又設巡撫，彼此牽制，難于行事。⑤

可見松潘鎮守是與四川巡撫同時並存的二個不同的行政單位，不能混爲一談。

景泰二年，寇深回北京任職都察院，改命四川運糧刑部左侍郎羅綺爲提督松潘兵備。⑥羅綺以刑部左侍郎改爲兵部左侍郎充任，在松潘「提督兵備」，或稱「提督軍務」或稱「鎮守」有六年。天順元年，被調回北京都察院。羅綺以刑部左侍郎或兵部左侍郎任松潘鎮守，與景泰四年（西元一四五三）規定，所有的巡撫皆改用都察院都御史充任的命令不符。這也許是松潘只是四川布政司之一部分，故不受規定的約束，與鄖陽撫治的首任長官大理寺右少卿吳道宏一樣，不以都察院之都御史派任。

弘治元年（西元一四八八），兵部奏曰：

四川松潘番夷雜處，竊掠不常，舊有專設巡撫官，邇年革去，止令腹裏都御史兼之。今地方多災，恐生他言，請增置巡撫官一人，專理軍務，撫治地方，從之。⑦

天順元年以來，松潘就未再設巡撫。弘治元年，松潘地方多事，故兵部又請設松潘巡撫。於是陞太常寺卿掌領欽天監事之童軒爲都察院右副都御史，提督松潘等處軍務，兼理巡撫。童軒在松潘巡撫四年，召還，又革去松潘巡撫。⑧弘治十四年（西元一五〇一），巡按四川監察御史姚祥，再請設松潘巡撫及參將各一員，受到兵部的反對，未能設立。⑨正德六年（西元一五一一）正月，四川邊地蠻亂，陞四川左布政使高崇熙爲都察院右副都御史，巡視四川，征剿江津、播州蠻寇。五月，在總制都御史洪鍾奏請下，改巡視都御史高崇熙爲提督松潘軍務，兼理巡撫。高崇熙在松潘巡撫只有七個月，改任爲四川巡撫。⑩又革去松潘巡撫。正德六年革去松潘巡撫後，終至明亡，遂不再設。

【附　註】

① 張廷玉等：《明史》，卷七三，志四九，職官二，第七冊，頁一七八〇。
② 張廷玉等：《明史》，卷七七，列傳六五，第一五冊，頁四六九九至四七〇二。及《明英宗實錄》，卷六六，頁五下至六上，正統五年四月丙戌。
③ 《明英宗實錄》，卷一四二，頁六下，正統十一年六月丙辰。
④ 同上，卷一七五，頁八上，正統十四年二月乙巳，稱爲「巡撫」。同上，卷一八七，頁四下，景泰元年正月丙戌，稱之爲「鎮守」。同上，卷一四八，頁八上至八下，正統十一年十二月辛酉，稱之爲「提督松潘兵備」。
⑤ 《明世宗實錄》，卷九，頁八下至九上，正德十六年十二月壬辰。
⑥ 《明英宗實錄》，卷二一一，頁七上，景泰二年十二月甲申，寇深還。同上，卷二〇七，頁三下至四上，景泰二年八月壬申，羅綺任。
⑦ 《明孝宗實錄》，卷一九，頁九上，弘治元年十月乙卯。

⑧同上，卷二〇，頁一上至一下，弘治元年十一月庚申，就任。同上，卷四七，頁二下至三上，弘治四年正月，召回南京戸部右侍郎。
⑨同上，卷一七六，頁一〇上至一〇下，弘治十四年七月乙丑。
⑩《明武宗實錄》，卷七一，頁四下，正德六年正月乙亥，任巡視。同上，卷七五，頁六上，正德六年五月乙亥，任松潘巡撫。同上，卷八二，頁二上，正德六年十二月庚辰，爲四川巡撫。

二十三、雲南巡撫

雲南巡撫之全名爲「巡撫雲南，兼建昌、畢節等處地方，贊理軍務，兼督川貴糧餉」。①統有臨安兵備道、騰衝兵備道、瀾滄兵備道及曲靖兵備道等四兵備道。轄區包括雲南布政司之雲南等十一府，曲靖軍民等八軍民府，北騰一州，車里、緬甸等六軍民宣慰司，芒市都二長官司。雲南都司之雲南左右衛等二十衛，安寧等二十所。潞江等安撫司，茶山等三長官司，兼制四川建昌兵備、貴州畢節兵備。②

雲南地處西南邊陲，交通不便，又有少數民族雜居該處，自明初以來一直不很安定。明太祖時代之開國功臣沐英（西元一三四五—一三九二），及其後裔，世代鎭守雲南，也很難安撫這個地區複雜之環境。宣德十年（西元一四三五），工部左侍郎鄭辰前往雲南考察地方③，實錄中有時亦稱鄭辰爲雲南巡撫，然這次任命並非專設，鄭辰也不固定在雲南考察。正統六年（西元一四四一），兵部尚書靖遠伯王驥充任總督雲南軍務，討伐麓川之叛寇思任發，方召鄭辰回京。④此外，在正統五年，也曾派遣右僉都御史丁璿，往雲南預備糧料，並提督官軍操練。⑤丁璿與鄭辰一樣，只是臨時派遣，不是常規。

雲南巡撫始設於正統七年（西元一四四二）。這年七月，命令禮部右侍郎侯璡，往雲南參贊軍務。⑥《大明會典》、《明史》及《國朝列卿紀》等，記載爲正統九年，並不正確。⑦正統九年，以刑部右侍郎楊寧代侯璡，但自正統七年以來，侯璡已在此參贊軍務，應視爲雲南巡撫之開端，而非正統九年。天順元年至成化十二年（西元一四五七－一四七六），雲南缺巡撫官。成化十二年七月，大學士商輅等建議下，又恢復雲南巡撫。⑧成化十三至十六年，又有三年未設巡撫，此後至明末皆未曾中斷。

雲南巡撫自正統七年，侯璡就任以來，皆兼有「參贊軍務」銜，但成化十二年恢復後，未再加「贊理軍務」。《大明會典》說嘉靖三十年（西元一五五一）開始，又加「兼理軍務」，四十年改爲「贊理」，隆慶二年（西元一五六八）加「兼提督建昌、畢節等處地方」。⑨但實錄中早在嘉靖三十五年，陸貴州左布政使陳錠爲右副都御史巡撫雲南，就加「兼贊理軍務」⑩，比《大明會典》的記載早了五年。隆慶二年加「兼提督建昌、畢節等處地方」。萬曆十一年十二月（西元一五八四），因吏科給事中楊文舉之建議，雲南巡撫又加「兼督川貴兵餉」。⑪

【附註】

①　李東陽等：《大明會典》，卷一二八，兵部一一，鎮戍三，頁一九上。

②同上，卷一二八，兵部一一，鎭戍三，頁一九上至一九下。吳廷燮：《明督撫年表》，頁五九七至五九八。

③《明英宗實錄》，卷五，頁一上，宣德十年五月壬申。

④《明英宗實錄》，卷七六，頁三下至四上，正統六年二月乙亥。

⑤同上，卷六八，頁一下，正統五年六月壬申，派任。同上，卷七四，頁一上，正統五年十二月己巳，去職。

⑥同上，卷九四，頁三下，正統七年七月甲子。

⑦李東陽等：《大明會典》，卷二〇九，都察院一，頁一四下。及雷禮：《國朝列卿紀》，第一九冊，卷一一五，頁一下或頁六一八一。及《明史》，卷七三，志四九，職官二，第七冊，頁一七七九。三種史料所記載爲正統九年，皆不正確。

⑧《明憲宗實錄》，卷一五五，頁九上至九下，成化十二年七月癸亥。

⑨李東陽等：《大明會典》，卷二〇九，都察院一，頁一四下。

⑩《明世宗實錄》，卷四三三，頁八上至八下，嘉靖三十五年三月甲申。

⑪《明神宗實錄》，卷一四四，頁四上至五上，萬曆十一年十一月乙丑。

二十四、貴州巡撫

貴州巡撫之全名爲「巡撫貴州，兼督理湖北、川東等處地方，提督軍務」。①率領都清兵備道、威清兵備道、畢節兵備道及思石兵備道等四兵備道。其轄區包括貴州布政司之貴陽、安順、平越三軍民府，都勻等七府，貴州一宣慰司。貴州都司之貴州、永寧等十八衛，黃平等十二所併土官。兼制湖廣之湖北分守，靖州兵備二道，四川之上川東、下川東、遵義三道及府州縣衛所土官。②

貴州巡撫設立於正統十四年，陞翰林院修撰王振（與宦官王振同名，不久要求改名王恂），爲大理寺寺丞，巡撫貴州。③當時西南地區少數民族爲亂，同時改任雲南巡撫侯琎爲總督貴州軍務，使得一時雲南有總督、有巡撫。總督侯琎與巡撫王恂去職後，左副都御史王來繼以總督兼貴州巡撫。④總督兼巡撫貴州之王來在景泰三年十月，召回京。景泰四年（西元一四五三）正月，右僉都御史蔣琳繼往貴州，「鎮守地方，提督軍務，撫巡軍民」。⑤蔣琳已不是總督，但身兼「鎮守」、「提督軍務」又加「巡撫」銜，其權甚重。天順元年，蔣琳得罪被殺，貴州巡撫亦廢去，約九年貴州無巡撫（天順元年一月至成化元年十二月，西元一四五七—一四六五）。⑥正德二至五年（西元一五〇七—一五一〇），貴州巡撫亦曾中斷。⑦

雲南巡撫在蔣琳任內，開始兼「提督軍務」。成化元年復設雲南巡撫，則未見。弘治五年（西元一四九二），右副都御史鄧廷瓚充任貴州巡撫，則又加「提督軍務」之名。⑧可是後來實錄中卻又記載貴州巡撫之兼職爲「贊理軍務」。隆慶二年（西元一五六八），貴州巡撫加「兼督理湖北、川東等處軍務」，同時又加兼「提督軍務」之名⑨，至明末未再改變。

【附註】

①李東陽等：《大明會典》，卷一二八，兵部一一，鎮戍三，頁一九下。

②同上，頁一九下至二〇上。吳廷燮：《明督撫年表》，頁六二一。

③《明英宗實錄》，卷一八五，頁二〇下至二一上，正統十四年十一月甲辰。

④同上，卷一八五，頁二二下，正統十四年十一月辛卯，侯琎任。同上，卷二〇七，頁八上，景泰二年八月壬午，王來兼貴州巡撫。

⑤同上，卷二五五，頁一四上，景泰四年正月壬午。

⑥吳廷燮：《明督撫年表》，頁六二四說，白圭以右副都御史贊理湖廣、貴州軍務。實則白圭只在湖廣，不包括貴州。見《明英宗實錄》卷一九〇，頁四下至五上，天順二年閏四月癸酉。

⑦李東陽等：《大明會典》，卷二〇九，都察院一，頁一五上。說成化八年革去貴州巡撫，成化十一年復設，實誤。

⑧《明孝宗實錄》，卷六四，頁一上，弘治五年六月庚子。

⑨《明穆宗實錄》，卷二〇，頁七上，隆慶二年五月癸亥。

二十五、廣東巡撫

廣東巡撫之全名爲「總督兩廣軍務，兼理糧餉，帶管鹽法，兼巡撫廣東地方」。①廣東巡撫由於是與兩廣總督兼任，情況特殊，其設置經過亦較爲複雜。廣東巡撫所統領之兵力有，海道兼整飭廣州兵備道、韶（州）南（雄）兵備道、惠（州）潮（州）兵備道、高（州）肇（慶）兵備道、羅定兵備道、雷（州）廉（州）兵備道及瓊州兵備道等七兵備道。②

永樂十九年，命大理寺丞郭瑄、給事中艾廣，往廣東巡行天下。③正統十四年，北方也先入侵，南方的廣東亦有黃蕭養之亂，爲安撫地方，乃命戶部右侍郎孟鑑，巡撫廣東④，所以正統十四年爲廣東巡撫設立之開始。景泰二年，孟鑑去任，陞布政使揭稽爲戶部侍郎，巡撫廣東。景泰三年，廣東、廣西之潯州府及梧州府，發生徭亂，廣東及廣西總兵官董興、武毅互相推諉責任。于謙請以總兵官翁信、陳旺代之。另外，爲了防止廣東與廣西兩處總兵互相推諉塞責，特別派遣太子太保兼左都御史王翺總督兩廣軍務。⑤因此廣東巡撫之上，又有兩廣總督，不過此時之兩廣總督並不兼廣東巡撫。

天順元年，裁去廣東巡撫。二年，恢復，以右僉都御史葉盛巡撫兩廣。⑥這時並未有兩廣總督，但葉盛卻身兼廣東及廣西巡撫，天順六年（西元一四六二），才只專巡撫廣東。⑦天順八年，葉盛轉任宣府巡撫，廣東巡撫由廣西巡撫吳禎兼任。成化元年（西元一四六五），吳禎專任廣西巡撫，改用右僉都御史韓雍贊理軍務於兩廣。⑧

韓雍以浙江布政使之參政，陞任右僉都御史，贊理軍務，征討兩廣之亂賊。以韓雍年資與地位，遠不如身兼兩廣巡撫及提督軍務之吳禎。但是在成化皇帝之任命中「假予總制便宜之權……提督兩廣軍務」。⑨所以韓雍雖以「贊理軍務」爲名，實際上，他卻有提督兩廣軍務之權。韓雍一抵達廣東，吳禎馬上革去廣東巡撫之兼任，韓雍等於兩廣總督兼廣東巡撫。⑩成化二年（西元一四六六），廣西巡撫吳禎得罪去職，韓雍又加兼廣西巡撫。不久，兩廣亂賊平定，征夷將軍趙輔召回京師。遂陞韓雍提督兩廣軍務，兼巡撫，成爲兩廣地區軍事上及行政上之最高長官。據說韓雍初至兩廣，首先斬殺一名不聽話之指揮官，衆人大懼，藩（布政使）臬（按察使）謁見時，都不敢仰視，而行跪拜禮。⑪另一傳說是，明初以來，只有總兵官列營閱兵時，才有鳴炮奏鼓吹之禮。但自韓雍接掌兩廣總督開始，總督文臣也有放炮奏鼓吹之事。此後，爭相效法，各地總督、巡撫文臣無不如此。甚至在嘉靖期間爲防倭亂所設之巡江御史，也有放炮奏鼓吹之舉。⑫

韓雍以提督軍務兼巡撫兩廣，並未領「總督」之名。成化四年（西元一四六八），因兩廣土地廣濶，韓雍建議在廣東及廣西分設巡撫官，以分事權。於是韓雍專一總督兩廣軍務，陞廣東左布政使陳濂爲右副都御史巡撫廣東。⑬一年後，又以韓雍爲兩廣總督，兼巡撫，此後將近一百年，兩廣總督皆兼兩廣巡撫。

嘉靖四十五年（西元一五六六），兩廣總督兼兩廣巡撫，改爲總督兩廣軍務，兼理糧餉兼巡撫廣西地方，而單獨設立廣東巡撫。⑭兩廣總督兼理糧餉，是始於嘉靖四十五年，而非《大明會典》所說的隆慶四年（西元一五七〇）。⑮而兩廣總督之帶管鹽法，則在萬曆三年（西元一五七五）所加派。兩廣總督兼巡撫廣西，而廣東獨立設置巡撫不到四年，隆慶四年，改以兩廣總督兼廣東巡撫，讓廣西單獨設立巡撫⑯，直到明末皆如此。

廣東巡撫之駐地，亦因與兩廣總督之兼任或不兼任巡撫而不同。初設時，廣東巡撫居肇慶，兩廣總督駐劄梧州，主要是梧州界於廣東、廣西兩省之交，便於督理。梧州雖地理位置適中，然氣候不佳，在群山峻嶺之中，時有瘴癘，居住不便，兩廣總督遂移居肇慶。兩廣總督移居肇慶後，引起廣西士紳之不滿，認爲兩廣總督不重視廣西地方，才移居離廣西較遠之肇慶。⑰因軍事上之需要，廣東巡撫曾經移駐惠湖，兩廣總督兼巡撫廣東時，也曾移駐潮州。不過大部分時間，因總督兼巡撫之故，多駐紮在肇慶。

【附　註】

① 李東陽等：《大明會典》，卷一二八，兵部一一，鎮戍三，頁一四下。
② 同上，頁一四下至一五下。
③ 《明太宗實錄》，卷二六三，頁四上至四下，永樂十九年四月癸丑。
④ 《明英宗實錄》，卷一八三，頁二〇上，正統十四年九月癸卯。《大明會典》及吳廷燮之《明督撫年表》皆未有記載。
⑤ 《明英宗實錄》，卷二一八，頁二上至二下，景泰三年七月乙未。及《明史》，卷一七七，列傳六五，第一五冊，頁四七〇一。又見章潢：〈總督兩廣軍務年表〉，於其書《圖書編》三十冊，一二七卷（臺北：成文出版社，民國六十年），第二三冊，卷八五，頁二九上至二九下。
⑥ 《明英宗實錄》，卷二九〇，頁六上，天順二年四月己卯。

⑦同上，卷二四七，頁一上，天順六年十二月癸亥。

⑧《明憲宗實錄》，卷八，頁四下，天順八年八月乙未，葉盛改任宣府巡撫。同上，卷八，頁五下，天順八年八月庚子，吳禎兼廣東巡撫。同上，卷一三，頁三下至四下，成化元年正月甲子，韓雍贊理軍務。同上，卷一三，頁一四下，成化元年正月乙亥，吳禎專巡撫廣西。

⑨《明憲宗實錄》，卷一三，頁三下至四下，成化元年正月甲子。又見章潢：〈總督兩廣軍務年表〉於其書《圖書編》，第二二冊，頁二九下。

⑩韓雍：〈總府開設記〉於其書《韓襄毅集》，卷之一〈兩廣制府〉，見陳子龍等編：《明經世文編》，第一冊，卷五五，頁四三五。

⑪文元發：《學圃齋隨筆》，上下兩冊（臺北：偉文圖書出版社有限公司，民國六十五年九月），頁四一三。

⑫王世貞：《觚不觚錄》，頁七。

⑬《明憲宗實錄》，卷五二，頁七上至七下，成化四年三月戊子。

⑭《明世宗實錄》，卷五六二，頁七上至七下，嘉靖四五年九月丁巳。

⑮李東陽等：《大明會典》，卷二〇九，都察院一，頁七下至八上。

⑯《明穆宗實錄》，卷四五，頁五上，隆慶四年五月庚辰。

⑰蕭彥：〈因事激衷懇乞天恩明職掌定經費疏〉，於其書《制府疏草》，上下兩卷，見（清）趙紹祖、趙

繩祖輯：《涇川叢書》，四函，二四冊（清道光一二年，一八三二年，涇縣趙氏古墨齋刊本，民國六年翟鳳翔據清道光趙氏本景印），卷上，頁四下。蕭彥在萬曆一九至二〇年間，曾任兩廣總督。

二十六、廣西巡撫

廣西巡撫之全名為「巡撫廣西地方」①，未兼有贊理軍務或其他頭銜。其兵力包括桂林分巡道、蒼梧兵備道、賓州兵備道、府江兵備道及左江兵備道等五道。其轄區包括廣西布政使之桂林等十府，田州等十四州。上林、安隆二長官司，廣西都司之桂林中衛等十衛，全州、灌陽等二十一所。②

永樂十九年，曾派通政司參議宋侃、給事中楊泰，前往廣西，撫安軍民③，事止即罷。廣西巡撫設立於景泰元年，以戶部右侍郎李棠為廣西巡撫。④李棠於景泰五年（西元一四五四）去任，廣西巡撫改由兩廣總督兼任。⑤

天順元年，革去廣西巡撫。二年，用右僉都御史葉盛巡撫廣東、廣西⑥，是時兩廣無總督，由葉盛一人身兼兩地巡撫。景泰六年，葉盛專任廣東巡撫，廣西巡撫由吳禎接任。吳禎以提督兩廣軍務，兼廣西巡撫。「提督兩廣軍務」的吳禎，等於兩廣總督。⑦成化元年（西元一四六五），兩廣蠻人作亂，改命韓雍贊理軍務，吳禎之權被奪，先改任提督廣西軍務兼廣西巡撫，不久就被充軍邊地。⑧此後二年間（成化二至四年），由韓雍以總督兼兩廣巡撫。

不久，韓雍以兩廣土地廣大，一人身兼兩廣總督及兩廣巡撫，無法專理，請在廣東與廣西各設巡撫一人分理。成化四年（西元一四六八），遂以福建按察使張鵬爲左僉都御史，巡撫廣西⑨，成化五年，韓雍又以兩廣總督兼兩廣巡撫。⑩如此以兩廣總督兼廣東、廣西巡撫，持續約一百年，迄嘉靖四十五年（西元一五六六）才又有改變。

嘉靖四十五年改四川巡撫右副都御史譚綸爲兵部右侍郎，兼右僉都御史，總督兩廣軍務，兼任糧餉，巡撫廣西。⑪廣東則與兩廣總督分開，另設巡撫，廣西巡撫則由兩廣總督兼任。隆慶三年（西元一五六九），廣東、廣西兩地皆有亂事，怕一人不能兼理，於是廣西脫離兩廣總督而另設巡撫，陞江西按察使殷正茂爲右僉都御史，巡撫廣西。⑫

《大明會典》、《明史》及《明通鑑》都以隆慶三年，爲廣西專設巡撫之始。⑬然而廣西巡撫自景泰元年設置以來，只在天順元年及二年間，曾一度中斷。其他時間內或由一人兼任廣東、廣西巡撫，或由一人以總督兼兩廣巡撫，或由總督兼廣西巡撫，皆不曾中斷。隆慶三年所設之廣西巡撫，雖不兼其他地方巡撫或總督，但李棠在景泰元年，廣西巡撫初設時，也不兼他職。因此，隆慶三年所設之巡撫，並無特別之處。易言之，景泰元年，才是廣西巡撫設立之開始，而非《大明會典》、《明史》及《明通鑑》所說的隆慶三年。

【附　註】

① 李東陽等：《大明會典》，卷一二八，兵部一一，鎮戍三，頁一五下。

② 同上，頁一六上至一六下。及吳廷燮：《明督撫年表》，頁六七〇至六七一。

③《明太宗實錄》，卷二三六，頁四上至四下，永樂十九年四月癸丑。

④《明英宗實錄》，卷一八八，頁四下，景泰元年閏正月戊申。此並非李棠之任命，但從正統十四年五月至景泰元年正月，卻查不到李棠任命時間。《明史》，卷一五九，列傳四七，第一四冊，頁四三三五，卻明言李棠在景泰皇帝即位初，任命爲廣西巡撫，故在此以景泰元年閏正月爲其始任期。

⑤《明英宗實錄》，卷二四一，頁八下，景泰五年五月巳巳，李棠去任。同上，卷二四一，頁一〇上至一〇下，景泰五年五月癸酉，兩廣總督馬昂兼巡撫廣西。

⑥《明英宗實錄》，卷二九〇，頁六上，天順二年四月己卯。

⑦同上，卷三四七，頁一上，天順六年十二月癸亥，葉盛任廣東巡撫，吳禎任廣西巡撫。《明憲宗實錄》，卷八，頁五下，天順八年八月庚子，吳禎以提督兩廣軍務兼廣西巡撫。

⑧《明憲宗實錄》，卷一三，頁一四下，成化元年正月乙亥，改吳禎爲提督廣西軍務兼巡撫。同上，卷二六，頁三下，成化二年二月癸未，得罪戍邊。

⑨同上，卷五二，頁七上至七下，成化四年三月戊子。

⑩同上，卷七三，頁四下，成化五年十一月丙申。

⑪《明世宗實錄》，卷五六三，頁四上，嘉靖四五年十月丙子。

⑫《明穆宗實錄》，卷三九，頁九上，隆慶三年十二戊戌。

⑬李東陽等：《大明會典》，卷二〇九，都察院一，頁一五上。《明史》，卷七三，志四九，職官二，第

七冊，頁一七七九。及夏燮：《明通鑑》，卷六四，紀六四，隆慶三年十二月，頁二五二五。

二十七、登萊巡撫

登萊巡撫設立於熹宗天啓元年（西元一六二一），首任巡撫是登州道按察使陶朗先，以右僉都御史巡撫登萊。①登萊是指山東登州府（今山東蓬萊縣）及萊州府（今山東掖縣），及附近山東半島之沿海地方。此地與朝鮮半島隔海相望，早在萬曆二十五年（西元一五九七），日人豐臣秀吉入侵朝鮮時，大學士張位及沈一貫就曾經建議在天津及登萊兩地設置巡撫，統理接濟援朝大軍之糧餉及補給事宜。②結果只設天津巡撫，未在登萊設巡撫。

天啓元年，遼陽、瀋陽俱失，經略兵部右侍郎熊廷弼建議說：

恢復遼左，須三方布置。廣寧用騎兵對壘於河上，以形勢格之。而綴其全力海上，督舟師乘虛入南衛，以風聲下之，而動其人心，奴人反顧而亟歸巢穴，則遼陽可復。于是議登萊、天津並設撫鎮。山海適中之地，特設經略節制三方，以一事權。③

可見設立登萊巡撫的目的是要以登萊、天津為基地，聚集兵力，乘機由海道反攻，從背後夾擊，以恢復遼陽及瀋陽失地。不久，登萊巡撫又在經略熊廷弼之建議下，加兼贊理征東軍務職銜。故登萊巡撫之全名為「巡撫登萊地方，贊理征東軍務」。④

但是，設立登萊巡撫，卻種下明末之經略、巡撫與總兵官不和之惡果；第一：登萊巡撫是經略熊廷弼之建議設立的，登萊巡撫一設立，熊廷弼也陞任爲兵部尚書兼右副都御史，兼遼東經略，節制遼東、天津及登萊巡撫，駐守山海關。但遼東巡撫王化貞，自恃遼東巡撫設置年代已久，職權獨立，自不應受新設經略所節制。甚至於吏科都給事中薛鳳翔亦建議，遼東巡撫遠在廣寧，不必受駐守山海關之經略管轄，並且請賜王化貞尙方寶劍，以重事權。⑤而且，王化貞也反對熊廷弼所議設之登萊巡撫，甚至認爲天津巡撫亦應撤除⑥，兩人之衝突日益嚴重，勢同水火。

第二：從南之登萊至北之廣寧狹窄地區，有經略及三巡撫密集在一起，事權之劃分不清，容易造成衝突。例如旅順一地，到底歸登萊巡撫、遼東巡撫，或是皮島總兵官毛文龍管轄，就曾經引起爭執。⑦不久，廣寧失守，關外幾乎盡失，遼東巡撫又向內移，駐守寧遠，幾乎與遼東經略重疊，不得不在天啓五年（西元一六二五），暫時廢去遼東巡撫。⑧這都是設置過度密集所造成之結果，故熊廷弼曾說：

> 山海地窄，樞臣、督臣、經臣竝駐于此，事柄參差，必致掣肘。⑨

第三：登萊巡撫設置的目的是要從海路攻擊滿洲之背後，但從駐守皮島之總兵官毛文龍來看，無異是朝廷派來監視他的特使。總兵官毛文龍駐守皮島，一方面可防守滿洲人由海路南下，另一方面可以聯絡朝鮮攻擊滿洲人側翼，軍事地位相當重要，而且屢見軍功，受朝廷之倚重。但毛文龍在皮島專斷獨行，尤其是虛報兵數，冒領糧餉，並且擅權橫恣，不聽節制。事實上，熊廷弼及其他大臣，亦有以登萊巡撫節制毛文龍之意，所以規定自皮島入境之軍民，必須持有毛文龍之印信，說明隨行人員姓名及事由，以備登萊巡撫之查訊，並且禁止他們招搖市區，宿娼酗酒。而由登萊前往皮島者，必須持有登萊巡撫之通行證，方准放行。⑩所以兵部說：

牽制奴酋者：朝鮮也。聯屬朝鮮者，毛鎮也。駕馭毛鎮者，登撫也。⑪

登萊巡撫之設置，使鎮撫之衝突日益嚴重。天啓五年，登萊巡撫武之望與毛文龍之關係，弄得幾乎水火不容地步。武之望敵不過毛文龍，而去職。⑫崇禎元年（西元一六二八），爲避免鎮撫之爭日益惡化，戶科給事中瞿式耜及督師袁崇煥，先後建議請裁登萊巡撫，改設一協鎮、一參將、二遊擊做爲東江之應援，有事則以山東巡撫移駐登萊。⑬遂裁去登萊巡撫，緊接著約二年登萊無巡撫官。登萊巡撫一被裁去，毛文龍並不安分，甚至於變本加厲，崇禎二年，督師袁崇煥殺毛文龍於皮島⑭，毛文龍之餘衆，流竄至登萊，威脅復設之登萊巡撫。崇禎五年（西元一六三二），登萊巡撫謝璉被毛文龍之餘黨所害⑮，登萊又缺巡撫約一年。崇禎六年七月亂平，才復設登萊巡撫。

【附　註】

① 《明熹宗實錄》，卷一一，頁四下，天啓元年六月丙子。
② 《明神宗實錄》，卷三一四，頁一下至三下，萬曆二五年九月壬辰。
③ 《明熹宗實錄》，卷一一，頁一上至一下，天啓元年六月辛未。
④ 同上，卷一二，頁二〇上，天啓元年七月壬戌。
⑤ 同上，卷一一，頁一下，天啓元年六月辛未。
⑥ 張廷玉等：《明史》，卷二五九，列傳一四七，第二三冊，頁六六九六。

⑦《明熹宗實錄》，卷六一，頁五上，天啓五年七月丙辰。
⑧同上，卷六四，頁七上至七下，天啓五年十月甲申。
⑨同上，卷一九，頁二上，天啓二年二月戊辰。
⑩同上，卷五七，頁一五上至一六上，天啓五年三月壬戌。
⑪同上，卷六六，頁六下，天啓五年十二月戊寅。
⑫同上，卷六五，頁六下至七上，天啓五年十一月甲寅。
⑬萬言：《崇禎長編》，卷一三，頁二〇下，崇禎元年九月丙子。及同上，卷一三，頁二三下，崇禎元年九月戊寅。
⑭同上，卷二三，頁二上至五上，崇禎二年六月戊午。
⑮同上，卷六一，頁五下至六下，崇禎五年七月癸卯。

一二八、偏沅巡撫

偏沅巡撫設置於湖廣、四川與貴州交界地方。「偏」指湖廣都司之偏橋衛，「沅」指湖廣都司之沅州衛。萬曆二十七年（西元一五九九），爲征討播州（明代時爲四川遵義府，今貴州省遵義縣）叛賊楊應龍，決定在湖廣設置偏沅巡撫。萬曆二十八年，陞揚州參政江鐸爲右僉都御史，巡撫偏沅地方，提督軍務，兼理糧餉。①萬曆二十九年，亂平，又逢江鐸丁憂回籍守制，遂廢去偏沅巡撫。

天啓二年（西元一六二二），貴州宣慰司同知安邦彥反，與土酋安邦俊、魯連、安若山等俱叛。都司楊明廷率兵迎戰，敗沒於畢節。②貴州巡撫王三善請再設偏沅巡撫，遂改命撫治鄖陽楊述中爲兵部右侍郎兼右僉都御史，巡撫偏沅地方，提督軍務，兼督貴州兵餉。③然不到一個月，又改任楊述中爲貴州總督，直到天啓四年，方以四川右布政使李仙品爲右僉都御史，巡撫偏沅。④

天啓六年，安邦彥之亂未滅，更有蔓延開來之勢，遂起太子太傅南京工部尚書張鶴鳴，仍以太子太傅，改兵部尚書兼右都御史，總督川、貴、滇、廣軍務，兼巡撫貴州、偏沅。⑤這時之偏沅巡撫已由四川、貴州、雲南及廣西四省總督兼任。接任之朱爕元，更以總督貴州、四川、雲南、廣西及湖廣五省，再兼貴州、湖北、湖廣、川東及偏沅等處地方巡撫，駐守貴州。⑥朱爕元一直以五省總督兼偏沅巡撫。崇禎十年（西元一六三七），朱爕元去職後，才有專人巡撫偏沅，直至明亡爲止。

【附註】

①《明神宗實錄》，卷三四四，頁一上至一下，萬曆二八年二月乙亥。及張廷玉等：《明史》，卷七三，志四九，職官二，第七冊，頁一七七九。

②談遷：《國榷》，卷八五，頁五二〇六，天啓二年六月乙亥。

③《明熹宗實錄》，卷二七，頁七上，天啓二年十月丁卯。及同上，卷二七，頁一三下，天啓二年十月甲戌。

④《明熹宗實錄》，卷三九，頁一六下，天啓四年二月丙午。及同上，卷二八，頁一九上至一九下，天啓

二年十一月辛酉。

⑤《明熹宗實錄》，卷七九，頁二四上，天啓六年十二月壬戌。

⑥萬言：《崇禎長編》，卷一〇，頁二三下至二四上，崇禎元年六月庚戌。

二十九、山（海）永（平）巡撫

山海、永平巡撫設置於崇禎四年（西元一六三一），因督師孫承宗之建議而設，孫承宗曰：

國家經制，薊遼設兩撫，以一總督節制，極得提衡大略。祔祇緣遼患突發，遂添經略。及臣視師，因易經略爲督師，其任與總督同，而不問八郡之官評，獨多登東之節制。於是薊遼有兩人爲之督，而薊遼兩撫俱轄山海，其督師與撫同體，而督師苦於隔撫以督鎮道，撫苦於候督師以令鎮道，其間反多牽制捍隔之病。臣向言之，會議遼東仍專設巡撫，自中前所以東轄之，不轄關門。其在關門，當去督師，徑設山海巡撫，以永平一府屬之，不轄遼東。其遵化巡撫（順天巡撫）止以順天一府屬之，不轄永平。仍以薊遼總督節制三撫，獨職其大。至互相應援，則總督爲調度，蓋關門不可無節鉞彈壓，而易經督爲巡撫，則料理既親，彈壓亦重。官不增減，權不紛雜，是法之甚便者。①

孫承宗認爲薊遼地方設有總督，領有遼東及順天二巡撫，近來因遼東軍務緊急，又設經略及督師大臣，這麼一來使得這個地區有總督、有經略及督師，事權不一。再加上經略駐守山海關，而山海地區又分別歸併遼東及順天所管轄，使軍事重地之山海，既屬於遼東巡撫之督理，又歸入順天巡撫之節制。在二巡撫之上，又有薊遼總督及遼東經略或督師大臣，使事權紛擾，互相牽制。因此孫承宗建議把遼東督師或經略撤去，另在山海設立一巡撫，以永平府歸屬之，而專由薊遼總督節制。如此，使此地只有一總督統領遼東、順天及山海、永平等三巡撫，可免於互相牽制，事權不一之弊端。

於是在崇禎四年（西元一六三一），選用前遼東巡撫右僉都御史邱禾嘉爲山永巡撫。②此後，遼東巡撫駐守寧遠，管關外九城，不再管轄山海關。順天巡撫駐遵化，所以此後之順天巡撫又稱遵化巡撫，不包括永平府。而山永巡撫則駐守山海，專轄永平一府，而三巡撫不分關內外，皆由薊遼總督節制。③

【附　註】

① 萬言：《崇禎長編》，卷五二，頁一九下至二〇上，崇禎四年十一月壬辰。

② 同上，卷五二，頁三一上，崇禎四年十月戊戌。

③ 同上，卷五三，頁一下至二上，崇禎四年閏十一月庚子。

三十、天津巡撫

天津巡撫設置於萬曆二十五年（西元一五九七），因日人豐臣秀吉入侵朝鮮，爲處理援助朝鮮而設。首先提議設置天津巡撫的是大學士張位，張位認爲要防禦日人，必先堅固自己的門戶，而：

天津、登萊、淮陽、南京、浙江、福建、廣東首當預防，而前三門户在北勢近，宜抽在南四處之兵前來應援，天津特設巡撫，總兵專治海上事務，續調水兵，俱屬管領，與旅順、登萊、淮陽聲勢聯絡以振軍威。①

而提倡在天津設置巡撫最熱心的是大學士沈一貫，他上書陳言敵我之形勢，並且：

請于天津、登萊沿海居中處所，設立一巡撫。率總兵、兵備、參遊，總轄海道，北接遼東，南接淮安，首尾相應，多調浙、直、閩、廣慣戰舟師，相度機宣，進剿釜山、閑山及對馬島，救援朝鮮，有五便焉：天津畿輔門户，登萊中土藩籬，重兵厚防，以戰爲守，其守益固，一也。朝鮮自閑山一失，倭無忌憚，而并力迫兵矣。今吾師在海而尾其後，絶其餉夾而攻之。腹背受傷，必急殲滅，二也。浙、直、閩、廣之舟，汎汎而來，無所棲泊，令其望天津、登萊以爲歸，舡有所繫而安，餉有所出而飽，進止有所稟承，節制而肅，三也。欲餉朝鮮，則舳艫銜尾，費可大減，又以舟師相翼而行，無盜賊之慮，四也。蒼福沙民等舡，有能使仗義出奇者，地近勢便，令其就此受成，棲則爲之代題，海内趨功名，願報效之人，可四面而來，爲助當多，五也。②

於是以山東右布政使萬世德爲右僉都御史，巡撫天津。③天津巡撫設立後不到兩年，在萬曆二十七年初，就因設置朝鮮經略而撤去。④

天津巡撫撤去之後，萬曆四十七年（西元一六一九），以東北軍事日緊，天津爲咽喉重地，遂以戶部侍郎李長庚兼右僉都御史駐守天津，擔任督餉之職⑤，但並未設巡撫官。天啓元年（西元一六二一一）湖廣道御史方震孺首先建議在天津及通州各設巡撫，召回督餉侍郎李長庚，或改任爲巡撫⑥，不久兵部尙書崔景榮又建議：

> 遼瀋之失，皆繇內應。廣寧城小，姦細難容，儻士民齊心便能固守，李光榮、竇承武皆一時驍將，見在士馬加以收拾，逃兵鼓以忠義，併力拒三岔河，依然雄鎮也。賊得海蓋，則天津、登萊俱當提防。山東撫道諸臣所當時之豫備，糧運陸路艱難，撫請將海運繇北岸轉餉，此河西命脈所關，督餉部臣已議回部，而新推天津巡撫必兼理糧餉，以督海運。⑦

遂命太僕寺少卿畢自儼爲右僉都御史巡撫天津。天啓二年，又以光祿寺少卿李邦華爲都察院右僉都御史巡撫天津。⑧這時原任天津巡撫畢自儼並未去職，所以一時天津有二巡撫，這種現象直到天啓三年，李邦華陞任兵部左侍郎⑨，天津才取消有二位巡撫不正常的現象。事實上，畢自儼以天津巡撫專門負責督理遼東糧餉，也就是接任萬曆四十七年以來李長庚之任務。而李邦華則負責天津巡撫之職。日後天津巡撫改由一人接任，相沿舊規，亦加有「督理糧餉，兼備兵防海及贊理征東軍務」，直到明亡爲止皆如此。

【附註】

① 《明神宗實錄》，卷三一四，頁一下，萬曆二十五年九月壬辰。

② 同上，卷三一四，頁二下至三上，萬曆二十五年九月壬辰。

③ 同上，卷三一四，頁四上，萬曆二十五年九月戊戌。

④ 同上，卷三三〇，頁四下至五下，萬曆二十七年正月庚子。
⑤（清）沈家本修，徐宗亮纂：《天津府志》，一二冊，五三卷（清光緒二十五年刊本，臺北：臺灣學生書局景印本，民國五十七年六月），第三冊，卷一一，職官二，頁一下至二上，或頁八〇六至八〇七。
⑥《明熹宗實錄》，卷九，頁三下至四下，天啓元年四月甲戌。
⑦ 同上，卷九，頁九下至一〇上，天啓元年四月丁丑。
⑧ 同上，卷四，頁八下，天啓二年四月乙亥。
⑨ 同上，卷四〇，頁一八上，天啓二年閏十月戊戌。

三十一、密雲巡撫

密雲位於順天府之昌平州的東北角，附近有明成祖以來諸帝之陵寢。崇禎初年以來，滿洲及流寇之亂日趨緊張，爲防守諸帝陵寢之安全，故於崇禎十一年（西元一六三八），設立密雲巡撫。陞職方郎中趙光抃爲右僉都御史巡撫密雲。①使得順天一府就有順天及密雲二巡撫。

崇禎十六年，取消密雲巡撫，由順天巡撫兼任，但一個月後，又恢復密雲巡撫。②

【附　註】

① 談遷：《國榷》，卷九八，第九冊，頁五八二三，崇禎十一年十月庚戌。
② 同上，卷九九，第一〇冊，頁五九七六，崇禎十六年五月己酉。及同上，卷九九，第一〇冊，頁五九九八

二，崇禎十六年六月壬午。

三十二、安（慶）廬（州）巡撫

安、廬就是屬於南直隸之安慶府及廬州府。安慶府是現在安徽省之懷寧縣，廬州府就是現在安徽省之合肥縣。為防止流寇南竄京師，崇禎十年（西元一六三七），以按察副使史可法為都察院右僉都御史，巡撫安（慶）、廬（州）、池（州）、太（平）四府，兼轄光（州）、蘄（州）、固始、廣濟、黃梅、德化、湖口等縣。①光州及固始都在河南，蘄州、廣濟、黃梅在湖廣，德化及湖口在江西。也就是說安廬巡撫是負責南直隸、河南、湖廣、江西及安徽四省交界地方，以防止流寇南下。

【附註】

① 佚名：《崇禎實錄》（臺北：中央研究院，民國五十一年），卷一〇，頁六上，崇禎一〇年七月己巳。

三十三、昌平巡撫

昌平是屬於順天府之昌平州，因其北方有明成祖以來諸帝之陵寢，為防止陵寢之安全，自嘉靖起，每逢外敵入侵，時常派人駐守昌平。嘉靖二十九年十二月（西元一五五一），就以原任巡撫保定右僉都御史許宗魯，鎮守昌平。①隆慶元年（西元一五六七），又因邊事緊張，命經略邊事兵部左侍郎兼右都御史遲鳳翔，督兵暫駐昌平，防禦西寇②，然事止即去，並不常設。

昌平巡撫設立於崇禎十年（西元一六三七），是年，因滿洲人寇邊，以太常寺卿李日宣爲兵部右侍郎，出鎮昌平。③李日宣以「鎮守」充任，此時之「鎮守」等於總督，與宣宗、英宗及景泰時期之鎮守不同。實際上，昌平之鎮守，不能稱爲巡撫。

崇禎十一年，又在昌平州之密雲縣設立密雲巡撫，在小小的密雲州內就有巡撫及鎮守，完全是爲了防止諸帝陵寢之安全。崇禎十三年，命令昌平鎮，停止鎮守，不設總督，改督爲撫。④所以，昌平從崇禎十至十六年（西元一六二七－一六四三）設有鎮守，也就是總督。而只有崇禎十六至十七年間（西元一六四三－一六四四），才設有巡撫。

【附註】

①《明世宗實錄》，卷三六八，頁五上至五下，嘉靖二十九年十二月丁卯。

②《明穆宗實錄》，卷一二，頁一〇下，隆慶元年九月癸酉。

③談遷：《國榷》，卷九六，頁五七七七，崇禎十年三月壬戌。

④同上，卷九九，頁五九七六，崇禎十六年五月己酉。吳廷燮：《明督撫年表》，頁六九九。

三十四、通州巡撫

通州隸屬於順天府，在順天府東邊四十里處，據《通州志》說：

考明有添設欽差專駐於通者，如嘉靖二十九年添設巡撫都御史一員，尋裁。萬曆四十八年，添

> 設兵部侍郎一員，兵部右侍郎徐光啓、董應舉先後任事，尋裁。天啓元年，添設巡撫一員，都御史王國楨任，尋裁。崇禎二年，添設都察院（都御史之誤），范景文、仇維楨、王鼇永先後任事，尋裁。以上裁設無常，任事亦暫不復。①

據上面《通州志》之說，通州巡撫設置於嘉靖二十九年（西元一五五〇），也就是《明實錄》中之記載，以右僉都御史王忬督理蘇（薊之誤）州糧餉，兼守通州。②但王忬在通州巡撫只有一年，就被召還。管理通州事務又由順天巡撫負責。③

隆慶四年（西元一五七〇），宣大總督王崇古從前方回來之情報觀察，蒙古諸酋似乎有大舉入寇之跡象，建議加強防邊措施，於是又以原任都察院右都御史劉謹駐守通州，提督保定等屯援兵。④同時，又派戶部左侍郎兼右僉都御口戴才，管理通州等處糧餉。⑤隆慶四年之任命，通州志皆未列入，也許是因爲一個月後京師解嚴，戴才等俱召回⑥，任期太短之故。

天啓元年（西元一六二一），陞順天府丞王國楨爲右僉都御史，駐劄通州，督理糧儲，招兵練士。⑦這次任命雖未明言王國楨爲通州巡撫，然不久卻命令鑄造巡撫通州等處關防給王國楨，而且在實錄中皆稱王國楨爲通州巡撫。⑧王國楨在通州一年多，就改任宣大、山西等處總督⑨，通州巡撫又裁去。

崇禎三年（西元一六三〇），滿洲人逼近北京，改任河南巡撫右僉都御史范景文，爲兵部添設右侍郎，治兵通州。⑩范景文是以鎮守充任，實際上是總督之職，專管軍事，已非巡撫。范景文在通州鎮守二年，以父喪去官。⑪通州之鎮守文臣亦去。以後，在崇禎九至十二年間，有仇維楨，崇禎十五至十六年間，有王鼇永，曾在通州鎮守。⑫其他時間，通州皆未有巡撫或鎮守官。

【附註】

①（清）高建勳修，王維珍纂：《通州志》，五冊，一一卷（臺北：臺灣學生書局據清光緒五年刊本影印，民國五十七年六月），第三冊，卷六，官師志，頁一上至二下。
②《明世宗實錄》，卷三六七，頁七下，嘉靖二十九年十一月辛亥。
③同上，卷三七八，頁四上至四下，嘉靖三十年十月乙亥。
④《明穆宗實錄》，卷四八，頁五上，隆慶四年八月庚戌。
⑤同上，卷四八，頁七下，隆慶四年八月丁巳。
⑥同上，卷四九，頁九下，隆慶四年九月壬午。
⑦《明熹宗實錄》，卷九，頁一〇下，天啓元年四月丁丑。
⑧同上，卷九，頁一七下至一八上，天啓元年四月甲申。
⑨同上，卷二六，頁一下，天啓二年九月乙未。
⑩萬言：《崇禎長編》，卷三三，頁三五下，崇禎三年三月壬寅。
⑪張廷玉等：《明史》，卷二六五，列傳一五三，第二二冊，頁六八三四。
⑫談遷：《國榷》，仇維楨之任期從，卷九五，頁五七四九，崇禎九年七月庚申任，至卷九七，頁五八三七，崇禎十二年四月戊子去職。王鼇永從，卷九八，頁五九四八，崇禎十五年十一月丁丑任，卷九九，

頁五九七六，崇禎十六年五月己酉去職。

三十五、承（天）德（安）巡撫

承天府及德安府，是湖廣省境內嘉靖皇帝的老家，有嘉靖皇帝父母興獻王妃之陵寢。崇禎十六年（西元一六四三），流寇逼近承天府，爲保護嘉靖皇帝老家及其父母陵寢之安全，遂以王揚基爲右僉都御史，巡撫承天、德安。承、德巡撫設置不到一年，改由湖廣巡撫兼管①，是明代設置最短的巡撫。

【附註】

① 談遷：《國榷》，卷九九，頁五九六七，崇禎十六年三月乙巳。及卷一〇〇，頁六〇一五，崇禎十七年正月庚子。

三十六、屯田巡撫

吳廷燮之《明督撫年表》、《明史》及其他史料皆未提到屯田巡撫，實則在天啓三至五年間，因需要曾經設有屯田巡撫。天啓二年（西元一六二二），太僕寺卿董應舉在通州整理屯種事宜時，戶部尚書汪應蛟認爲董應舉以太僕寺卿負責屯田事務，沒有都御史頭銜，雖然准許依照巡撫體例行事，但是道、府、州、縣官皆認爲董應舉是卿寺官，不聽他的命令，故請加都察院之憲職，并兼提督通州軍務。①於是，董應舉以太僕寺卿兼監察御史，督理屯田。

董應舉加監察御史之職權，且依巡撫體例行事，但與巡撫所具有都御史之職銜，仍有一段距離，仍不能視爲巡撫。天啓三年（西元一六二三），在戶部尙書李宗延與各大臣之交相建議下，終於正式在管理屯田太僕寺卿兼監察御史董應舉加「巡撫」職銜，不久又改兼都察院之右副都御史。②從此以後，董應舉以都察院右副都御史，巡撫屯田，成爲名符其實之屯田巡撫。

所以禮科給事中李恒茂曾經上疏說：

> 自逆酋犯順天以來，海內添巡撫四：曰通、曰登、曰偏、曰屯。③

李恒茂認爲這四個添設的巡撫皆無必要，屯田巡撫更無需設置，他說：

> 天津一帶，地各有主，無田可屯。前屯田不過葛沽區地，一水利道帶管之而有餘。朝議添撫院發帑金作屯田，艷稱雜糧也。詎知此雜糧原在民間，不以添撫而有，不以添撫而無。第屯本未發耳，發時買田作屯。如今新法，道、府、州、縣皆能措辦，屯田御史豈可不責成乎。④

李恒茂之建議廢除屯田、通州、偏沅及登萊巡撫，正好指出明末以來政治紊亂之癥結。屯田事務本來各有道、府、州、縣官處理，不必另設巡撫。但皇帝及一些執政大臣，認爲有更多的人來負責會做到更好，於是在各地方官之上再設官管理屯田，甚至於不惜加「巡撫」之名。結果地方官認爲既有專任之欽差大臣負責，他們何必插手。而新任之屯田巡撫，則因不諳地方事務，一時無法著手整頓，遂使屯田事務日壞，造成反效果。同樣的，在順天府已有順天巡撫，又設昌平巡撫。通州離順天不到四十里，又設巡撫。山東已有巡撫，又設登萊巡撫，湖廣、廣東也都有巡撫，又設偏沅巡撫。這都是明末政治上之畸形現象。

在李恒茂之建議下，天啓五年（西元一六二五）四月，改任董應舉爲工部右侍郎，專理鑄錢⑤，結束爲時不到二年之屯田巡撫。

除以上之三十六巡撫外，《明史》又有淮陽巡撫之記載，《明史》說淮陽巡撫設立於崇禎十一年（西元一六三八）⑥，但其他史料中皆未見，淮陽巡撫可能由漕運總督兼任。

【附註】

①《明熹宗實錄》，卷二七，頁一七下至一八上，天啓二年十月戊寅。
②同上，卷三九，頁八下至九上，天啓三年十月己巳。及同上，卷四一，頁一八上，天啓三年十一月戊寅。
③同上，卷五六，頁一一下，天啓五年二月乙酉。
④同上，卷五六，頁一一下至一二上，天啓五年二月乙酉。
⑤同上，卷五八，頁一三上，天啓五年四月己亥。
⑥張廷玉等：《明史》，卷七三，志四九，職官二，第七冊，頁一七七九。

明代各地巡撫設置及廢置表

設置與廢置年代＼巡撫名稱	1. 順天	2. 遼東	3. 保定	4. 宣府	5. 大同	6. 山西	7. 陝西	8. 延綏	9. 寧夏	10. 甘肅	11. 鳳陽	12. 應天	13. 山東	14. 河南	15. 浙江
宣德五年（一四三〇）						始設						始設	始設	始設	始設
宣德六年（一四三一）															
宣德七年（一四三二）															
宣德八年（一四三三）															
宣德九年（一四三四）															
宣德十年（一四三五）		始設					始設			始設					
正統元年（一四三六）				始設	始設				始設						
正統二年（一四三七）															
正統三年（一四三八）															
正統四年（一四三九）													廢		廢
正統五年（一四四〇）															
正統六年（一四四一）															
正統七年（一四四二）															復設
正統八年（一四四三）															

16.江西	始設									廢				
17.南贛														
18.福建														
19.湖廣	始設									廢				
20.鄖陽														
21.四川														
22.松潘														
23.雲南													始設	
24.貴州														
25.廣東														
26.廣西														
27.登萊														
28.偏沅														
29.山永														
30.天津														
31.密雲														
32.安廬														
33.昌平														
34.通州														
35.承德														
36.屯田														

設置與廢去年代 ＼ 巡撫名稱	1. 順天	2. 遼東	3. 保定	4. 宣府	5. 大同	6. 山西	7. 陝西	8. 延綏	9. 寧夏	10. 甘肅	11. 鳳陽	12. 應天	13. 山東	14. 河南	15. 浙江
正統九年（一四四四）															
正統十年（一四四五）													復設		廢
正統十一年（一四四六）								始設							
正統十二年（一四四七）						廢							廢	廢	
正統十三年（一四四八）															復設
正統十四年（一四四九）	始設					復設							復設	復設	
景泰元年（一四五〇）											始設				
景泰二年（一四五一）															
景泰三年（一四五二）															
景泰四年（一四五三）															
景泰五年（一四五四）															
景泰六年（一四五五）															
景泰七年（一四五六）															
天順元年（一四五七）	廢	廢		廢	廢	廢	廢	廢	廢	廢	廢	廢	廢	廢	廢

16.江西					復設									廢
17.南贛														
18.福建														
19.湖廣						復設								廢
20.鄖陽														
21.四川							始設		廢					
22.松潘													廢	
23.雲南			始設											廢
24.貴州						始設								廢
25.廣東						始設					廢			
26.廣西							始設							廢
27.登萊														
28.偏沅														
29.山永														
30.天津														
31.密雲														
32.安廬														
33.昌平														
34.通州														
35.承德														
36.屯田														

設置與廢去年代＼巡撫名稱	1.順天	2.遼東	3.保定	4.宣府	5.大同	6.山西	7.陝西	8.延綏	9.寧夏	10.甘肅	11.鳳陽	12.應天	13.山東	14.河南	15.浙江
天順二年（一四五八）		復設		復設	復設			復設	復設	復設		復設	復設	復設	
天順三年（一四五九）															
天順四年（一四六〇）															
天順五年（一四六一）															
天順六年（一四六二）							復設								
天順七年（一四六三）											復設				
天順八年（一四六四）															
成化元年（一四六五）						復設									
成化二年（一四六六）	復設													廢	
成化三年（一四六七）															
成化四年（一四六八）															
成化五年（一四六九）															
成化六年（一四七〇）						廢									
成化七年（一四七一）															

16. 江西														
17. 南贛														
18. 福建														
19. 湖廣	復設													
20. 鄖陽														
21. 四川					復設									
22. 松潘														
23. 雲南														
24. 貴州									復設					
25. 廣東	復設													
26. 廣西	復設													
27. 登萊														
28. 偏沅														
29. 山永														
30. 天津														
31. 密雲														
32. 安廬														
33. 昌平														
34. 通州														
35. 承德														
36. 屯田														

設置與廢去年代＼巡撫名稱	1. 順天	2. 遼東	3. 保定	4. 宣府	5. 大同	6. 山西	7. 陝西	8. 延綏	9. 寧夏	10. 甘肅	11. 鳳陽	12. 應天	13. 山東	14. 河南	15. 浙江
成化八年（一四七二）			始設			復設								復設	復設
成化九年（一四七三）															
成化十年（一四七四）						廢									廢
成化十一年（一四七五）			廢												
成化十二年（一四七六）													廢		
成化十三年（一四七七）						復設									
成化十四年（一四七八）															
成化十五年（一四七九）															
成化十六年（一四八〇）															
成化十七年（一四八一）															
成化十八年（一四八二）															
成化十九年（一四八三）															
成化二十年（一四八四）			復設										復設		
成化二十一年（一四八五）			廢												

16.江西														廢
17.南贛														
18.福建														
19.湖廣														
20.鄖陽								始設						
21.四川														
22.松潘														
23.雲南					復設	廢			復設					
24.貴州														
25.廣東														
26.廣西														
27.登萊														
28.偏沅														
29.山永														
30.天津														
31.密雲														
32.安廬														
33.昌平														
34.通州														
35.承德														
36.屯田														

設置與廢去年代 ＼ 巡撫名稱	1. 順天	2. 遼東	3. 保定	4. 宣府	5. 大同	6. 山西	7. 陝西	8. 延綏	9. 寧夏	10. 甘肅	11. 鳳陽	12. 應天	13. 山東	14. 河南	15. 浙江
成化二二年（一四八六）															
成化二三年（一四八七）															
弘治元年（一四八八）			復設												
弘治二年（一四八九）															
弘治三年（一四九〇）															
弘治四年（一四九一）															
弘治五年（一四九二）															
弘治六年（一四九三）															
弘治七年（一四九四）															
弘治八年（一四九五）															
弘治九年（一四九六）															
弘治十年（一四九七）															
弘治十一年（一四九八）															
弘治十二年（一四九九）															

16.江西				廢										復設
17.南贛										始設				廢
18.福建														
19.湖廣														
20.鄖陽														
21.四川														
22.松潘			復設			廢								
23.雲南														
24.貴州														
25.廣東														
26.廣西														
27.登萊														
28.偏沅														
29.山永														
30.天津														
31.密雲														
32.安廬														
33.昌平														
34.通州														
35.承德														
36.屯田														

設置與廢去年代＼巡撫名稱	1.順天	2.遼東	3.保定	4.宣府	5.大同	6.山西	7.陝西	8.延綏	9.寧夏	10.甘肅	11.鳳陽	12.應天	13.山東	14.河南	15.浙江
弘治十三年（一五〇〇）															
弘治十四年（一五〇一）															
弘治十五年（一五〇二）															
弘治十六年（一五〇三）															
弘治十七年（一五〇四）															
弘治十八年（一五〇五）															
正德元年（一五〇六）															
正德二年（一五〇七）	廢		廢									廢	廢	廢	
正德三年（一五〇八）						廢									
正德四年（一五〇九）	復設														
正德五年（一五一〇）			復設			復設						復設	復設	復設	
正德六年（一五一一）															
正德七年（一五一二）															
正德八年（一五一三）															

16. 江西								廢			復設			
17. 南贛												復設		
18. 福建														
19. 湖廣														
20. 鄖陽								廢			復設			
21. 四川														
22. 松潘												復設	廢	
23. 雲南										廢	復設			
24. 貴州								廢			復設			
25. 廣東														
26. 廣西														
27. 登萊														
28. 偏沅														
29. 山永														
30. 天津														
31. 密雲														
32. 安廬														
33. 昌平														
34. 通州														
35. 承德														
36. 屯田														

巡撫名稱 / 設置與廢去年代	1. 順天	2. 遼東	3. 保定	4. 宣府	5. 大同	6. 山西	7. 陝西	8. 延綏	9. 寧夏	10. 甘肅	11. 鳳陽	12. 應天	13. 山東	14. 河南	15. 浙江
正德九年（一五一四）															
正德十年（一五一五）															
正德十一年（一五一六）															
正德十二年（一五一七）															
正德十三年（一五一八）															
正德十四年（一五一九）															
正德十五年（一五二〇）															
正德十六年（一五二一）															
嘉靖元年（一五二二）															
嘉靖二年（一五二三）															
嘉靖三年（一五二四）															
嘉靖四年（一五二五）															
嘉靖五年（一五二六）															
嘉靖六年（一五二七）															

16. 江西	17. 南贛	18. 福建	19. 湖廣	20. 鄖陽	21. 四川	22. 松潘	23. 雲南	24. 貴州	25. 廣東	26. 廣西	27. 登萊	28. 偏沅	29. 山永	30. 天津	31. 密雲	32. 安廬	33. 昌平	34. 通州	35. 承德	36. 屯田

設置與廢去年代／巡撫名稱	嘉靖七年（一五二八）	嘉靖八年（一五二九）	嘉靖九年（一五三○）	嘉靖十年（一五三一）	嘉靖十一年（一五三二）	嘉靖十二年（一五三三）	嘉靖十三年（一五三四）	嘉靖十四年（一五三五）	嘉靖十五年（一五三六）	嘉靖十六年（一五三七）	嘉靖十七年（一五三八）	嘉靖十八年（一五三九）	嘉靖十九年（一五四○）	嘉靖二十年（一五四一）
1. 順天														
2. 遼東														
3. 保定														
4. 宣府														
5. 大同														
6. 山西														
7. 陝西														
8. 延綏														
9. 寧夏														
10. 甘肅														
11. 鳳陽														
12. 應天														
13. 山東														
14. 河南														
15. 浙江		復設		廢										

16. 江西	廢			復設						
17. 南贛										
18. 福建										
19. 湖廣										
20. 鄖陽										
21. 四川										
22. 松潘										
23. 雲南										
24. 貴州										
25. 廣東										
26. 廣西										
27. 登萊										
28. 偏沅										
29. 山永										
30. 天津										
31. 密雲										
32. 安廬										
33. 昌平										
34. 通州										
35. 承德										
36. 屯田										

設置與廢去年代＼巡撫名稱	1.順天	2.遼東	3.保定	4.宣府	5.大同	6.山西	7.陝西	8.延綏	9.寧夏	10.甘肅	11.鳳陽	12.應天	13.山東	14.河南	15.浙江
嘉靖二一年（一五四二）															
嘉靖二二年（一五四三）															
嘉靖二三年（一五四四）															
嘉靖二四年（一五四五）															
嘉靖二五年（一五四六）															
嘉靖二六年（一五四七）															復設
嘉靖二七年（一五四八）															
嘉靖二八年（一五四九）															廢
嘉靖二九年（一五五〇）															
嘉靖三〇年（一五五一）															
嘉靖三一年（一五五二）															復設
嘉靖三二年（一五五三）															
嘉靖三三年（一五五四）															
嘉靖三四年（一五五五）															

16.江西	17.南贛	18.福建	19.湖廣	20.鄖陽	21.四川	22.松潘	23.雲南	24.貴州	25.廣東	26.廣西	27.登萊	28.偏沅	29.山永	30.天津	31.密雲	32.安廬	33.昌平	34.通州	35.承德	36.屯田
																		始設		
																		廢		

設置與廢去年代 ＼ 巡撫名稱	1. 順天	2. 遼東	3. 保定	4. 宣府	5. 大同	6. 山西	7. 陝西	8. 延綏	9. 寧夏	10. 甘肅	11. 鳳陽	12. 應天	13. 山東	14. 河南	15. 浙江
嘉靖三五年（一五五六）															
嘉靖三六年（一五五七）															
嘉靖三七年（一五五八）															
嘉靖三八年（一五五九）															
嘉靖三九年（一五六〇）															
嘉靖四〇年（一五六一）															
嘉靖四一年（一五六二）															
嘉靖四二年（一五六三）															
嘉靖四三年（一五六四）															
嘉靖四四年（一五六五）															
嘉靖四五年（一五六六）															
隆慶元年（一五六七）															
隆慶二年（一五六八）															
隆慶三年（一五六九）															

16. 江西														
17. 南贛														
18. 福建		始設												
19. 湖廣														
20. 鄖陽														
21. 四川														
22. 松潘														
23. 雲南														
24. 貴州														
25. 廣東														
26. 廣西														
27. 登萊														
28. 偏沅														
29. 山永														
30. 天津														
31. 密雲														
32. 安廬														
33. 昌平														
34. 通州														
35. 承德														
36. 屯田														

巡撫名稱 / 設置與廢去年代	1. 順天	2. 遼東	3. 保定	4. 宣府	5. 大同	6. 山西	7. 陝西	8. 延綏	9. 寧夏	10. 甘肅	11. 鳳陽	12. 應天	13. 山東	14. 河南	15. 浙江
隆慶四年(一五七〇)															
隆慶五年(一五七一)															
隆慶六年(一五七二)															
萬曆元年(一五七三)															
萬曆二年(一五七四)															
萬曆三年(一五七五)															
萬曆四年(一五七六)															
萬曆五年(一五七七)															
萬曆六年(一五七八)															
萬曆七年(一五七九)															
萬曆八年(一五八〇)															
萬曆九年(一五八一)															
萬曆十年(一五八二)															
萬曆十一年(一五八三)															

16. 江西														
17. 南贛														
18. 福建														
19. 湖廣														
20. 鄖陽												廢		復設
21. 四川														
22. 松潘														
23. 雲南														
24. 貴州														
25. 廣東														
26. 廣西														
27. 登萊														
28. 偏沅														
29. 山永														
30. 天津														
31. 密雲														
32. 安廬														
33. 昌平														
34. 通州														
35. 承德														
36. 屯田														

巡撫名稱 ＼ 設置與廢去年代	1. 順天	2. 遼東	3. 保定	4. 宣府	5. 大同	6. 山西	7. 陝西	8. 延綏	9. 寧夏	10. 甘肅	11. 鳳陽	12. 應天	13. 山東	14. 河南	15. 浙江
萬曆十二年（一五八四）															
萬曆十三年（一五八五）															
萬曆十四年（一五八六）															
萬曆十五年（一五八七）															
萬曆十六年（一五八八）															
萬曆十七年（一五八九）															
萬曆十八年（一五九〇）															
萬曆十九年（一五九一）															
萬曆二十年（一五九二）															
萬曆二一年（一五九三）															
萬曆二二年（一五九四）															
萬曆二三年（一五九五）															
萬曆二四年（一五九六）															
萬曆二五年（一五九七）															

16.江西														
17.南贛														
18.福建														
19.湖廣														
20.鄖陽														
21.四川														
22.松潘														
23.雲南														
24.貴州														
25.廣東														
26.廣西														
27.登萊														
28.偏沅														
29.山永														
30.天津														始設
31.密雲														
32.安廬														
33.昌平														
34.通州														
35.承德														
36.屯田														

設置與廢去年代／巡撫名稱	1. 順天	2. 遼東	3. 保定	4. 宣府	5. 大同	6. 山西	7. 陝西	8. 延綏	9. 寧夏	10. 甘肅	11. 鳳陽	12. 應天	13. 山東	14. 河南	15. 浙江
萬曆二六年（一五九八）															
萬曆二七年（一五九九）															
萬曆二八年（一六〇〇）															
萬曆二九年（一六〇一）															
萬曆三〇年（一六〇二）															
萬曆三一年（一六〇三）															
萬曆三二年（一六〇四）															
萬曆三三年（一六〇五）															
萬曆三四年（一六〇六）															
萬曆三五年（一六〇七）															
萬曆三六年（一六〇八）															
萬曆三七年（一六〇九）															
萬曆三八年（一六一〇）															
萬曆三九年（一六一一）															

16. 江西														
17. 南贛														
18. 福建														
19. 湖廣														
20. 鄖陽														
21. 四川														
22. 松潘														
23. 雲南														
24. 貴州														
25. 廣東														
26. 廣西														
27. 登萊														
28. 偏沅			始設	廢										
29. 山永														
30. 天津		廢												
31. 密雲														
32. 安廬														
33. 昌平														
34. 通州														
35. 承德														
36. 屯田														

設置與廢去年代＼巡撫名稱	1. 順天	2. 遼東	3. 保定	4. 宣府	5. 大同	6. 山西	7. 陝西	8. 延綏	9. 寧夏	10. 甘肅	11. 鳳陽	12. 應天	13. 山東	14. 河南	15. 浙江
萬曆四十年（一六一二）															
萬曆四一年（一六一三）															
萬曆四二年（一六一四）															
萬曆四三年（一六一五）															
萬曆四四年（一六一六）															
萬曆四五年（一六一七）															
萬曆四六年（一六一八）															
萬曆四七年（一六一九）															
泰昌元年（一六二〇）															
天啓元年（一六二一）															
天啓二年（一六二二）															
天啓三年（一六二三）															
天啓四年（一六二四）															
天啓五年（一六二五）		廢													

	1	2	3	4	5	6	7	8	9	10	11	12	13	14
16.江西														
17.南贛														
18.福建														
19.湖廣														
20.鄖陽														
21.四川														
22.松潘														
23.雲南														
24.貴州														
25.廣東														
26.廣西														
27.登萊										始設				
28.偏沅											復設		復設	
29.山永														
30.天津										復設				
31.密雲														
32.安廬														
33.昌平														
34.通州										復設	廢			
35.承德														
36.屯田												始設		廢

設置與廢去年代 ＼ 巡撫名稱	1. 順天	2. 遼東	3. 保定	4. 宣府	5. 大同	6. 山西	7. 陝西	8. 延綏	9. 寧夏	10. 甘肅	11. 鳳陽	12. 應天	13. 山東	14. 河南	15. 浙江
天啓六年（一六二六）															
天啓六年（一六二七）															
崇禎元年（一六二八）		廢													
崇禎二年（一六二九）															
崇禎三年（一六三〇）		復設													
崇禎四年（一六三一）															
崇禎五年（一六三二）															
崇禎六年（一六三三）															
崇禎七年（一六三四）															
崇禎八年（一六三五）															
崇禎九年（一六三六）															
崇禎十年（一六三七）															
崇禎十一年（一六三八）															
崇禎十二年（一六三九）															

16.江西														
17.南贛														
18.福建														
19.湖廣														
20.鄖陽														
21.四川														
22.松潘														
23.雲南														
24.貴州														
25.廣東														
26.廣西														
27.登萊			廢		復設		廢	復設						
28.偏沅														
29.山永						始設								
30.天津														
31.密雲												始設		
32.安廬												始設		
33.昌平												始設		
34.通州					復設		廢				復設			廢
35.承德														
36.屯田														

巡撫名稱＼設置廢與去年代	崇禎十三年（一六四〇）	崇禎十四年（一六四一）	崇禎十五年（一六四二）	崇禎十六年（一六四三）	崇禎十七年（一六四四）									
1. 順天														
2. 遼東														
3. 保定														
4. 宣府														
5. 大同														
6. 山西														
7. 陝西														
8. 延綏														
9. 寧夏														
10. 甘肅														
11. 鳳陽														
12. 應天														
13. 山東														
14. 河南														
15. 浙江														

16.江西														
17.南贛														
18.福建														
19.湖廣														
20.鄖陽														
21.四川														
22.松潘														
23.雲南														
24.貴州														
25.廣東														
26.廣西														
27.登萊														
28.偏沅														
29.山永				滅										
30.天津														
31.密雲				廢設										
32.安廬														
33.昌平														
34.通州			復設	廢										
35.承德				始設	廢									
36.屯田														

第二節 各地巡撫之更迭

由上節各地巡撫設置之經過及上表各地巡撫之設置及廢除中，可以看出明代巡撫之設置，大約可以分爲四個時期：第一時期是在宣德五年（西元一四三〇）。第二時期是在宣德十年與正統元年間（西元一四三五—一四三六）。第三時期是在正統十四至景泰元年間（西元一四四九—一四五〇）。第四時期是在明末天啓元年至崇禎十年間（西元一六二一—一六三七）。就這四個時期分述如下：

第一時期：宣德五年設立之巡撫有：山西、應天、山東、河南、浙江、江西及湖廣等七個巡撫。七個巡撫中，只有山西巡撫在邊地，其他六個都屬於腹裏或內地巡撫。唯一的邊地巡撫：山西巡撫，是與河南合在一起，由于謙一人巡撫。可見這個時期巡撫之設置，並非爲軍事上需要，純粹是爲督理稅糧、整理農事、災荒救濟及安撫百姓而設。這些巡撫設置經過及原因，在第二章及本章第一節已述及，在此不便贅述。

第二時期：宣德十年至正統元年間設之巡撫有：遼東、宣府、大同、陝西、寧夏及甘肅等六個巡撫。六個巡撫全在北方邊地，其設置似乎與軍事有密切關係。然而遼東、宣府及大同在設置之初，都是以巡撫文臣負責督運軍餉及管理屯糧、稅糧等事，並未涉及軍事。宣德十年設立之首任巡撫李濬，並未負責軍事事務，後來因軍事上需要，從正統七年至景泰四年（西元一四四二—一四五三），遂在遼東巡撫之外又加一提督軍務之文臣，提督軍務文臣亦視爲巡撫，故在此期間遼東有二巡撫。景泰四年起，遼東才由巡撫兼提督軍務，使巡撫文臣又加軍事權。宣府在正統元年設巡撫，並未負有軍務。正統五年至景泰二年十二月（西元一四四〇－一四五一），又設有參贊軍務之文臣。景泰三年起，才由宣府巡撫兼軍事事務。同樣的大同巡撫在正統元年，先設有巡撫。景泰二年，又置贊理軍務文臣，贊理軍務文臣後來亦視爲巡撫，故大同一時有二巡撫，景泰二年始，改由大同巡撫兼贊理軍務任務。

而陝西巡撫設立於宣德十年，以陳鎰爲陝西鎮守，負責軍務。但同時，工部右侍郎羅汝敬也在此巡撫。羅汝敬自宣德六年以來，就在此負責稅糧及屯田事務，但皆屬臨時性質，並非常設，自宣德十年起，才常設於此。因而負責農事之巡撫與軍事之鎮守，同時在宣德十年設立。鎮守文臣亦是巡撫，陝西同時也有二巡撫。正統四年，裁去陝西巡撫，剩下鎮守。天順六年（西元一四六二），恢復後，陝西才改回由文臣巡撫。

寧夏與甘肅巡撫，設置以來，一直以文臣參贊軍務，不以巡撫爲名。這是此時期所設巡撫中，純粹爲軍事之需而設置者。寧夏以文臣參贊，自設置以來就如此，天順二年（西元一四五八），恢復天下巡撫官，方以巡撫爲名。而甘肅巡撫則較複雜，宣德十年設置始，以文臣參贊軍務，不久，又有文臣整飭邊備及鎮守文臣，「整飭邊備」亦被視爲巡撫，一時在甘肅省有二人整飭邊備，一人參贊軍務，一人鎮守，充任巡撫職務之文臣達四人。這種現象皆由軍事上之需要而添設。天順二年，恢復天下巡撫官，才改以巡撫爲名。

統言之，在此時期中，各地巡撫之設置皆在邊地。有的是爲督理稅糧、屯種及糧餉補給而設，有的是爲軍事需要而設。未兼軍事任務之巡撫，日後也因需要而兼任。而因軍事設立之鎮守，參贊軍務或整飭邊備的地方，日後也加兼督理稅糧。遂使後來之巡撫既有督理稅糧，又負有軍事任務，這都是在這時期內所設之巡撫，日後發展而造成之結果。

第三時期：正統十四年至景泰元年間，土木之變發生，北方也先入寇，局勢緊張，南方也有葉宗留、鄧茂七及黃蕭養之亂，故明室在各地紛設巡撫官。在北方設置順天巡撫，在南方設置廣東、廣西及貴州巡撫。四川也因邊地少數民族作亂，而設置巡撫。爲維持運河暢通及朱元璋老家的安全，而設立鳳陽巡撫。以上在這個時期設置的六個巡撫中，順天巡撫是以「參贊軍務」名義設置，故以軍事爲主。鳳陽巡撫是以巡撫之名設置，以督理漕運及稅糧爲主。其他之四川、貴州、廣東及廣西等地方，首創之初，皆以「巡撫」爲名，未兼軍事任務。

第四時期：天啓元年至崇禎十年間所置的巡撫有：登萊、屯田、山永、密雲、安廬、昌平及承德等七巡撫。這些巡撫很明顯的皆是爲了防止滿洲人及各地流寇而設。此外，廢置已久之巡撫，如天津、通州、偏沅等巡撫，也在此時期內復設，使天下巡撫增至三十六個之多。

除以上四個時期外，其他雲南、延綏、松潘、保定、鄖陽、南贛、福建、天津、偏沅及通州等九個巡撫，皆在不同時間內，因特殊情況而設置。雲南巡撫始設於正統七年（西元一四四二），延綏及松潘巡撫，設於正統十一年（西元一四四六）。保定巡撫在成化八年（西元一四七二），由順天巡撫脫離而設。鄖陽撫治於成化五年（西元一四七九），爲處理荊襄流民始創。弘治八年（西元一四九五），始創南贛巡撫，處理江西、福建、廣東及湖廣四省交界地區。嘉靖三十六年（西元一五五九），因倭寇侵擾，於福建設置巡撫。而在萬曆二十五及二十八年（西元一五九七及一六〇〇），則因豐臣秀吉入侵朝鮮，而設立天津巡撫，負責糧餉補給及轉運事宜。萬曆二十七年爲征討播州叛賊楊應龍，在湖廣設置偏沅巡撫，萬曆二十九年，亂平，遂廢去偏沅巡撫。通州巡撫自嘉靖二十九年（西元一五五〇）設立起，時設時廢，極不穩定。以上九地巡撫，皆因事特設，故其設立時間不一。

明代各地巡撫設置以後，並非永遠不變。朝廷大臣，尤其是宦官及武臣反對設置之聲浪甚大。一些巡撫，就在各方反對下，屢次遭受裁撤。明代巡撫裁撤過程，亦可分爲三個主要的時期：

第一時期是在正統四年至十二年（西元一四三九—一四四七）間，正統四年，裁去了山東、浙江、江西及湖廣巡撫，十二年，又廢去了山西及河南巡撫。這兩次裁去的巡撫有二個特色：㈠撤去的巡撫都是在宣德五年所設，沒有正統年間設立的巡撫。而且在宣德五年設立的七個巡撫官，除應天巡撫外，皆被撤去。㈡這些撤去的巡撫，山西是邊地巡撫，其餘皆屬內地巡撫，比較不具軍事上之重要性。

第二時期是在天順元年（西元一四五七）。這次完全撤去了天下巡撫官，一個也不剩。正統十年以來，北方邊地及南方各省遭受兵亂，紛設巡撫官。及至天下稍定，景泰四年，御史左鼎建議裁去巡撫及鎮守官。他說：

若夫巡撫、鎮守之官，則尤可言者。方岳各司十餘人不爲少矣。每歲又差御史巡視，亦法可謂

> 詳矣。不擇方面以責成，不選御史以督察，乃復設官以巡撫、鎮守令之。巡撫、鎮守往往多出於方面御史，則今之方面御史，蓋亦他日之巡撫、鎮守也。豈有爲方面御史則合衆人之長而不足，於巡撫、鎮守則任一人之智而餘耶？乞將內外官，凡非洪武之舊者，參酌裁罷，庶民力可紓，國用可省，委任專而事功可立。①

御史左鼎建議裁去天下巡撫，是基於巡撫官已侵占各地巡按御史職權，所以建議裁去非洪武時代所設之官職，巡撫官亦在建議裁去之列。同年，工科給事中徐廷章，以各地巡撫身兼都察院職，使都御史員額增至三十餘名，建議裁去山東、河南、湖廣及浙江等，腹裏巡撫。②左鼎及徐廷章之提議，皆未被採納。

天順元年之裁去天下巡撫，與忠國公石亨及定襄伯郭登有密切的關係。石亨爲世襲武將，土木之變後率兵防守北京之德勝門有功，加太子太師佩鎮朔大將軍印，巡哨大同，「奪門」成功，英宗復辟，進封爲忠國公。石亨對於正統以來文臣充任巡撫而得以抑制武臣，一直耿耿於懷，故建議裁去天下巡撫官。③而郭登亦爲世襲武將，對文臣充任巡撫亦無好感，一度建議裁換大同及宣府巡撫。土木之變發生，郭登以善戰出名，殺敵甚衆，屢獲軍功，進封定襄伯。④英宗復辟，郭登上言八事，第八項就是建議裁去巡撫官，他說：

> 臣聞書曰：「官不必備，惟其人。」夫官苟賢矣，一人能兼數事。如其不賢，雖千百爲群何補于事？其各處提督巡撫，勸農清軍、修理河道、催運糧儲等項添設官員，悉行取回，以除有司

供給之擾，精選三司及守令官員，親理庶政，以仁愛寬和使民，以清淨簡默爲治。如此則人心自然歡悅，雨暘自然時若，年穀豐登，而盜賊息矣。⑤

天順皇帝最初並未答應，然不久就下令取回天下巡撫官，把各處邊備及軍民事務，歸總兵官等處理。⑥革去巡撫官，各地巡撫有的致仕，有的轉任他職，有的降調，列表如下：

天順元年巡撫官裁去後，各地巡撫轉任表

巡撫地名	巡撫人名	去任前官職	轉任官職	備考
1.順天	李　賓	右副都御史	大理寺卿	《明英宗實錄》卷二七五，頁五上至五下，天順元年二月庚子
2.遼東	劉廣衡	左副都御史	刑部左侍郎	同右
3.宣府	李　秉	右僉都御史	總督南京糧儲	同右
4.大同	年　富	左副都御史	致仕	同右
5.陝西	耿九疇	右副都御史	右都御史	《明英宗實錄》卷二七六，頁十一下，天順元年三月壬午
6.延綏	曹　璉	大理寺少卿	廣東惠州府知府	《明英宗實錄》卷二七五，頁五上至五下，天順元年二月庚子
7.寧夏	韓　福	右副都御史	致仕	同右

8.甘肅	宋　傑	右副都御史	山東布政司參政	同右
9.鳳陽	王　竑	左副都御史	浙江布政司參政	同右
10.應天	陳　泰	左僉都御史	廣東按察司副使	同右
11.山東	薛希璉	刑部尚書	南京刑部尚書	同右
12.河南	馬　瑾	左副都御史	致仕	同右
13.江西	韓　雍	右僉都御史	山東按察司副使	同右
14.福建	孫原貞	兵部尚書	致仕	同右
15.湖廣	王永壽	工部尚書	南京工部尚書	《明英宗實錄》卷二七五，頁十三上，天順元年二月甲寅
16.松潘	羅　綺	兵部左侍郎	左副都御史	《明英宗實錄》卷二七八，頁一上，天順元年五月癸亥。
17.雲南	鄭　顒	右副都御史	福建按察司副使	《明英宗實錄》卷二七五，頁五上至五下，天順元年二月庚子。
18.貴州	蔣　琳	右僉都御史	得罪被誅	《明英宗實錄》卷二七九，頁七，天順元年六月乙巳
19.廣東兼廣西	馬　昂	左都御史	致仕	《明英宗實錄》卷二七五，頁五上至五下，天順元年二月庚子

註：保定、山西、浙江、四川及其他地方，在天順元年前未設巡撫，故不列入。

取回各地巡撫之同時，命令各地之軍政、民政由總兵官及其他官員總理。但實際上，除軍事任務可改由總兵官管理，其他事務就不是那麼容易移轉。如視察災情及賑濟災民事宜，涉及範圍較廣，事情又較為繁雜，非地方少數之官員所能處理。故撤去巡撫官不久，地方如遇災荒，不得不自中央派大臣前往視察。天順元年三月，罷去巡撫不久，就命左僉都御史林聰往山東賑濟災民。⑦同年四月，又命刑部右侍郎黃仕儁，賑災直隸之河間府及山東濟南等府饑民。⑧同年十一月，又命左僉都御史王儉往直隸、徐洲賑濟災民。⑨而在巡撫廢去前就在順天、河間地方，巡視災情的刑部右侍郎周瑄，卻不因撤去巡撫官而召還，反而留在這些地方巡視⑩，其職權也因巡撫之裁去而加重。

地方災情要派專人巡視，其他與以前巡撫有關之事務，如糧草之區劃、稅糧之徵收、屯田之管理及軍民之安撫等，都因巡撫官之召回，而要特別派人處理。如戶部左侍郎孟鑑及戶部郎中董昱，差往湖廣隨軍區劃糧草。⑪戶部郎中徐敬及楊益，差往宣府、大同，提督糧餉兼理屯種。⑫召回順天巡撫李賓之同時，又命戶部郎中楊禮和前往永平、山海等處提督糧儲，兼管屯種。⑬天順元年五月，命令左都御史馬昂往山西太原撫安軍民，其任務與以前之巡撫官，幾乎完全相同，實錄上說：

敕左都御史馬昂曰：「令命爾往山西太原府等處撫安軍民，仍往來雁門等關修理城池。」如遇民被虜警疑失業，不能安存者，量給官物賑救。如彼無所給，爾即具聞。量給官銀前去賑給，務使迅關充實，軍民安業，庶副委任之意。⑭

馬昂之任命，負有修理城池、賑濟災民及安撫軍民之責，與以前之巡撫幾無不同。可見這些任務仍有它存在必要。所以召回巡撫官後一年，天順皇帝就對內閣大學士李賢說：

如今各邊革去文臣巡撫，十分狼狽，軍官縱肆貪暴，士卒罷弊，且曰：「朕初復位，奉迎之人，紛然變更，以此爲不便，只得依從。今乃知其謬也，卿爲朕舉進才能者用之。」，賢固請曰：「遼東、宣府、大同、延綏、寧夏、甘肅，此六處要人最急。」上復曰：「卿與王翺、馬昂商議推選，務要得人。」且曰：「多舉數人，擇而用之。」於是議推十二人，明日進呈，遂定浙江布政司白圭在遼東，山東布政王宇在宣府，僉都御史李秉在大同，監察御史徐瑄在延綏，山西布政陳翌在寧夏，陝西布政芮釗在甘肅，俱以京官巡撫其地。⑮

由天順皇帝與內閣大學士李賢之對話，好像巡撫官之恢復是爲要抑制貪暴之武臣，實際上這只是原因之一。主要原因還是地方上不能沒有巡撫官，尤其是巡視災情、賑濟災民、徵收稅糧、督理屯田及安撫軍民等事務，非巡撫官處理不可。所以首先恢復的巡撫官，不是李賢所說的遼東、宣府、大同、延綏、寧夏及甘肅等巡撫，而是山東巡撫。天順二年四月，首先是以戶部右侍郎年富巡撫山東。⑯然後再陸續恢復天下巡撫官。

各地巡撫官一恢復，視察各地災情及督糧官員也皆取回，剩下宣府的管糧郎中徐敬，及大同管糧郎中楊益未收回。戶部認爲管糧郎中與巡撫官功能相同，今宣府及大同皆有巡撫官，應該取回管糧郎⑰，天順皇帝沒有同意。不久，巡撫與管糧郎中果然發生衝突，宣府巡撫王宇控告大同管糧郎中楊益不聽巡撫督理，遇事不相關白，甚至有侵占巡撫職權之嫌。⑱此事因天順皇帝之偏袒楊益，爭端沒有擴大，也未取回大同管糧郎中。王宇又建議，宣府及大同管糧郎中三年一換，並應受巡撫節制，才平息糾紛。⑲

第三個時期是在武宗正德二至五年間（西元一五〇七至一五一〇），據明史記載說：「（正德）二年十月甲申，逮各地巡撫都御史及管糧郎中下獄」⑳，而實錄中記載這次被捕下獄的是：寧夏巡撫冒政，前二任遼東巡撫張鼎、馬中錫，及現任遼東巡撫鄧璋。㉑寧夏巡撫及遼東巡撫因在邊地，巡撫下獄，馬上有人遞補，並未撤去。從正德二年至五年，所裁去的巡撫，有順天、保定、山西、應天、山東、河南、江西、鄖陽、雲南及貴州等十個巡撫，除山西外，其他皆屬內地巡撫，以下列表說明正德二至五年間，各地巡撫撤去及復設經過：

正德二至五年各地巡撫廢、置表

巡撫地名	巡撫人名	轉任原因	史料來源
1.順天	柳應辰	削籍	《明武宗實錄》，卷二八，頁二下至四上，正德二年七月戊申
	李貢	充任	《明武宗實錄》，卷六七，頁十五上，正德五年九月壬午
2.保定	韓福	致仕	《明武宗實錄》，卷二七，頁二下，正德二年六月癸未
	陳玉	充任	《明武宗實錄》，卷六七，頁十五下，正德二年九月壬午
3.山西	徐節	罷爲民	《明武宗實錄》，卷三九，頁九上，正德三年六月戊子
	胡瑞	充任	《明武宗實錄》，卷六八，頁八上，正德五年十月庚戌

4.山東	朱　欽	致仕	吳廷燮：《明督撫年表》，頁三八一，引《國榷》，正德二年十月庚戌
	黃　寶	充任	《明武宗實錄》，卷六八，頁八上，正德五年十月庚戌
5.河南	陶　琰	升刑部右侍郎	《明武宗實錄》，卷二五，頁六下，正德二年四月丙申
	鄧　庠	充任	《明武宗實錄》，卷六八，頁八上，正德五年十月庚戌
6.應天	艾　璞	下獄	《明武宗實錄》，卷三一，頁六上至七上，正德二年十月辛卯
	魏　訥	充任	《明武宗實錄》，卷六三，頁二上，正德五年己未
7.江西	柴　昇	改陝西巡撫	《明武宗實錄》，卷二八，頁五下，正德二年七月癸丑
	王　哲	充任	《明武宗實錄》，卷六六，頁十六上，正德五年八月壬子
8.鄖陽	汪舜民	改南京左副都御史	《明武宗實錄》，卷二六，頁七上，正德二年五月己巳
	李士實	充任	《明武宗實錄》，卷六八，頁八上，正德五年十月庚戌
9.雲南	顧　源	不詳	
	顧　源	充任	《明武宗實錄》，卷六七，頁十三下，正德五年九月己卯
10.貴州	王　質	致仕	《明武宗實錄》，卷五十，頁一上，正德四年五月壬辰
	邵　寶	充任	《明武宗實錄》，卷六七，頁十三下，正德五年九月己卯

以上十個巡撫，皆是在正德二至五年間，被宦官劉瑾所裁。正德五年八月，劉瑾伏誅，皆先後陸續恢復。

總之，明代巡撫之設置，可分爲宣德五年（西元一四三〇），宣德十年至正統元年（西元一四三五一一四三六），正統十四年至景泰元年（西元一四四九一一四五〇）及天啓元年至崇禎十年（西元一六二一一一六三七）等四個主要時期。至於明代巡撫之廢除，也因環境不同，而可分爲三個主要時期：正統四年至十二年（西元一四三九一一四四七），天順元年（西元一四五七）及正德二年（西元一五〇七）

【附　註】

① 章潢：《圖書編》，三十冊，一二七卷（臺北：成文出版社有限公司，民國六十年），第二十二冊，卷八三，頁一三下至一四上或頁九三三八至九三三九。
② 《明英宗實錄》，卷二三二，頁一〇上至一〇下，景泰四年八月壬子。
③ 張廷玉等：《明史》，卷一七三，列傳六十一，第十五冊，〈石亨傳〉，頁四六一三至四六一五。
④ 同上，〈郭登傳〉，頁四六一八至四六二一。
⑤ 《明英宗實錄》，卷二七四，頁二下至三上，天順元年正月癸未。
⑥ 同上，卷二七四，頁一七下，天順元年正月辛卯。
⑦ 同上：卷二七六，頁一三上，天順元年三月丁亥。
⑧ 同上，卷二七七，頁一三下，天順元年四月丁巳。
⑨ 《明英宗實錄》，卷二八四，頁三上至三下，天順元年十一月己巳。
⑩ 同上，卷二七五，頁四上，天順元年二月己亥。

⑪ 同上。
⑫ 同上，卷二七五，頁一二下，天順元年二月癸丑。
⑬ 同上，卷二七五，頁一三上，天順元年二月丙辰。
⑭ 同上，卷二七八，頁一六下，天順元年五月丁亥。
⑮ 李賢：《天順日錄》，一卷，於沈節甫編：《紀錄彙編》，見王雲五主編：《宋元明善本叢書十種》，二十六冊，二一六卷（臺北：商務印書館，民國五十八年五月），卷二二，頁八下至九上。
⑯ 《明英宗實錄》，卷二九〇，頁四上，天順二年四月庚午。
⑰ 同上，卷二九六，頁六下，天順二年八月己卯。
⑱ 同上，卷三〇六，頁七下，天順三年八月癸酉。
⑲ 同上，卷三一三，頁二下，天順四年三月乙酉。
⑳ 張廷玉等：《明史》，卷一六，本紀一六，第一冊，「武宗」，頁二〇一。
㉑ 《明武宗實錄》，卷三一，頁三下至四上，正德二年十月甲申。

第四章 明代巡撫之職掌與功能

第一節 巡撫初創期之職掌與功能

明代爲何設立巡撫？巡撫設立之目的爲何？巡撫之職掌如何？它到底扮演什麼角色？以上爲本節討論之重點。

永樂十九年（西元一四二一）四月，永樂皇帝派遣大臣二十六人巡撫天下。命令中要他們「撫安軍民，詢察所苦。凡利之未興者，興之。害之未革者，革之。諸司官吏蠹法厲民者，黜之。守法愛民者，旌之」。①永樂皇帝給與二十六位大臣之權，似乎很大，他們可以興革地方之政，也可以黜旌地方官。然而這些權力並未有明顯的界定，他們如何興革地方政治？自己做決定呢？還是報告皇帝做決定？二十六人中，有吏部尚書、有禮部尚書、有都御史、有六部侍郎、有大理寺丞、有太常寺丞、有通政司參議、有給事中，職等衆多，差異亦大，而所做的任務卻是類似巡撫之事。假設他們是代天子巡視，可以直接向皇帝報告，然後再由皇帝做決定。如此一來，他們的權力的確是不小，可惜沒有資料可以證明這二十六人有那些興革之舉，也看不到他們黜旌了那些地方官。

洪熙元年（西元一四二五）正月，洪熙皇帝派遣布政使周幹、按察使胡槩、參政葉春，巡行應天、鎮江等八府，要他們視察地方民情，何弊當去？何利當建？巡撫周幹回京報告稅收弊端及地方糧長、弓兵害人之事，並且彈劾治農左通政岳福，說他老病不任事。上命吏部尚書蹇義與戶部、兵部共同商議後，罷去岳福。②巡撫周幹之職，包括了地方上之民政，如視察地方稅收，更重要的是彈劾了地方官，確定了以後巡撫彈劾之權。

大理寺卿胡槩及參政葉春，繼周幹之後，巡撫應天及浙江諸郡。他們的任務是「凡官吏糧里，及公差官員，有貪刻虐害軍民，及土豪恃強侵欺小民者，悉皆奏來。應合禽問者，即禽問，不伏者，量調所在衛所官軍擒解。務除兇惡，以安良民。其各處農務水利，悉從提督」。③胡槩及葉春的權力比周幹，又增加了一層。他們不僅可以彈劾地方官、糧長、里長、公差官員，而且可以調用衛所官軍擒拿不法官員。胡槩至南直隸巡撫不久，就把松江地方肆毒鄉民之土豪及猾吏，械送京師。④

此外，我們來看胡槩在擔任南直隸及浙江諸郡巡撫時，又做了那些事：

1.宣德元年（西元一四二六）五月，因胡槩奏報，恢復松江知府黃子威之職。黃子威以親喪去官，胡槩調查知道黃子威治民有方，處事公平，深得民心，故上奏恢復黃子威之職。⑤

2.胡槩巡撫浙江、蘇州、海寧諸衛所時，看到各衛所糧運不繼，軍餉不足。他不等到報准，就把嘉興等府收到的犯人贓罰糧米，先行支給這些軍餉不足之衛所，可謂先斬後奏，引起戶部尚書夏原吉的不滿。但宣德皇帝卻替胡槩說話，他說：「槩能識權宜，所行良是，勿復以專擅議之。」⑥後來巡撫得以便宜行事，可能與此有關。

3.因胡槩之建議，增置蘇（州）、松（江）、嘉（興）、湖（州）、杭（州）、常（州）六府及屬縣官一員，專督農務。⑦一年後，胡槩又提議在浙江之嘉興、湖州及杭州三府，增設布政司官一員，以總稅糧，但宣德皇帝沒有答應。⑧

4.宣德三年（西元一四二八）六月，蘇州、松江、嘉興、湖州及杭州諸府久雨成災，上命人與大理寺卿胡槩，巡視災情。⑨胡槩巡視災情後，報告說蘇、松等地今年水澇民飢，而中央各部卻屢次差官催督蘇、松及浙江諸郡造紙買銅鐵等物，請停買以上諸物，並把所差官員取回，上許之。⑩

5.宣德三年十二月（西元一四二九），胡槩捉拿強賊平康黨徒三百餘人至京。平康，浙江海鹽縣人，原名史慶貞，因得罪被充軍，逃亡至浙江崇德縣，改名平康，強奪民田，刼掠財貨，宣宗皇帝命錦衣衛遣官與胡槩，督率巡按御史及浙江三司，捕獲送京。⑪

6.宣德四年（西元一四二九）九月，胡槩奏請把應天、蘇、松等府，并浙江屬縣地區，從永樂二十年至洪熙元年（西元一四二二—一四二五），人民所欠之稅糧馬草，改折收絲綿等物，從之。⑫

7.宣德四年九月，胡槩請修頽毀之陸贄祠、范仲淹祠、胡瑗書院及魏了翁書院。⑬

8.宣德元年三月，胡槩奏請將應天、常州、鎭江、蘇州及松江等府罪囚，應笞杖徒流者，移做國子監之膳夫及黑窰之工役，上許之。⑭

9.宣德二年三月，命胡槩與參政葉春，會同都察院右僉都御史李濬，通政司左通政朱侃，鴻臚寺少卿劉順、王勉等，催繳直隸、蘇、松等府稅糧。⑮

由以上任命，我們可以看出，胡槩在將近五年的巡撫任內，負責巡視地方災情、建議增置及恢復地方官、逮捕地方不法土豪及猾吏、討平地方亂賊、建議停止差官往地方催徵貢物、處理及催徵地方稅糧、奏請改罪囚爲地方工役及奏請整修地方祠堂及書院等等。胡槩之職權，實在很大；即負責一般地方之民政，也可彈劾地方官及逮捕地方土豪、猾吏，又可以動用各衛所軍隊及率領三司官平定亂賊。但也是因爲胡槩的職權太大了，得罪了地方上豪右，與都察院大臣劾奏巡撫胡槩及葉春「至作威福，發兵護送，且縱兵擾民」。⑯雖然宣宗皇帝想原諒他，最後還是鬥不過這些江南大戶，終被調職。但小戶百姓，在胡槩任內，怨氣得伸，對他相當懷念。⑰

宣德皇帝時代之巡撫，並非每一個人的權力都像胡槩那麼大。宣德元年五月，以右都御史王彰巡撫南京時，命令他只巡視軍民利病，具實以聞。⑱王彰回京後，因報告不夠詳盡，宣德皇帝大怒，告訴左右大臣說，他所以命令王彰出巡之原因是：

南北二京，相去數千里，常慮驛使往來，或有累擾，或水旱災傷疾沴，民有饑窘不安，皆朕所欲聞者。朝臣往還，御史巡歷，皆不以告，故遣王彰巡視，冀聞其實。今其所言，乃毛舉細故，不切大體。大臣如此，予復何望？爾等朝夕左右，當悉朕意，凡所見聞，皆須詳陳，君臣同體，勿有所疑。⑲

可以看出宣德皇帝設立巡撫之目的，主要是爲了了解地方情況，他對於御史之巡按並不滿意，才另派大臣巡撫地方。而王彰之報告是些細故小事，宣德皇帝當然不高興。

宣德二年十月，派往陝西巡撫之少師隆平侯張信、戶部尚書郭敦，主要是處理歲糧問題，九個月後就取消回京，並未涉及其他職責。事實上，最初派遣大臣巡撫之目的及職責，可以由他在宣德五年二月，賜給工部左侍郎許廓，前往河南巡撫的一首詩中看出：

河南百州縣，七郡所分治。前歲農事缺，始旱澇復繼。衣食既無資，民生曷由遂。顧予住民上，日夕懷憂愧。爾有敦厚資，其往勤撫字。徙者必綏輯，饑者必賑濟。密詢必周歷，毋憚躬勞勩。盧所徒瑣碎，所志見實惠。勉旃罄乃誠，庶用副予意。⑳

河南地方因連歲水旱災，人民貧困，宣德皇帝擔心人民缺食，仍遣許廓前往巡撫賑濟。希望能周密探訪，具實以告。使被災百姓，能受實惠。宣德皇帝即位十年間，雖然是明代政治清明，經濟較富足的一個時代，但是在他在位十年間，地方上屢受水旱蟲災之苦。㉑視察地方災情，遂成為巡撫重要的任務。

宣德五年三月，胡槩離任。四月，刑部侍郎成均繼任巡撫蘇、松等處，專理農務㉒，被稱爲「治農巡撫」。㉓宣德五年九月，各省開始專設巡撫。宣德皇帝明白的指出，他派遣趙新、于謙等出任巡撫之目的是「總督稅糧」，宣德皇帝說：

今命爾往，總督稅糧，務區畫得宜，使人不勞困，輸不復期。尤須撫恤人民，扶植良善。遇有訴訟，重則付布政司、按察司及巡按監察御史究治，輕則量情責罰，或付郡縣治之。若有包攬侵欺及盜賣者，審問明白，解送京師。敢有沮撓糧事者，皆具實奏聞。但有便民事理，亦宜具奏。爾須公正廉潔、勤謹詳明、夙夜無懈，毋暴毋刻。庶副朕委任之重。欽哉。㉔

這次巡撫的派任，很明顯的是在總督稅糧，順便撫恤人民。當周忱前往南直隸之蘇、松巡撫之初，法寬厚，不輕易處罰富家大戶，有人問周忱：「大人如何不學胡卿（槩），使我下情不能上達。」㉕因胡槩用法嚴峻，小民深受其惠。周忱回答說：「胡卿敕書令其袪除民害，我敕書只令撫安軍民。」㉖所以有人稱周忱為「撫民巡撫」。㉗事實上，撫安軍民是其任務之一，周忱主要之任務是監督稅糧。因此，當周忱想把松江府華亭縣及上海縣的秋糧改折收棉布、黃豆及減低官田稅額時，曾受太子太師郭資、尚書胡濙等的彈劾，指責周忱越權，但宣德皇帝卻說：「忱職專農事，此亦其所當言。」㉘可見稅糧之監督為其主要任務。

由上面可以看出，明代巡撫設立之初，並沒有固定的職責，有時只擔任治農之職，有時巡視地方災情，有時負責稅糧徵收。這種負責單項任務之巡撫，大多是臨時派遣，事畢即罷。反而像胡槩任期接近五年，時間較長，其職責亦隨之增加。不過，巡撫之制度，在胡槩時代，並未完全確定。因此胡槩去任後，接任的巡撫不能享有與胡槩同等的職權。及至宣德五年九月，各省專設巡撫，雖然明令只負責「總督稅糧及撫恤人民」任務，但是如應天巡撫周忱、河南巡撫于謙等，任期相當長久，他們的職掌日益增加，其職權也逐漸固定下來。

周忱（生於洪武十五年，死於景泰四年，西元一三八一——一四五三），字恂如，江西吉水人，永樂二年（西元一四〇四）進士，選爲庶吉士，又遷刑部主事、員外郎。宣德五年九月，以越府長史升任南直隸巡撫。周忱從宣德五年九月起至景泰二年（西元一四三〇—一四五一），在南直隸巡撫將近二十一年之久。周忱巡撫南直隸二十一年之間有不少成就；他開創平米法，不分小戶、大戶皆平均分攤耗米。他請工部頒佈標準鐵斛，防止糧長作弊。又置濟農倉，以備不時之需。又奏請裁減官田田租，節省漕運費用，把地方上應納之馬草以折銀輸納，置贍鹽食，改革鹽政，他又在地方大興水利，改善灌溉系統㉙，使得南直隸稅糧充足，再也沒有欠租的情況。所以章懋（正統元年生，正德十六年死，西元一四三六—一五二一）說到明代的人物時說：「節義取李時勉，政事取周忱。」㉚周忱在南直隸之治績，可以說是相當可觀。但是他有如此傑出的政績，是有下列幾個原因：

第一：周忱早期深受三楊：楊士奇、楊榮、楊溥之信任，地方錢糧之事，任其通融區劃，可以把劑農倉餘米，任意支給㉛，在當時高度中央集權的政治下，是很少有的事。

第二：周忱與蘇州知府況鍾（生於洪武十六年，歿於正統七年，西元一三八三—一四四二），交往甚善。況鍾任蘇州知府二個月，周忱被任命爲南直隸巡撫。蘇州是江南大府，也是江南稅收重地，他們兩人在此合作了十二年。㉜周忱大部分時間駐守在南京，況鍾每遇重大事件，便前往南京請示周忱，即使到達時已經黃昏，或者深夜，周忱總是立即接見。㉝

第三：三楊死後，周忱與宦官王振保持密切的關係，他曾送王振觀音像，觀音像背後刻有孝孫周忱進，這個金觀音像在景泰抄王振家時被發現。㉞當王振的新居落成時，周忱暗中叫人把王振新居耑閣的尺寸量好帶回江南，然後叫松江的工匠織造了一條地毯送去，大小果然合適。王振相當高興，對於周忱的請求，皆暗中配合，使周忱得以在南直隸實現政治理想。㉟

第四：周忱權力增加，與其任職長久有關。據宣德皇帝初命周忱等往地方巡撫，只不過要他們總督稅糧及撫恤人民。周忱在給朋友的書信上也說，他之所以被任命爲巡撫，是在安撫饑荒流民：

> 邇者皇上念天下人民，有因饑窘逃移者，累降敕旨，設撫民之官，頒寬恤之條，令天下郡邑，招而撫之。㊱

但任職日久，其職權亦日增。宣德六年（西元一四三一），周忱任巡撫不到一年，就與巡按御史王來考察蘇、松、常、鎭四府屬吏㊲，增加了考察屬吏之責。

周忱巡撫區內的蘇州府吳江縣西邊，太湖周圍八百餘里，盜賊出沒，刼掠軍民，於是蘇州知府況鐘奏請依照往年大理寺卿胡槩兼管軍事之例，請令巡撫侍郎兼管督捕盜賊。於是宣德皇帝命令巡撫南直隸侍郎周忱，兼督蘇州、松江、常州、鎭江，及浙江嘉興、湖州各府軍衛，巡捕盜賊。㊳周忱的職權由總督稅糧、撫恤人民，擴大到考察屬吏，這時又可以督率衛所軍隊，巡捕盜賊，使巡撫又有了軍權。接著，周忱又擁有監察權。看到當時某些訴訟案件，往往不通過蘇州知府或巡撫南直隸衙門，直接到北京告狀，甚至有些誣告案件也是如此。況鐘上奏請求把這些有關稅糧及誣告之訴訟案件，交由周忱處理。這麼一來，無形中禁止了人民越訴之權，不但確保蘇州知府職權，也擴大周忱職責。㊴

宣德七年，宣宗皇帝又命周忱清理軍戶。明代戶籍設有軍戶，列入軍戶府，世代充軍，不得改變。不願充軍者，只好逃亡。蘇州、常州地方，軍戶逃亡現象頗爲嚴重，地方官常常搜捕同姓或族人補充，引起糾紛。蘇州知府況鐘看到情況嚴重，上奏請求設法解決。於是上又命巡撫侍郎周忱，負責清理軍戶事務。㊵

宣德七年八月，上又命各處巡撫侍郎，同巡按御史考察方面官，再與布政司按察司考察郡縣官。㊶所謂方面官，就是指布政使及按察使等官，巡撫職權，在這時已超過了地方布按大臣了。

宣德八年正月，周忱又與南京守備襄城伯李隆，監督南京各衛所屯田。㊷正統六年（西元一四四一）五月，以災異頻見，遂命三法司詳審天下疑獄，刑部侍郎何文淵、大理寺卿王文、刑科給事中郭瑾、宦官興安及巡撫周忱，會審南京刑獄㊸，巡撫之會審刑事案件，自周忱始。

由以上可以看出，明代巡撫權力之擴大，與周忱之久任有莫大之關係。周忱在早期得到三楊信任，晚期又獲得宦官王振之支持。其職責從負責監督稅糧、撫恤人民，增加到考察屬吏、考核地方官、清理軍戶及衛所屯田、率領衛所軍隊緝捕盜賊，最後又擁有了審理刑獄及地方之訴訟案件，幾乎集合地方之行政、軍政及司法權於一身。景泰元年（西元一四五〇），周忱九年考滿，升任戶部尙書，因朝廷規定江西人不得任戶部職，遂改升工部尙書，仍以工部尙書職銜，兼巡撫南直隸。㊹周忱職位升高，但仍任巡撫，使巡撫之職，隨之相對提升。

另一位久任巡撫于謙，在山西、河南巡撫將近十七年（宣德五年至正統十二年，西元一四三〇—

一四四七）。于謙在這兩地治績非凡：如減免農民欠租、減輕商販稅率、設置州縣平準倉及惠民藥局、調整糧價、救濟貧苦、廣修道路、植樹鑿井、發展交通、便利行旅等事。㊺不過于謙不會逢迎與巴結權勢，尤其是專政的宦官王振，于謙從不理會。有人勸他帶些地方土產，如香帕（裹頭）、麻菇（干蘭）、線香（合藥）回來送人，于謙說：

香帕麻菇與線香，本資民用反爲殃。
清風兩袖朝天去，免得人間話短長。㊻

于謙之不肯巴結權貴，所以在擔任巡撫將近十七年之間，雖有不少政績，卻不得升官。而其巡撫職權，也未增加。不僅如此，刑部尚書魏源想推薦于謙任副都御史並參贊宣府、大同機務，也被否決。㊼正統六年（西元一四四一），于謙以在外年久，不候代就私自回京，因而得罪下獄，並降爲大理寺少卿。㊽正統十一年，王振又誣劾于謙入獄，並判死刑，後經百姓及周王、晉王之相續請願，只好又釋放于謙。㊾正統十三年，于謙被削奪巡撫之職，調到京城擔任兵部左侍郎，次年土木之變發生，于謙方得以脫穎而出。

此外，與周忱、于謙同時任命的趙新、趙倫、吳政及曹弘等，任期較短。江西巡撫趙新九年，浙江巡撫趙倫不到二年，北直隸及山東巡撫曹弘不到五年，湖廣巡撫吳政接近九年。趙新與吳政皆接近九年，任期不能算短，但他們的權力似乎只限制於督理稅糧及撫恤人民，並未有明顯的增加。然而明英宗正統（西元一四三六－一四四九）以來，由於北方軍事緊張，尤其是北方邊地巡撫之軍事權，也因實際上之需要，而慢慢地增加。

【附註】

①《明太宗實錄》，卷二三六，頁四上至四下，永樂十九年四月癸丑。

②《明仁宗實錄》，卷六下，頁九下，洪熙元年正月己亥。及《明宣宗實錄》，卷六，頁一〇上至一一上，洪熙元年閏七月丁巳。周幹任職只七個月。

③《明宣宗實錄》，卷八，頁五下，洪熙元年八月丁亥。

④《明宣宗實錄》，卷一三，頁五上至五下，宣德元年正月壬子。

⑤同上，卷一七，頁九下至一〇上，宣德元年五月辛亥。

⑥同上，卷一九，頁一〇下，宣德元年五月壬子。

⑦同上，卷二七，頁一下，宣德二年四月庚申。

⑧同上，卷四三，頁二上，宣德三年五月丙辰。

⑨同上，卷四四，頁五下至六上，宣德三年六月辛丑。

⑩同上，卷四七，頁一一上，宣德三年十月乙未。

⑪同上，卷四九，頁四下至五上，宣德三年一二月丙申。

⑫同上，卷五八，頁三下，宣德四年九月壬子。

⑬同上，卷五八，頁一〇上，宣德四年九月戊辰。

⑭ 同上，卷一五，頁一一上至一一下，宣德元年三月癸丑。

⑮ 同上，卷二六，頁三上，宣德二年三月癸巳。

⑯ 同上，卷二七，頁二下，宣德二年四月癸亥。

⑰ 陸容：《菽園雜記》，一卷，於（明）高鳴鳳輯：《今獻彙言》，一〇冊（明萬曆中刊本，民國二十六年上海商務印書館據明本景印），第七冊，頁二六上，又見陸粲：「書大理卿胡公遺書牘」，於其《陸貞山集》，見陳子龍等編：《明經世文編》，第四冊，頁三〇六七。

⑱ 《明宣宗實錄》，卷一七，頁九上至九下，宣德元年五月庚戌。

⑲ 同上，卷一八，頁九下至一〇上，宣德元年六月庚寅。

⑳ 同上，卷六三，頁六上，宣德五年二月己丑。

㉑ Charles O. Hucker,「Chu Chan-Chi朱瞻基明宣宗傳」於 L. Carrington Goodrich ed. *Dictionary of Ming Biography*, 一三六八—一六四四（明代名人傳） 2 VOLs,（New York & London, Columbia University Press, 1976）VOL I,P. 282-283.

㉒ 《明宣宗實錄》，卷六五，頁三下至四上，宣德五年四月戊寅。

㉓ 蔣星煜：《況鐘》，（上海：上海人民出版社，一九八一年十月），頁一三。

㉔ 《明宣宗實錄》，卷七〇，頁三上至三下，宣德五年九月丙午。

㉕ 陸容：《菽園雜記》，頁二五下。

㉖ 同上。
㉗ 蔣星煜：《況鐘》，頁五二。
㉘ 《明宣宗實錄》，卷七七，頁三上至三下，宣德六年三月戊辰。
㉙ 張廷玉等：《明史》，卷一五三，列傳第四一，第十四冊，周忱傳，頁四二一一至四二一五。
㉚ 章懋：《楓山語錄》，一卷，於（清）錢熙祚輯，（清）錢培讓，（清）錢培杰續輯：《指海》，二〇集，二〇函，一六〇冊（清道光中金山錢氏據借月山房彙鈔刊版重編增刊本，民國二十四年上海大東書局據錢氏重編借月山房彙鈔本景印），第六集，第四十五冊，頁三〇下。
㉛ 楊一清：〈為預處邊儲以備緊急供餉事疏〉，於《楊石淙文集》，二，見陳子龍等編：《明經世文編》，第二冊，頁一〇八〇。又見張廷玉等：《明史》，卷一五三，列傳四一，第十四冊，周忱傳，頁四二一五。
㉜ 蔣星煜：《況鐘》，頁一五。況鐘從宣德五年至正統七年（西元一四三〇—一四四二），任蘇州知府。
㉝ 同上，頁七九。
㉞ 沈德符：《萬曆野獲編》，上中下三冊，三〇卷，補遺四卷（北京：中華書局，一九五九年二月），第三冊，補遺卷三，頁八九三。
㉟ 同上。
㊱ 周忱：〈與行在戶部諸公書〉，於陳子壯編：《昭代經濟言》，一四卷，見伍崇曜：《嶺南遺集》，六

集，一四函，八〇冊，（南海伍氏校刊，道光辛卯十一年，西元一八三一年八月），第三集，第六函，第三一冊，卷二，頁一〇上至一〇下。

㊲張廷玉等：《明史》，卷一七二，列傳六〇，第一五冊，王來傳，頁四五八三。

㊳《明宣宗實錄》，卷七八，頁四上，宣德六年四月戊申。

㊴蔣星煜：《況鐘》，頁七九。

㊵《明宣宗實錄》，卷八九，頁三上，宣德七年四月庚子。

㊶同上，卷九四，頁四上至四下，宣德七年八月庚子。

㊷同上，卷九八，頁六下至七上，宣德八年正月庚辰。

㊸同上，卷七九，頁八上至八下，正統六年五月甲寅。又見，張廷玉等：《明史》，卷九四，志七〇，第八冊，刑法二，頁二三一〇。又見《明史》，卷九五，志七一，第八冊，刑法三，頁二三四〇。

㊹張廷玉等：《明史》，卷一五三，列傳四一，第一四冊，周忱傳，頁四二一五。

㊺賴家度、李光璧：〈民族英雄于謙〉，於歷史研究編輯部編：《明清人物論集》，上下二冊，（成都：四川人民出版社，一九八二），上冊，頁二三〇。

㊻趙善政：《賓退錄》，四卷，於（清）趙紹祖、趙繩祖輯，《涇川叢書》，四函，二四冊（民國六年翟鳳翔等據清道光趙氏本景印），第二函，第四冊，卷二，頁四下至五上。

㊼《明英宗實錄》，卷四〇，頁九上至九下，正統三年三月乙酉。

㊽ 同上，卷七七，頁一上至二下，正統六年三月庚子。及同上，卷七九，頁九下，正統六年五月甲寅。

㊾ 賴家度、李光璧：〈民族英雄于謙〉，頁二三一。

第二節　巡撫軍事權之增加

在第二章及上節中曾經談到巡撫浙江大理寺卿胡槩，於宣德年間率領衛所軍隊平定地方反叛。同樣的，南直隸巡撫周忱，也在宣德六年間，督率衛所軍隊，巡捕盜賊。但是他們的軍事權是暫時性，事止即罷。巡撫擁有永久性的軍事權，是經過長期的發展才建立的。

巡撫軍事權之取得，與明代武臣不懂文墨有相當大的關係。前面曾經說過，仁宗洪熙以後，以武臣疎於文墨，派任文臣參贊文書的工作。然參贊軍務，從洪武以來就有，並不一定以文臣充任。①永樂以來，第一位被派往武將處參贊事務的文臣，是兵部右侍郎戴綸。洪熙元年（西元一四二五）七月，出兵征討交趾，兵部右侍郎戴綸被派往總兵官榮昌伯陳智處參贊軍務。②不過戴綸參贊軍務，事罷即廢，何況這次任務是出征交阯，事罷後並未久住其地，參贊軍務的任務也未能繼續下去。可是後來邊地或腹裡的外患及內亂日增，參贊軍務的工作也日益增加，遂有「提督」、「參贊」、「贊理」及「協贊」軍務等名目，而且有久任之趨勢，遂使參贊軍務成為永久性的任務了。尤其是宣德末年以後，這種情形更為常見。下面就從宣德十年至景泰七年（西元一四三五—一四五六），二十一年間，各地設立之「

提督」、「參贊」、「贊理」及「協贊」軍務文臣，列表如下：

【附註】

① 奥山憲夫：〈明代巡撫制度變遷〉，《東洋史研究》，四五：三（一九八六年九月），頁六八。

② 《明宣宗實錄》，卷四，頁二上，洪熙元年七月乙酉。

一、順天巡撫

一、鄒來學　正統十四年至景泰六年（西元一四四九─一四五五）。正統十四年八月：「令通政司右參議鄒來學爲都察院右僉都御史，參贊應城伯孫傑等處軍務。」①以後在實錄中，或稱鄒來學爲「巡撫」，或稱爲「提督」②，景泰六年，「敕提督薊州、永平軍務左副都御史鄒來學，巡撫蘇、松、常、鎭四府」。③

二、李　賓　李賓在景泰五年十二月（西元一四五四）「陞太僕寺卿李賓爲（右）副都御史，提督山海等處軍務」④，此後實錄中或稱「提督」，或稱「巡撫」⑤，天順元年正月（西元一四五七），「改右副都御史李賓爲大理寺卿」⑥，遂被召回。

【附註】

① 《明英宗實錄》，卷一八一，頁十一上，正統十四年八月戊辰。

② 同上，卷一八七，頁十七下，景泰元年正月癸卯。及同上，卷二〇二，頁六上至六下，景泰二年三月甲

寅。

③同上，卷二四九，頁一上至一下，景泰六年正月己酉。

④同上，卷二四八，頁七上，景泰五年十二月己亥。

⑤同上，卷二五一，頁三上至三下，景泰六年三月丁巳。及同上，卷二六九，頁二下，景泰七年八月壬寅。

⑥同上，卷二七四，頁十七下至十八上，天順元年正月辛卯。

二、遼東巡撫

三王　翱　正統七年（西元一四四二）十月「命右僉都御史王翱，往遼東提督軍務」①，景泰三年（西元一四五二）回。

四寇　深　景泰三年「以（右）副都御史寇深代王翱」②，提督遼東軍務，景泰七年回。

五劉廣衡　景泰七年八月，「命左副御史劉廣衡提督遼東軍務，代寇深」。③天順元年正月，改劉廣衡為刑部左侍郎。④

【附註】

①《明英宗實錄》，卷九十八，頁五下，正統七年十一月乙丑。

②同上，卷二一三，頁十下，景泰三年二月壬辰。

③同上，卷二六九，頁二上，景泰七年八月壬寅。

④同上，卷二七五，頁四下至五上，天順元年正月辛卯。

三、宣府巡撫

六、劉　璉　正統九年（西元一四四四）四月，「陞山東右參政劉璉為戶部右侍郎，贊理宣府軍務，總督糧儲」。①劉璉在宣府「贊理」軍務，實錄又稱他為「巡撫」、「參贊」並兼「總督邊儲」。②景泰二年十二月，由李秉代回。

七、任　寧　景泰元年「命巡撫宣府、大同右僉都御史任寧參贊軍務，同武清侯石亨巡邊」③，任寧是由巡撫兼「參贊軍務」，景泰二年四月，被總兵官郭登所劾，降為廣西按察司副使。④

八、李　秉　景泰二年十二月（西元一四五一），「陞戶部郎中李秉為都察院右僉都御史，參贊宣府軍務，仍兼總督糧儲，代侍郎劉璉還京」。⑤李秉以「參贊」宣府軍務，兼總督糧儲，充任。次年，才又兼理「巡撫」職。⑥天順元年正月，李秉調任於南直隸總督糧儲。⑦

【附　註】

①《明英宗實錄》，卷一一五，頁八下，正統九年四月乙巳。

②同上，卷一九二，頁十三上至十三下，景泰元年五月丙申。及同上，卷一九八，頁四上，景泰元年十一月丁未。又見同上，卷二〇二，頁八上，景泰二年三月辛酉。

③同上，卷一八八，頁十五上，景泰元年閏正月戊午。

④同上，卷二〇三，頁五下，景泰二年四月丁亥。

⑤同上，卷二一一，頁三下，景泰二年十二月庚午。

⑥同上，卷二二二，頁六上，景泰三年十月庚戌。

⑦同上，卷二七四，頁十七下，天順元年正月辛卯。及同上，卷二七五，頁四下至五上，天順元年二月庚子。

四、大同巡撫

九、任　寧　任寧身兼宣府及大同巡撫，故其任免與宣府時所述之任寧相同。

十、石　璞　景泰三年十一月，工部尚書兼大理寺卿石璞同內官武良，往大同一帶處理糧米事務①，任命時並未有「提督軍務」之名，然後來實錄中，皆以「提督軍務」稱之。②石璞在景泰二年六月召回。③

十一、年　富　景泰二年，以河南左布政使年富爲左副都御史，巡撫大同④，後來皆以「巡撫」或「提督大同軍務」稱之，天順元年二月，致仕。⑤

【附註】

①《明英宗實錄》，卷一九八，頁十一上，天順元年十一月己巳。

②同上，卷二〇四，頁一上至一下，景泰二年五月戊戌。

③同上，卷二〇五，頁十下，景泰二年六月辛巳。

④同上，卷二〇二，頁九上，景泰二年三月甲子。

⑤同上，卷二二六，頁八上，景泰四年二月戊申。又同上，卷二七四，頁十七下至十八上，天順元年正月辛卯，裁革。又同上，卷二七五，頁四下至五上，天順元年二月庚子，致仕。

五、延綏巡撫

十二馬　恭　正統九年（西元一四四四）九月，監察御史馬恭往延綏協贊軍務，景泰四年（西元一四五三）十一月回。①

十三陸　矩　景泰四年十一月，以右僉都御史陸矩參贊延綏軍務，景泰六年二月，卒於任所。②

十四曹　璉　景泰六年二月，陞陝西按察使曹璉為大理寺左少卿參贊延綏軍務，天順元年二月，降為廣東惠州府知府。③

【附註】

①《明英宗實錄》，卷二三五，頁一上，景泰四年十一月甲寅。原任命文中以馬恭協贊「寧夏」，實是「延綏」才對。

②同上，卷二三五，頁一上，景泰四年十一月甲寅，任命。同上，卷二五〇，頁三下，景泰六年二月壬午，陸矩卒。

③《明英宗實錄》，卷二七四，頁十七下至十八上，天順元年正月辛卯，裁去。同上，卷二七五，頁四下至五上，天順元年二月庚子，降職。

六、寧夏巡撫

十五、郭　智　正統元年二月至正統三年正月（西元一四三六—一四三八），都察院右僉都御史郭智，在寧夏參贊軍務。①

十六、金　濂　正統三年正月至六年正月，按察副使金濂升任右僉御史參贊寧夏軍務。②

十七、盧　睿　正統六年正月至七年三月，右僉都御史盧睿參贊寧夏軍務。③

十八、金　濂　正統七年三月至八年四月，右僉都御史金濂代盧睿，參贊寧夏軍務。④

十九、羅　綺　正統九年二月至十一年四月，由監察御史羅綺參贊寧夏軍務，羅綺在正統十年陞爲大理寺右寺丞。⑤

二十、盧　睿　正統十一年四月至十四年九月，右僉都御史盧睿，又回寧夏參贊軍務。⑥

二十一、韓　福　正統十四年九月至天順元年正月（西元一四四九—一四五七），陞陝西鞏昌府知府韓福爲右僉都御史，參贊寧夏軍務，韓福在天順元年二月，敕令致仕。⑦

【附註】

①《明英宗實錄》，卷十四，頁二下，正統元年二月庚子。及同上，卷三八，頁四上，正統三年正月庚子。

②同上，卷三八，頁四上，正統三年正月庚子。及同上，卷七五，頁二下，正統六年正月壬子。

③同上，卷七五，頁二下，正統六年正月壬子，任命。同上，卷九〇，頁九下，正統七年三月壬午，召回。

④同上，卷一〇三，頁三上，正統八年四月辛卯。及同上，卷一一二，頁六下，正統九年正月甲戌。

⑤同上，卷一一三，頁二上，正統九年二月丙戌。及同上，卷一四〇，頁六上，正統十一年四月戊午。

⑥同上，卷一八三，頁九上至九下，正統十四年九月庚寅。

⑦同上。卷二七五，頁四下至五上，天順元年二月庚子。

七、甘肅巡撫

三二徐　晞　宣德十年六月，以兵部右侍郎徐晞參贊甘肅軍務，任職五月，十一月召還。①

三三柴　車　宣德十年十一月，命兵部左侍郎柴車往甘肅協同總兵鎮守官，整飭邊備，正統五年二月，由曹翼代回。②

三四曹　翼　正統二年十月，右僉都御史曹翼往甘肅，參贊佩平羌將軍印左都督任禮軍務，正統四年閏二月，回都察院。③

三五羅亨信　右僉都御史羅亨信同樣在正統二年十月，往甘肅參贊左都督任禮軍務，五年六月，改任大同巡撫。④

三六曹　翼　正統五年二月，曹翼又往甘肅參贊軍務，代柴車。正統六年六月還京。⑤

十七、程　富　正統六年六月，命大理寺少卿程富爲右僉都御史，往甘肅代曹翼參贊軍務。正統七年八月，又被曹翼代回。⑥

十八、曹　翼　正統七年八月，曹翼第三次往甘肅參贊軍務，代程富。正統十一年九月召回。⑦

十九、馬　昂　馬昂在正統十一年（西元一四四六）由刑部右侍郎改任爲都察院右副都御史，代曹翼參贊甘肅軍務，景泰元年（西元一四五〇）召還。⑧

二十、宋　傑　景泰元年，陸陝西左布政使宋傑爲左副都御史，往甘肅，代馬昂參贊軍務。天順元年正月革去甘肅巡撫，二月，降宋傑爲山東參政。⑨

【附　註】

① 《明英宗實錄》，卷六，頁一下，宣德十年六月辛丑任。同上，卷十一，頁四下，宣德十年十一月壬午召還。

② 同上。及同上，卷六四，頁一下，正統五年二月戊寅。

③ 同上，卷三五，頁三下至四上，正統二年十月甲子。又同上，卷五二，頁七下，正統四年閏二月庚子。

④ 同上，卷三五，頁三下至四上，正統二年十月甲子。及同上，卷六八，頁三下，正統五年六月戊寅。

⑤ 《明英宗實錄》，卷六四，頁一下，正統五年二月戊寅。及同上，卷八〇，頁四上至四下，正統六年六月乙亥。

⑥ 同上，卷八〇，頁四上至四下，正統六年六月乙亥。及同上，卷九五，頁四下，正統七年八月壬寅。

⑦同上，卷九五，頁四下，正統七年八月壬寅。及同上，卷一四五，頁七下至八上，正統十一年九月辛卯。

⑧同上，卷一四五，頁八下，正統十一年九月癸巳。及同上，卷一八九，頁十上至十下，景泰元年二月庚寅。

⑨同上，卷二七四，頁十七下至十八上，天順元年正月辛卯。

八、浙江巡撫

三、石　璞　正統十四年二月，命工部尚書石璞參贊軍務，統率浙江官軍往處州等處討葉宗留。亂平，景泰元年十一月，石璞以工部尚書兼大理寺卿，同內官武良，往大同一帶處理糧米事務。①

【附　註】

①《明英宗實錄》，卷一七五，頁八下至九上，正統十四年二月辛未。及同上，卷一八九，頁十一上，景泰元年十一月己巳。

九、福建巡撫

三、金　濂　正統十三年十一月，命刑部尚書金濂參贊軍務，征剿福建賊，正統十四年十一月，調刑部尚書兼太子賓客金濂於戶部。①

【附　註】

①《明英宗實錄》，卷一七二，頁一下至二上，正統十三年十一月丙戌。及同上，卷一八五，頁六下，正統十四年十一月癸未。

十、松潘巡撫

三三寇　深　正統十一年六月，陞山西按察司副使寇深爲都察院右僉都御史，「提督」松潘兵備。①此後在實錄中，有時稱寇深爲「巡撫」，有時又稱「鎭守」②，景泰二年八月代回。

三四羅　綺　景泰二年八月，命四川運糧刑部侍郎羅綺代寇深③，實錄稱羅綺爲「鎭守」或「提督」，天順元年正月，革去天下巡撫官，五月，改「提督」四川松潘兵部左侍郎羅綺爲都察院左副都御史。④

【附　註】

①《明英宗實錄》，卷一四二，頁六下，正統十一年六月丙辰。

②同上，卷一七五，頁八上，正統十四年二月己巳。及同上，卷一八七，頁四下，景泰元年正月丙戌。

③同上，卷二〇七，頁三下至四上，景泰二年八月壬申。

④同上，卷二一八，頁八下至九上，景泰三年七月癸丑，稱羅綺爲鎭守。同上，卷二二一，頁二下至三上，景泰三年閏九月壬戌，稱羅綺爲提督。同上，卷二四九，頁五下，景泰六年正月乙丑。及同上，卷二七〇，頁三上至三下，景泰七年九月癸酉，皆稱寇深爲提督。又同上，卷二七八，頁一上，天順元年五月癸亥，召回。

十二、雲南巡撫

三五丁　璿　正統五年十二月，命右僉都御史丁璿兼提督雲南軍務。①

三六、侯　璡　正統七年七月至九年七月，禮部右侍郎侯璡在雲南參贊軍務。②

三七、楊　寧　正統九年七月至十一年七月，刑部右侍郎楊寧在雲南參贊軍務。③

三八、侯　璡　正統十一年七月，兵部左侍郎侯璡又往雲南參贊軍務，代楊寧。正統十四年十一月，侯璡改往貴州參贊軍務。④

三九、鄭　顒　正統十四年十一月，雲南按察副使鄭顒往雲南參贊軍務。景泰二年，鄭顒改爲大理寺左少卿。景泰四年，鄭顒陞任爲右僉都御史。天順元年二月，降調爲福建副使。⑤

【附　註】

① 《明英宗實錄》，卷七四，頁一上，正統五年十二月己巳。

② 同上，卷九四，頁二下，正統七年七月甲子。

③ 同上，卷一一八，頁一下至二上，正統九年七月辛亥。

④ 同上，卷一四三，頁七上，正統十一年七月戊子。又同上。卷一八五，頁十一下，正統十四年十一月辛卯。

⑤ 同上，卷一八五，頁十一下，正統十四年十一月辛卯，任。同上，卷二〇七，頁三下至四上，景泰二年

八月壬申，改爲大理寺少卿。同上，卷二二八，頁十下，景泰四年四月丁未，改爲右僉都御史。同上，卷二七五，頁四下至五上，天順元年二月庚子，調爲福建副使。

十二、貴州巡撫

四十、侯　璡　正統十四年十一月，參贊雲南軍務兵部左侍郎侯璡調參贊貴州軍務，景泰元年八月，死於任所。①

四一、王　來　景泰元年九月，陞巡撫河南左副都御史王來爲右都御史，總督湖廣、貴州軍務。次年，又以總督兼貴州巡撫。景泰三年十月還京。②

四二、蔣　琳　景泰四年正月，敕右僉都御史蔣琳往貴州，「鎮守」地方，「提督」軍務，「撫巡」夷民。③天順元年正月革去。六月，蔣琳得罪被誅。④

還有一些因事特設，或短暫性在某些特定地點設置之「提督」、「參贊」、「贊理」或「協贊」軍務文臣，因不屬於各地巡撫，別列於下：

四三、葉　盛　協贊獨石等處軍務：葉盛於景泰三年十月，以山西右參政協贊守備獨石等處都督同知孫安軍務⑤，至天順元年才廢去。

四四、石　璞　提督宣府、懷來軍務：工部尚書兼大理寺卿石璞，同內官武良，於景泰元年十一月，往宣府、懷來提督軍務。景泰二年六月回京。⑥

曁江　淵參贊軍務：正統十四年十月，命刑部右侍郎江淵參贊都督孫鏜軍務。景泰元年八月，命刑部右侍郎江淵兼翰林院學士在內閣辦事。⑦

曁羅　通參贊軍務：正統十四年十一月，召右副都御史羅通赴京，參贊昌平侯楊洪軍務。景泰元年三月，右副都御史羅通提督軍務，會同都督同知范廣，巡哨宣府。⑧

由上面可以看出，從宣德十年至景泰七年（西元一四三五至一四五六）間，順天、遼東、宣府、大同、山西、陝西、延綏、寧夏、甘肅、鳳陽、應天、山東、河南、浙江、江西、福建、湖廣、四川、雲南、貴州、廣東及廣西等二十二個地區中，山西、陝西、鳳陽、應天、山東、河南、江西、湖廣、廣東及廣西等十個地區，有「巡撫」與「鎭守」文臣，而無文臣兼任「提督」、「參贊」、「贊理」或「協贊」軍務之職。這十個沒有文臣參贊或提督軍務的地方，除山西及陝西外，並不難理解。因爲這些地方都在內地，不易遭受外患，而且湖廣及兩廣已有文臣總督軍務，不必另外派人參贊。而山西及陝西，皆屬邊地，但已有文臣鎭守，故沒有參贊軍務之文臣，其他有文臣參贊或提督軍務等的十二地區，有福建與浙江兩地屬於腹裡地區，爲何腹裡也設文臣參贊或提督軍務等任務？主要原因是這兩地發生葉宗留及鄧茂七之亂，不得不設文臣參贊軍務，然事止即罷，並未久設。

十二個有兼任軍務之文臣的地區，依性質不同，又可分爲下列幾個類型：

第一類：沒有巡撫，只有參贊、提督、贊理或協理軍務之文臣的地區有：延綏、寧夏及甘肅三個地區。

第二類：沒有巡撫，先有參贊、提督、贊理或協理軍務之文臣，後來兼任巡撫之地方有：順天、松潘、雲南及貴州等地區。

第三類：先設有巡撫，再有文臣參贊及提督等軍務，後來巡撫兼理參贊及提督等軍務之地方有：遼東、宣府及大同三處。

第四類：先設有巡撫，再有文臣參贊及提督等軍務，但參贊及提督軍務文臣被廢除，未由巡撫兼任的地方有：浙江及福建兩處。

必須特別提出的是，遼東及宣府除了以文臣兼任巡撫及參贊軍務之職外，又加「總督糧儲」頭銜，集「總督」、「巡撫」及「參贊軍務」於一身。

上面四種類型之劃分，是天順元年（西元一四五七）以前的情形。天順元年以後，各地巡撫或撤去或專設巡撫，有的巡撫加「提督」軍務，有的加「贊理」軍務，其情況又有不同。

參贊軍務文臣的任務是什麼呢？上面曾經提到參贊軍務文臣之設立，是武臣疎於文墨的結果，那麼參贊軍務只是文書的工作，不是幫助調度軍隊的事務了。很不幸的是在史料中很少提到這個問題。葉盛（生於永樂十八年，歿於成化十年，西元一四二〇—一四七四），在景泰期間擔任過協贊軍務工作，天順時也曾充任廣東及廣西巡撫。他在所著的《水東日記》中，曾談到參贊軍務的任務，他說：

參贊軍務等名，始於洪熙初年，以武臣疎於文墨，選任方面官於各總兵處整理文書，商榷機密，遂以參贊參謀軍務，總督邊儲。⑨

葉盛很明顯的指出，參贊軍務是在總兵官處，整理文書的工作。此外還有商榷機密，似乎也擔任了參謀的任務，成爲總兵官之助手。參贊雲南軍務的大理寺左少卿鄭顒，就是參贊都督同知沐隣軍務，刑部右侍郎江淵仍是參贊都督孫鏜軍務，右僉都御史鄒來學在順天等府，也是參贊應城伯孫傑事務，右副都御史羅通在宣府地方，是參贊昌平侯楊洪軍務。據奧山憲夫的研究，在正統、景泰期間，參贊的任務，在實錄中所有的七十六例中，有關軍隊之維護與管理的任務有五十三例，占百分之七十。有關作戰及用兵者有八例，占百分之十一。其他都是些調停總兵官與內臣之衝突及情報之報告，但從未有親自率兵作戰之例，所以從軍務來看，「參贊軍務」並不涉及財務及民政，這與巡撫不同，而他又沒統兵權，此又與提督軍務不同。⑩

然而在實錄中對參贊甘肅軍務的兵部左侍郎柴車及右僉都御史曹翼的一項命令中說：

向敕爾者，審勘甘肅官軍殺賊功次，即加陞賞。比聞爾等，取勘已明，因挾私憾，故緩其事，人皆忿怨，是違古人賞不踰時之意。敕至，爾等即將有功者，依例陞賞，庶激士氣，使效力剿賊，毋得稽違。⑪

由正統皇帝之敕令可以看出，參贊軍務又有考核官軍戰績，做爲賞罰之參考。這項工作，向來是由巡按御史負責，此地已由參贊軍務的文臣所取代。但是考核官軍戰功，僅是對低級軍官及士兵而已，對於總兵官並沒有考核權。然而隨著他們地位的提升，參贊軍務文臣的權力亦日漸加大。例如在甘肅參贊軍務的兵部左侍郎柴車，升任兵部尚書仍在甘肅參贊軍務⑫，無形中也提高了參贊軍務文臣之權力。

又如正統七年十二月，寧夏遭受邊患，總兵官未立即領兵抵抗，僅派人偵探，畏首畏尾。而太監來福也擁兵觀望，遂命令參贊寧夏軍務右副都御史金濂「設法整飭邊備」，並且又令金濂調查總兵等官私役官軍等違法事。⑬至此，參贊軍務之文臣，已非總兵官助手，也不僅是替總兵官做整理文書工作，漸漸成爲總兵官對手，足以與之相抗衡了。這是正統與景泰時期的現象，天順以後，巡撫兼「贊理」或「提督」軍務，其軍事權更駕凌總兵官之上。

正統及景泰期間，以文臣「贊理」或「協贊」軍務的情形，較爲少見，史料之記載亦較少，其權力應與「參贊」相近。

至於「提督」軍務文臣之權力更大。提督軍務的文臣，就是指在沒有掛將軍印之總兵官處，督理軍務的文臣。景泰三年，「命參贊宣府軍務右僉都御史李秉，提督軍務，以巡按監察御史張熒言，宣府重地，宜如遼東、大同事例，隆其委任故也」。⑭李秉由參贊軍務，改任爲提督軍務，是「隆其委任」，可見「提督」又比「參贊」高了一級。那麼提督軍務的文臣，有那些權力呢？王翺接任提督遼東軍務時，正統皇帝對於提督軍務的權限，交待得很清楚：

敕提督遼東軍務左副都御史王翺，……朝廷以爾廉公有爲，諳練兵務，特簡拔委任，一應軍務悉聽爾便宜處置。事干總兵鎮守官者，仍公同商榷而行。……所有合行事宜，開具於後：一、選任將士，務在得人，爾同總兵官於各衛所都指揮、指揮千百戶內，選拔勇敢慣戰者，各領精兵聽調。有能斬獲賊徒者，即論功陞賞，如有臨陣退縮，失機誤事，不遵號令，透漏軍機者，斬首號令。一、撫養將士，必求實用，但有畏懼征操，投託勢要，隱身不出者，爾即會問明白，官削其職，發遼東極邊立功，軍發極邊哨瞭，但有逃避皆處死。一、犯罪立功官旗，其中果有謀略勇敢者，令其當先殺賊，有功者，令復職役。一、軍官戶下子弟家人，有能自願隨征，即便收用。一、官軍糧餉，悉令監察御史李純提調，爾宜總督區畫，務要屯種有法，糧食充足。一、各衛所官老疾亡故，其子弟果精壯堪用，爾即審勘，准令襲替隨征。一、凡進兵殺賊，其詞訟干礙軍職，暫記其罪，准令立功贖罪。其軍餘詞訟，非人命強盜重事，俱待事完之日，有功者免罪，若功多者，仍論功陞賞。一、各衛所官內，有才幹善撫軍士者，令管衛所及屯田事。果其無人，聽爾於別衛所調用，其軟弱老疾不堪任事者，令其帶俸守城，貪暴玩法廢弛軍務者，輕則降官，重則枷釘解京處治。一、各衛所軍士，有姦詐強橫，脅制官府，教唆詞訟，陷害良善者，即便會問，打一百，全家發遼東極邊守墩哨瞭，但逃處死。一、各衛所軍士，及土達官軍，須加意優恤，不許縱容頭目，及跟官之人，剝削虐害，敢有違者，爾即便會問。一、條件內該載不盡者，爾與總兵鎮守官，從長議處置，以圖成功。如或偏執己見，以誤事機者，罪有所歸。⑮

提督軍務之權，包括將士之選任、撫養，官員功過之考核，衛所官軍之補充，屯田及糧餉之料理，甚至可以會問衛所軍士，杖刑最高可達一百，其權力已超乎總兵官之上了。

但是提督軍務之文臣，在賞罰官兵時，仍要奏聞，等皇帝決定後，才能加賞或處罰。工部尚書兼大理寺卿石璞，於景泰二年五月奉命前往宣府一帶提督軍務，石璞以工部尚書兼大理寺卿提督軍務，故建議有功當賞者，就給冠帶，有罪當罰者，量加懲治，不必奏聞。⑯景泰皇帝沒有答應石璞的要求，他認爲賞功罰罪，是朝廷大法，仍須奏聞。⑰

提督軍務文臣，既然是以軍務爲主，其任務與純粹以催糧爲主的巡撫，自然有別。所以李賓以右副都御史兼任提督順天、永平、山海等府，及薊州、遵化、密雲等處軍務，景泰皇帝命令他順天府所屬民間催徵稅糧等巡撫事務，不必干預。李賓以提督軍務任命，所以要他專心軍務，不必干涉催督稅糧等巡撫任務。可是景泰七年十二月，發生災荒，順天又沒其他文臣巡撫，就在提督順天、永平等地軍務的李賓身上，加巡撫之名，要他處理巡撫任務的救荒事宜了。⑱

奧山憲夫以遼東爲例，比較提督與巡撫職權之異同。正統以來，遼東曾有一段時間同時有提督遼東軍務及遼東巡撫，他從實錄之記載做比較，發現提督遼東軍務之五十一件任務內，有三十五件，或百分之六十九，是有關戰略及總兵事務，其他十六件或百分之三十一，是有關軍隊管理及維持的任務，全部五十一件，都是與軍事有關。而巡撫遼東之任務，有五件，或占百分之二十，是涉及軍事者，但只是涉及軍隊之維持及管理，並沒有如提督軍務般可以逮捕及處罰失職軍官的權力，更沒有親自率兵出戰之舉。巡撫遼東之任務主要是以財政及民政等事務。可見提督軍務及巡撫之職權，有很大的差異。⑲

無論如何，文臣參贊軍務，使其軍權已逐漸駕凌總兵官之上，如又以巡撫又兼任參贊軍務，其軍權更是激增。如再加有提督軍務，更超乎總兵官之上了。

明代巡撫軍事權之增加，又可以從巡撫又可稱「鎭守」一辭來探討。「鎭守」是屬於武官的一種，凡鎭戍地方的將校分爲五等：一鎭守、二協守、三分守、四守備、五備倭。⑳明仁宗洪熙開始，宦官專權，宦官亦充任鎭守之職。英宗正統以來，各省各鎭無不有鎭守太監。及至明世宗嘉靖八年（西元一五二九），才廢除以太監擔任鎭守。㉑

明代以文臣充任鎭守，始於宣德十年（西元一四三五），止於天順元年（西元一四五七）。這些鎭守文臣之「鎭守」，可能會被誤爲動詞，而非官名。實際上，以下之「鎭守」後來皆成爲道地的官職，而非動詞。在此期共設立了以下鎭守文臣：

【附註】

①《明英宗實錄》，卷一八五，頁十一下，正統十四年十一月辛卯。及同上，卷一九五，頁九下，景泰元年八月乙酉，侯璡卒。

②同上，卷一九六，頁六下至七上，景泰元年九月癸丑，王來任總督。同上，卷二〇七，頁八上，景泰二年八月壬午，王來以總督兼巡撫。同上，卷二三三，頁三上，景泰三年十月戊戌，王來還京。

③同上，卷二三五，頁十四上，景泰四年正月壬午。

④同上，卷二七九，頁七上，天順元年六月乙巳，誅蔣琳。

⑤同上，卷二三二，頁九下，景泰三年十月丁巳。

⑥同上，卷一九八，頁十一上，景泰元年十一月己巳，任。同上，卷二〇五，頁一〇下，景泰二年六月辛巳，回京。

⑦ 同上，卷一八四，頁八下，正統十四年十月丙辰，任。同上，卷一九五，頁十六上，景泰元年八月辛卯，召回。

⑧ 同上，卷一八五，頁九下至十一上，正統十四年十一月己丑，任。同上，卷一九〇，頁四下，景泰元年三月癸丑，去任。

⑨ 葉盛：《水東日記》，四十卷，魏中平校點（北京：中華書局，一九八〇年十月），卷六，頁六十，「參贊軍務」。

⑩ 奧山憲夫：〈明代巡撫制度の變遷〉，頁六十八至六十九。

⑪ 《明英宗實錄》，卷二十一，頁一下，正統元年八月丙寅。

⑫ 同上，卷五三，頁八上，正統四年三月癸亥。

⑬ 同上，卷一〇〇，頁九上至九下，正統八年正月癸未。

⑭ 同上，卷二三二，頁八下，景泰三年十月己卯。

⑮ 同上，卷一一八，頁六上至八上，正統九年七月丁卯。

⑯ 同上，卷二〇四，頁一上至一下，景泰二年五月戊戌。

⑰ 同上，卷二五一，頁三上至三下，景泰六年三月丁巳。

⑱ 同上，卷二七三，頁六上，景泰七年十二月戊午。

⑲ 奧山憲夫：〈明代巡撫制度の變遷〉，頁六十五至六十六。

⑳ 張廷玉等：《明史》，卷七十二，志四十八，職官一，第六冊，頁一七五三。

㉑ 同上，卷七四，志五十，職官三，第六冊，頁一八二二。

一、大同鎮守

一、沈　固：正統十四年十二月（西元一四四九）至景泰二年（西元一四五一）三月，任大同鎮守。正統十年七月，戶部右侍郎沈固在大同整理邊儲，並無鎮守之名。①正統十二年七月，實錄稱沈固爲大同贊理軍務。②土木之變發生，以沈固爲都察院右都御史，鎮守大同。③開始以「鎮守」稱呼，然實錄中亦有時稱沈固爲「參贊大同軍務」或「參謀大同軍事」。④是時之大同巡撫是羅亨信及任寧，沈固有「鎮守」、「參贊軍務」及「參謀軍事」之名，但無巡撫之稱。景泰二年三月，大同巡撫任寧及大同鎮守沈固相繼去職，改用河南左布政使年富爲左副都御史，提督大同軍務，從此皆未以鎮守爲名。所以大同鎮守文臣，只有沈固一人，任期是在正統十四年十二月至景泰二年三月之間。

【附　註】

① 《明英宗實錄》，卷一三一，頁五上至五下，正統十年七月丁亥。

② 同上，卷一五六，頁七下，正統十二年七月辛丑。

③ 同上，卷一八一，頁二十下，景泰十四年八月丙子。

④ 同上，卷一八六，頁十五下，正統十四年十二月辛酉。及同上，卷一九六，頁七下，景泰元年九月丁巳。

二、山西鎮守

二羅　通：景泰元年七月至二年十一月，任山西鎮守。景泰元年三月，以都督同知范廣充總兵官，右副都御史羅通提督軍務，巡哨宣府。①羅通以提督軍務巡哨宣府，即不是鎮守，也不在山西。但自景泰元年七月以後，實錄上卻都以山西鎮守稱呼羅通。②景泰二年十一月，「召鎮守山西左副都御史羅通還京，命鎮守雁門關右副都御史朱鑑兼領其事」。③召還羅通，改用鎮守雁門關右副都御史朱鑑兼領。事實上，朱鑑是山西巡撫，雁門關受山西巡撫管轄，故稱之爲雁門關鎮守。由此也可見景泰時，巡撫與鎮守互用的情形已很普遍。朱鑑代羅通起，不再以鎮守爲名，山西地方也不再有鎮守文臣。

【附　註】

①《明英宗實錄》，卷一九〇，頁四下，景泰元年三月癸丑。

②同上，卷一九四，頁十下，景泰元年七月庚申。及同上，卷二〇五，頁十五上，景泰二年六月甲午。

③同上，卷二一〇，卷三下，景泰二年十一月丙午。

三、陝西鎮守

三陳　鎰：宣德十年三月至正統六年正月，任陝西鎮守。宣德十年三月，以浙江按察司副使陳鎰爲都察院右副都御史，與都督同知鄭銘鎮守陝西。①這時之陝西巡撫是羅汝敬，陝西同時有巡撫及鎮守文臣。宣德十年三月，羅汝敬因事坐法，邊儲及屯田事務缺人經理，戶部呈請鎮守陝西的陳鎰兼任陝西巡撫，皇上以一人不能兼任數事，不允所請。②正統三年正月，遂用陝西按察使王文爲行在右副都御史，「鎮守陝西」。③王文取代羅汝敬，應該是陝西巡撫，不是鎮守，此時陝西已有陳鎰鎮守，實錄在任命時之記載顯然有誤，而且以後實錄皆稱王文爲巡撫。不過由此也可以看出，此時巡撫與鎮守文臣之劃分已經不明顯，兩者漸漸可以互用了。

四王　翺：正統六年正月至七年二月，任陝西鎮守。正統六年正月，以右僉都御史王翺鎮守陝西代陳鎰。④陝西自正統四年九月王文去職，就未再設巡撫。⑤遂以鎮守兼巡撫任務，其責任之重可想而知，尤其是陝西邊地，緊臨北方蒙古強敵，任務更爲繁重。故從此時開始，陝西鎮守有一年輪派之例。一年任滿，王翺召回，又以陳鎰鎮守陝西。

五陳　鎰：正統七年二月至十年十月，又任陝西鎮守。正統七年二月，陳鎰又回陝西鎮守。一年期滿，陳鎰深受陝西軍民之愛戴，在軍民一致請求下，直到正統十年十月，才由王文代回。⑥

六王　文：正統十年十月至景泰元年閏正月，任陝西鎮守。陝西鎮守每年輪調規定，似乎太短，尤其是新任鎮守到任了解地方情況，就要調回，何況有時軍務緊張，也不能按時輪調，再加上有陳鎰被留任之先例，都使一年輪調制無法實施。王文就在這種情況下，任陝西鎮守四年多，景泰元年閏正月，才被劉廣衡代回。⑦

七劉廣衡：劉廣衡以陝西右布政使陞爲左副都御史，鎮守陝西，景泰二年四月，就被召還⑧，任職一年二個月。

八陳　鎰：陳鎰第三度任陝西鎮守，不過這次只任一年，景泰三年三月召回。⑨

九耿九疇：景泰三年三月至天順元年正月（西元一四五二—一四五七），任陝西鎮守。景泰三年三月，以刑部右侍郎耿九疇，鎮守陝西。耿九疇之鎮守陝西，有二點值得一提：㈠耿九疇以刑部右侍郎充任鎮守，與巡按御史不相統屬，行事不便，故改耿九疇為右副都御史，使鎮守文臣與巡按御史同樣都是都察院官，可以不受巡按御史之掣肘，行事較為方便。⑩自景泰四年起，地方鎮守及巡撫文臣，皆以都察院之都御史充任。㈡陝西自正統四年，巡撫王文去職，就未設巡撫官，只有文臣之鎮守官。但自耿九疇任陝西鎮守，因實際上之需要，開始又以耿九疇兼巡撫職務⑪，實錄中有時稱耿九疇為「鎮守」，有時又稱他為「巡撫」，此又為「巡撫」與「鎮守」互用之另一例。天順六年，陝西恢復巡撫官，遂未再有鎮守文臣。

【附　註】

①《明英宗實錄》，卷三，頁三上至三下，宣德十年三月辛巳。
②同上，卷五，頁六上，宣德十年五月戊子。
③同上，卷三八，頁四上，正統三年正月庚子。
④同上，卷七五，頁二下，正統六年正月壬子。
⑤同上，卷五九，頁三下，正統四年九月甲寅。

⑥ 同上，卷一三四，頁九下，正統十年十月乙丑。
⑦ 同上，卷一八八，頁十八下，景泰元年閏正月癸亥。
⑧ 同上，卷二〇三，頁二上，景泰二年四月丙子。
⑨ 同上，卷二一四，頁十上至十下，景泰三年三月壬戌。
⑩ 同上，卷二三三，頁七下，景泰四年九月癸未。
⑪ 同上，卷二四六，頁二上，景泰五年十月癸未。

四、甘肅鎮守

十、徐　晞：徐晞先後兩度在甘肅鎮守，第一次自宣德十年六月至十一月，第二次自正統元年正月至六年正月。宣德十年六月，徐晞以兵部試右侍郎參贊軍務，與總兵官佩平羌將軍印太保寧陽侯陳懋，共同鎮守甘肅，然僅五個月，就召回。①取代徐晞的是兵部左侍郎柴車，柴車及後來之羅亨信、曹翼，皆以參贊軍務爲名，沒有鎮守的稱號。然正統皇帝即位，又以兵部右侍郎徐晞與都督同知李安，共同鎮守甘肅涼州。②徐晞這次鎮守陝西有六年，正統六年正月，麓川亂起，才被轉任巡督麓川等地。③

【附　註】

① 《明英宗實錄》，卷六，頁一下，宣德十年六月辛丑。
② 同上，卷十三，頁八上至八下，正統元年正月甲午。

③同上，卷七十五，頁四上至五下，正統六年正月甲寅。

五、山東鎮守

十李　郁：宣德十年正月至九月，任山東鎮守。宣德十年正月，戶部右侍郎李郁與都督同知馮斌鎮守山東。同年九月，李郁回京，代替因病去職的光祿寺卿赫郁，掌管光祿寺事。①任職只八個月，從此山東未再設鎮守文臣。

【附　註】

①《明英宗實錄》，卷一，頁十七下至十八上，宣德十年正月辛丑。及同上，卷九，頁四下，宣德十年九月癸未。

六、河南鎮守

十二王　佐：宣德十年正月，以戶部右侍郎王佐與都督僉事韓信鎮守河南。同年七月召回，遂不再設鎮守文臣。①

【附　註】

①《明英宗實錄》，卷一，頁十七下至十八上，宣德十年正月辛丑。及同上，卷七，頁六下，宣德十年七月甲申。

七、浙江鎮守

亖張　驥：正統十四年九月至景泰二年四月，任浙江鎮守。正統十四年四月，命新寧伯譚琮及大理寺右少卿張驥，鎮守浙江。①張驥自正統十三年十月以來，就在浙江任巡撫之職，葉宗留亂起，遂加鎮守之職，一人身兼巡撫與鎮守，正統十四年九月去世。②

亖軒　輗：正統十四年九月至景泰二年四月（西元一四四九—一四五一），任浙江鎮守。正統十四年九月，陞浙江按察司按察使軒輗爲都察院右副都御史，鎮守浙江。③軒輗實際上與張驥一樣，都是以巡撫兼鎮守。景泰二年四月，軒輗轉任總督南京糧儲。④

去孫原貞：景泰二年四月至天順元年正月，任浙江巡撫。孫原貞本來是浙江左布政使，景泰元年，葉宗留餘黨之亂未平，陞任兵部左侍郎參贊浙江軍務。⑤景泰二年四月，浙江鎮守軒輗去職，遂以孫原貞兼任浙江鎮守。實錄中又記載孫原貞爲浙江巡撫⑥，此又爲巡撫與鎮守可以互換之另一證明。景泰三年十二月，孫原貞又兼任福建鎮守⑦，但未卸浙江鎮守職。直到天順元年正月，才召回。

夫洪　英：景泰三年十二月至景泰四年六月，任浙江鎮守。景泰三年十二月，孫原貞以浙江巡撫及鎮守官，又兼福建鎮守，故改調山東巡撫洪英爲浙江巡撫。⑧實錄在洪英之任命明白指出他是「浙江巡撫」，但洪英接任後，實錄中時而稱他爲巡撫，時而稱他爲鎮守。這時浙江鎮守是孫原貞，可能孫原貞又兼福建鎮守，往來兩地，孫原貞在浙江鎮守，洪英則專巡撫任務，孫原貞不在浙江，則由巡撫洪英兼理軍事任務，故以鎮守稱之。景泰四年六月，洪英被都督同知李信奏劾不諳憲體，而召回。⑨

【附註】

①《明英宗實錄》，卷一七七，頁四下，正統十四年四月庚申。
②同上，卷一八三，頁十二下至十三上，正統十四年九月甲午。
③同上，卷一八三，頁十一上，正統十四年九月癸巳。
④同上，卷二〇三，頁三上，景泰二年四月甲戌。
⑤同上，卷一九〇，頁七上至七下，景泰元年三月丁巳。
⑥同上，卷二二一，頁五下，景泰三年閏九月丙寅。
⑦同上，卷二二四，頁十四下，景泰三年十二月辛亥。
⑧同上。
⑨同上，卷二三〇，頁七下，景泰四年六月乙巳。

八、江西鎮守

㐂王　翺：宣德十年正月至正統二年八月，充江西鎮守。宣德十年正月，命監察御史王翺以右僉都御史與都督僉事武興鎮守江西。①此時之江西巡撫是趙新，趙新自宣德五年九月以來，就在此巡撫。王翺接任江西鎮守不久，宣德十年三月，江西之永豐、新淦、樂安等縣民曾子良等，聚衆占據大盤山，刼掠鄉村，燒燬民居，巡按江西監察御史程富、江西布政使陳智等，請將江西運糧官軍存留剿捕亂民。皇上命令鎮守江西都督僉事武興及右僉都御史王翺曰：

此輩皆良民，卿等可招撫之，能改過復業者，悉宥其罪。如尚恃頑不服，即調官軍剿捕，毋令滋蔓。②

可見剿捕亂民之軍事任務，不屬於巡撫職責，未令巡撫趙新處理，而叫鎮守王翺同都督僉事武興等負責。王翺在正統二年八月，召回。③

【附註】

① 《明英宗實錄》，卷一，頁十七下至十八上，宣德十年正月辛丑。

② 同上，卷三，頁二上，宣德十年三月戊寅。

③ 同上，卷三三，頁二上，正統二年八月戊辰。

九、福建鎮守

六薛希璉：正統十四年四月至景泰三年十二月，充福建鎮守。正統十四年四月，以崇信伯費釗及刑部右侍郎薛希璉鎮守福建。①此時福建沒有巡撫，但自鄧茂七之亂以來，正統十三年十一月，刑部尚書金濂就在福建參贊軍務，征討亂賊。景泰初，亂平，召回參贊軍務之刑部尚書金濂，只剩鎮守薛希璉。此後在實錄中時而稱薛希璉為鎮守，時而稱為巡撫。②景泰三年十二月，薛希璉轉任山東巡撫。③

十九、孫原貞：景泰三年十二月至天順元年正月（西元一四五三—一四五七），以浙江鎮守兼福建鎮守。孫原貞於景泰三年十二月起兼福建鎮守，然福建亂賊已平，孫原貞在福建很少處理軍務，故在實錄中，從景泰三年十二月至天順元年正月止，皆以福建巡撫稱呼孫原貞，未見有稱他為福建鎮守者。

【附註】

①《明英宗實錄》，卷一七七，頁四下，正統十四年四月庚申。

②同上，卷二〇四，頁一下，景泰二年五月庚子。及同上，卷二一一，頁四下，景泰二年十二月壬申。

③同上，卷二二四，頁十四下，景泰三年十二月辛亥。

十、湖廣鎮守

二十、賈諒：宣德十年正月，命都督僉事毛翔及右副都御史賈諒鎮守湖廣。①湖廣自宣德五年九月以來，禮部右侍郎吳政就在此擔任巡撫。故宣德十年正月以來，就有二位文臣在此，一人任巡撫，一人任鎮守。賈諒在湖廣鎮守一年，正統元年正月召回。②

【附註】

①《明英宗實錄》，卷一，頁十七下至十八上，宣德十年正月辛丑。

②同上，卷十三，頁六下至七上，正統元年正月丙戌。

十一、四川鎮守

三、張　固：景泰元年二月，派吏科都給事中張固，以大理寺右少卿，鎮守四川，景泰三年三月召回。①

【附　註】

①《明英宗實錄》，卷一八九，頁十一上，景泰元年二月壬辰。及同上，卷二一四，頁二上，景泰三年三月戊戌。

十二、松潘鎮守

三、寇　深：正統十一年六月至景泰二年八月（西元一四四六至一四五一），任松潘鎮守。正統十一年六月，山西按察副使寇深以右僉都御史，提督松潘兵備。①寇深在松潘提督軍務，有時又稱爲巡撫，有時又稱爲鎮守。②景泰二年八月去職。

三、羅　綺：景泰二年八月，以四川運糧刑部左侍郎羅綺代寇深。③實錄稱羅綺爲「鎮守」或「提督軍務」，而未稱「巡撫」。此後，直到天順元年正月，羅綺在松潘「鎮守」或「提督軍務」。

【附　註】

①《明英宗實錄》，卷一四二，頁六下，正統十一年六月丙辰。

②同上，卷一四八，頁八上至八下，正統十一年十二月己巳，稱提督松潘兵備。同上，卷一七五，頁八上，正統十四年二月己巳，稱巡撫。同上，卷一八七，頁四下，景泰元年正月丙戌，稱寇深爲鎮守。

③同上，卷二〇七，頁三下至四上，景泰二年八月壬申。

十三、貴州鎮守

二四蔣 琳：景泰四年正月「令右僉都御史蔣琳往貴州，鎮守地方，提督軍務，巡撫夷民」。①蔣琳在貴州，又是鎮守，又提督軍務，又是巡撫，集三種任務於一身，迄天順元年正月。

還有一些軍事重地及關口，也常派有臨時之鎮守文臣，事止即罷，這些地方的鎮守，分述如下：

【附 註】

①《明英宗實錄》，卷二二五，頁十四上，景泰四年正月壬午。

十四、居庸關鎮守

二五王 竑：正統十四年十一月，北方軍事緊張，命右僉都御史王竑、都指揮同知夏忠、署都指揮僉事魯瑄，鎮守居庸關。①景泰元年八月，王竑因病去職，由蕭啓代回。②

二六蕭 啓：景泰元年八月，右僉都御史蕭啓代王竑鎮守居庸關。景泰三年十月，蕭啓改任山西巡撫。③蕭啓去職，未派人接任，等於取消了居庸關鎮守。必須一提的是，王竑與蕭啓在居庸關鎮守，時而稱守備，時而稱提督，時而稱提督守備，並不一定完全以鎮守做稱呼。

【附註】

①《明英宗實錄》，卷一八五，頁十六下，正統十四年十一月丙申。

②同上，卷一九五，頁十九上，正統元年八月己亥。

③同上，卷二二二，頁四上，景泰三年十月辛丑。

十五、易州鎮守

㊀曹（陳）泰：易州，在明代屬於北直隸之保定府。景泰元年四月，以大理寺少卿曹泰爲右僉都御史，於易州等地參贊軍務。①曹泰本以「參贊軍務」任命，但以後在實錄中大多稱爲易州鎮守。景泰三年十月，陳泰又兼任保定等六府地方巡撫。②曹泰，本姓陳，幼年從母姓，成名後，遂改回原姓陳。③景泰三年十月開始，陳泰是以參贊軍務兼易州鎮守，又兼保定等地巡撫。景泰六年正月，改陞陳泰爲左僉都御史，提督薊州、永平軍務。④才去職。

【附註】

①《明英宗實錄》，卷一九一，頁二十一上至二十一下，景泰元年四月己亥。

②同上，卷二二一，頁六上，景泰三年十月丙午。

③張廷玉等：《明史》，卷一五九，列傳四十七，〈陳泰傳〉，頁四三三四。

④《明英宗實錄》，卷二四九，頁一上，景泰六年正月己酉。

十六、河間鎮守

六蕭　啓：正統十四年十一月至景泰元年八月，充河間鎮守。河間府，在明代屬於北直隸。正統十四年十一月，土木之變發生後，北方局勢緊張，命右僉都御史蕭啓及署都指揮僉事董良，鎮守河間府衛，並降敕諭之曰：

近因虜寇入境肆掠，人民不能安生，軍衛不能守禦。今命爾等往彼鎮守，提督各府，並各衛所，巡安人民，操練軍馬，修理城池，堅利器械，遇有盗賊生發，即便相機勦捕。人民流移者，招撫復業。田地荒蕪者，督令耕種。凡有一應公私廢墜利弊，悉聽爾等從長區畫，處置得宜。務在盗息民安，不致失機誤事。官吏或有酷害軍民，激變良善，輕則依律懲治，重則具奏處置。①

這項命令，除了軍事任務外，又有撫安人民，招撫流民及督令耕種荒廢田地，無疑包含了一般巡撫任務，難怪後來的鎮守與巡撫合而爲一。

蕭啓在景泰元年八月，改調居庸關鎮守，未再派人鎮守河間地方。

【附　註】

①《明英宗實錄》，卷一八五，頁十七上至十七下，正統十四年十一月丁酉。

十七、保定鎮守

二九、祝　暹：正統十四年十一月，以右僉都御史祝暹及都指揮僉事趙瑄，鎮守保定等府，是爲保護北京的安全而設，景泰三年十月召回，遂不再設。①

【附　註】

①《明英宗實錄》，卷二二一，頁六上，景泰三年十月丙午。

十八、眞定鎮守

三十、陸　矩：眞定府衛鎮守，用右僉都御史陸矩及都指揮僉事葛旺兩人充任。任命時間與保定鎮守同樣在正統十四年十一月，目的也是爲了防衛北京的安全，景泰四年十一月，陸矩改任參贊延綏軍務①，就未再設。

【附　註】

①《明英宗實錄》，卷二三五，頁一上，景泰四年十一月甲寅。

十九、臨清鎮守

三一、孫曰良：臨清鎮守在山東臨清，爲防止蒙古人由東邊南下，因于謙之請，景泰元年正月，命平江侯陳豫、右副都御史孫曰良鎮守臨清。景泰二年五月孫曰良召還①，遂不復設。

總計，英宗正統至景帝景泰年間（西元一四三五—一四五六，包括宣德十年，宣德皇帝逝世，正統皇帝未即位前一段時間），共有十九個地區，三十一位鎮守文臣。全國不分內地及邊地，皆設有鎮守文臣，內地如山東、河南、江西、湖廣等地，最早設置文臣鎮守官，然設立時間皆不長，短時數月，最長的江西也不過二年七個月。

依上述鎮守文臣設置性質，亦可分為下列五種：

第一種：先設有巡撫，再設有鎮守，後來廢除鎮守，這些地方有江西、湖廣、山東、河南、山西、四川等地。

第二種：設有鎮守及參贊軍務文臣，但在天順元年以前未設巡撫，有甘肅一地。

第三種：有巡撫、有鎮守，也有參贊軍務文臣地方，有大同、浙江、福建、松潘及貴州等地。其中，大同、松潘、貴州等地，巡撫、鎮守及參贊軍務，都是同一人。

第四種：有巡撫，再設鎮守，後來巡撫兼鎮守，但沒有參贊軍務文臣，如陝西。這一種與第一種不同的地方是，第一種也是先有巡撫，再設鎮守，但第一種的巡撫與鎮守分開，不像第四種類型，後來之鎮守皆由巡撫兼任。陝西自宣德十年以來，設有巡撫，後又有陳鎰、王翺、王文、劉廣衡及耿九疇等五人為鎮守，時間最長，而且從未中斷。但在正統四年九月起，陝西不再設巡撫，也未設參贊軍務之文臣，一切事務皆由鎮守文臣專理。天順元年後，才復設巡撫官。

第五種：是在軍事重地及關口，臨時設置之鎮守。有居庸關、易州、河間、眞定、臨清及保定等六處。保定在此時尚未正式設置巡撫官，在此時設置之保定鎮守，與居庸關等地設置的原因相同，皆是土木之變發生，爲保護京師安全而臨時設置，景泰以後，局勢穩定，就陸續廢去了。

鎮守文臣的任務又是什麼呢，宣德十年正月，首次任命山東、河南、江西及湖廣鎮守時說：

今命爾等前去各處鎮守地方，撫綏人民，操練軍馬，遇有賊寇生發，隨即調軍剿捕。城池坍塌，隨時撥軍修理。其餘非奉朝廷敕旨明文，一軍一夫不得擅役，一毫不許擅科，違者具實以聞，必罪不宥。②

最早任命之鎮守，有操練軍馬，撫綏人民之任務。如有反叛發生，則要調軍剿捕，城池坍塌，立即撥軍修理。他們的任務，無疑是爲要維持地方治安而設，並非處理大規模的軍事行動，其軍權很有限。

正統十四年，土木之變發生，各地紛設鎮守文臣，其權力亦隨之而增：

近因虜寇入境肆掠，人民不能安生，軍衛不能守禦。命令爾等，往彼鎮守，提督各府，並各衛所，撫安人民，操練軍馬，修理城池，堅利器械。遇有盜賊生發，即便相機剿捕。人民流移者，招撫復業，田地荒蕪者，督令耕種。凡有一應公私廢墜利弊，悉聽爾等從長區畫，處置得宜。務在盜息民安，不致失機誤事。官吏或有酷害軍民，激變良善，輕則依律懲治，重則具奏處置。③

此時之鎮守文臣，增加招撫流民，監督荒蕪田地的復耕工作及處罰地方官軍不法行爲，增加的權力似乎不大，而且增加的似乎都是與巡撫有關的任務。這是可以理解的，因爲這些文臣鎮守的地方，多半未設巡撫，增加的任務自然在彌補未設巡撫之工作。然而這些鎮守，過一段時間，軍事權也逐漸的增加，尤其是大同、貴州及松潘地方，鎮守及提督軍務由同一人兼任，其軍事權亦隨之日增。

爲何在宣德十年至景泰七年間設置鎮守文臣呢？既然已有武臣及內臣鎮守地方，再以文臣鎮守豈不引起混淆？設立鎮守文臣之原因，史料中皆未見，但我們可以由各地設立鎮守文臣的內容看出端倪。與文臣參贊軍務一樣，文臣擔任鎮守，也可能是武臣疎於文墨的結果，故每次鎮守文臣都與武臣共同出任。爲何這些文臣不用「參贊」或「協贊」軍務名義出任？而改用「鎮守」名義？上面曾經說過，參贊文臣是參贊掛有將軍印之總兵官處，贊理軍務之事。而與文臣共同鎮守之武臣，多半是都督同知、都督僉事，軍階並非最高，且未掛有將軍印，如以文臣「參贊」或「協贊」，似乎有降低文臣地位之嫌。何況武臣地位日漸低落，已不能與開國，甚至與永樂時相比。明代開國時，武臣地位最高，英國公張輔之兄張信，甚至以六部侍郎換授指揮同知。武臣出兵征討，兵部尚書甚至成爲將軍的幕僚。④正統以後，文臣地位日升，尤其是正統六年（西元一四四一）的麓川之役，以兵部尚書王驥總督軍務，武臣受其節制。從此文臣統師，武臣領兵，便成定制。⑤再者，參贊軍務文臣，升遷有一定管道，幾年後常可升至都察院最高的左右都御史，如提督遼東軍務的王翺，於正統十四年四月就升爲左都御史的正二品官⑥，陝西鎮守陳鎰及王文，均以右都御史，再升至左都御史，鎮守陝西。⑦又如在浙江的石璞，以工部尚書參贊軍務，討葉宗留⑧，金濂以刑部尚書，參贊軍務討福建叛賊。⑨薛希璉以刑部尚書鎮守福建，孫原貞以兵部尚書鎮守浙江。這些鎮守及參贊軍務文臣，已漸提高至六部尚書之職位，如再以參贊軍務名義，襄助都督同知或都督僉事以下之武臣，有貶低文人地位之譏。如以鎭守爲名，不分從屬關係，可避免文臣之自貶身價。事實上，後來文臣除以「鎭守」爲名外，紛紛改以「提督」或「總督」稱呼，在軍事權上，已完全駕凌在武臣之上了。不過，以文臣充任鎭守，只是一時權宜之計，它與武臣及內臣之鎭守，易生衝突與困擾，故自天順元年，裁去地方巡撫官，就不再設鎭守文臣。

【附註】

①《明英宗實錄》，卷一八七，頁二下，景泰元年正月庚辰。及同上，卷二〇四，頁十三上，景泰二年五月癸亥。
②同上，卷二，頁十七下至十八上，宣德十年正月辛丑。
③同上，卷一八五，頁十七上至十七下，正統十四年十一月丁酉。
④吳晗：〈明代的軍兵〉，《中國社會經濟史集刊》，第五卷第二期（民國二十六年六月），頁一五五。
⑤同上，頁一五六。
⑥《明英宗實錄》，卷一七七，頁四上，正統十四年四月戊午。
⑦同上，卷一一二，頁七上，正統九年正月乙亥，陳鎰。同上，卷一八六，頁十九下，正統十四年十二月辛未，王文。
⑧同上，卷一七五，頁九上，正統十四年二月辛未。
⑨同上，卷一七二，頁一下至二上，正統十三年十二月丙戌。

第三節 巡撫監察權之增加

明代巡撫之監察權，與軍事權一樣，是經過長時間的發展而來。首先讓我們來看巡撫考察地方官的權力。明代地方官之考察，始於洪武六年（西元一三七三），這年命御史臺之御史及各地按察司察舉地方官有無過犯，然後根據他們的奏報，再加以懲治。①此後，除十三道監察御史之循例考察之外，又不定期派遣官員到地方考察，直到孝宗弘治時，才定三年一次外察之例。②

巡撫考察地方官之權力，可追溯至洪熙元年的胡槩。胡槩從洪熙元年至宣德五年，巡撫應天及鎭江等地期間，曾經彈劾地方官。但此時，巡撫制度尙未正式創立，而且宣德皇帝也未正式命令胡槩可以繼續彈劾地方官。何況彈劾地方官與定期考察地方官又有不同；明代對官員之彈劾，可由都察院的御史及給事中正式提出，甚至任何官員也可以向其他官員提出彈劾，胡槩以一位大理寺卿彈劾地方官之非法行爲，並不稀罕。而考察地方官，又是另外一回事了。考察地方官不是彈劾官員之非法行爲，而是考察官員是否執行中央政令？是否受地方百姓之愛戴？也就是說一個地方官的賢能與否？稱職或不稱職？或是平常否？都在考察之列。

宣德五年九月，升周忱、于謙等爲侍郎，巡撫天下。他們的主要任務是總督稅糧，撫安百姓，並未有監察任務。但在宣德七年八月，宣德皇帝正式命令各處巡撫侍郎，同巡按監察御史與按察使，一同考察州縣官。③考察的對象是州縣官，不包括府及布政司長官。爲何派任巡撫考察州縣官呢？據都察院右都御史顧佐的解釋是，巡按御史及布政使考察不公，往往偏信鄉村里老、甲首，及學校生員的隻言片語。這些里老、甲首及生員等，常假公濟私，能與他們同流合污的地方官，則說好話。而那些剛正不阿，不受請託的州縣官，則被里老等說成壞人。這樣顛倒是非，以致於問題叢生，所以才命令巡撫侍郎會同考察州縣官，期望能達到公平。④這時天下巡撫官，只有南直隸的周忱，山東及北直隸的曹弘，河南、山西的于謙，江西的趙新，浙江的趙倫及湖廣的吳政，其他地方尚未設巡撫。未設巡撫的地方，考核州縣官之權，仍由巡按御史、布政使及按察使負責。

這次考察州縣官之成果如何？不得而知，也未見有持續性或定期性的考察行動。宣德十年五月，宣德皇帝逝世，正統皇帝即位前，又命：

兵部右侍郎徐琦、工部左侍郎鄭辰、刑部右侍郎吾紳，行在通政司左通政周銓，並巡撫山西兵部右侍郎于謙，鎮守河南行在户部右侍郎王佐、鎮守山東行在兵部右侍郎李郁，鎮守陜西行在都察院右副都御史陳鎰、巡撫浙江户部右侍郎成均、鎮守江西行在都察院右僉都御史王翺、巡撫湖廣行在禮部右侍郎吳政，考察南北直隸府州縣官，及各布政司、按察司堂上官。⑤

考察的成員有巡撫、有鎮守、有未兼巡撫或鎮守之侍郎及通政使。而考察的對象，除了府州縣官外，也包括了布政使及按察使。這次命令，對後來巡撫權力之提昇，有幾個重大的影響：第一：它不像以前那樣，考察時要會同巡按御史，現在可以單獨執行，無形中剝奪了巡按御史之權。

第二：考察的對象包括州縣官，及以前未有的知府以下的官員，甚至於布政使及提刑按察使都在考察之列，不僅使巡撫逐漸成爲地方最高之行政官員，甚至於削減了提刑按察使的權力。提刑按察使有外都察院之稱，是負責地方司法之最高長官，由十三道監察御史再外轉提刑按察使，將來有希望步步高陞，甚至回到都察院任都御史。但是後來中央官員及十三道監察御史都不願外轉到各省的提刑按察司，因爲提刑按察使一方面受制於巡按御史，另一方面他的監察權又受到巡撫的剝奪。難怪明代中期以後，官員們皆視外轉提刑按察使爲畏途。

第三：宣德皇帝很重視這次的考察，這些考察的巡撫、鎮守及侍郎等，亦執行得很澈底，有不少不適任的地方官在考察後丢官。例如，巡撫浙江的戶部右侍郎成均，考察浙江右布政使石執中、僉事商盤等七人不適用，結果除石執中外，其他六人皆改調他用。⑥巡撫湖廣禮部右侍郎吳政，考察湖廣左布政使李旭，按察司副使許銘，僉事吳克聰、裴俊、周泰亨等苛刻昏庸，皆被罷黜。⑦工部右侍郎鄭辰考察四川左布政使甄實，以私馬作官馬變賣，從中取利，而得罪。⑧巡撫河南、山東兵部右侍郎于謙考察左布政使馬麟稱職，參議劉登不稱職，皆獲得獎懲。⑨而南直隸蘇州府崑山典吏葉俊輝則較幸運，葉俊輝被兵部右侍郎徐琦考察以行爲不檢而罷去，但因南直隸巡撫周忱直言說徐琦誤聽謠言，誣枉葉俊輝，又被復職。⑩周忱自宣德五年以來，就在南直隸巡撫，這次考察南直隸地方官，竟未派周忱兼理，卻由兵部右侍郎徐琦負責，有些令人奇怪，也許是南直隸是重稅地方。催糧負擔很重，不得不請他人代行吧！

這次考察地方官的行動，與以前一樣，並不是一種持續性的任務，事止即罷。此後，至正統十四年五月止，未再看到巡撫考察地方官之命令。正統十四年五月，吏科給事中包良佐有鑑於地方官九年才決定陞遷，而且巡按御史一年巡視一次又不周全，故建議選派才能德行兼備大臣，前往各地考察地方官。正統皇帝同意包良佐的建議，並命令有巡撫官或鎮守官的地方，由他們就地考察，否則派巡按御史及布按二司會同考察。⑪但這項任務因不久土木之變發生而停止。

景泰皇帝即位，於景泰二年八月命：

都察院右都御史洪英，兵部尚書孫原貞，刑部尚書薛希璉，兵部右侍郎李賢，禮部右侍郎鄒幹、姚夔，左副都御史劉廣衡，及巡撫鎮守等官，右都御史王暹、王竑、鄒來學、韓雍，大理寺右少卿陳詢，分行考察浙江等布政司方面有司等衙門官員。⑫

上面任命之官員中，只有兵部右侍郎李賢、禮部右侍郎鄒幹、姚夔，從未任巡撫或鎮守，左副都御史劉廣衡剛從陝西鎮守回都察院。其他的人，右都御史洪英是山東鎮守，兵部尚書孫原貞是浙江鎮守，刑部尚書薛希璉是福建鎮守，左都御史王暹是河南巡撫，兵部左侍郎揭稽是廣東巡撫，戶部右侍郎李敏是南直隸巡撫，刑部右侍郎耿九疇是陝西鎮守，刑部右侍郎李棠是廣西巡撫，右僉都御史祝暹是保定鎮守，右僉都御史王竑是總督漕運兼巡撫淮安、鳳陽地方，右僉都御史鄒來學是北直隸順天等府巡撫，右僉都御史韓雍是江西巡撫，大理寺右少卿陳詢是北直隸保定等府巡撫。不過，這次考察只是州縣官，府及布政使、按察使不在考察之列。而且也僅考察州縣之文職官，武官不在考察之列。⑬

並不是大家都同意由巡撫及鎭守來考察地方官，太僕寺少卿黃仕雋就提出反對的意見，他說：

其巡撫官所臨州縣，風飛電過，不及覆實，因而黜罷州縣官員，恐被誣陷，一聞考察將臨，盛設酒席，邀求里老垂泣對訴，賄以錢帛，以此多得保留，否則去之殆盡。是里老乃有權之有司，而官員乃受制之里老。及無籍刁民，亦緣此而告害者多矣。不惟使見任者不能振作，恐代者雖稱廉介，亦將聽命於里老。因而貓鼠一家，姦犬同窖，則民之增害，其可勝言。⑭

黃仕雋不僅否定巡撫考察之成效，甚至建議裁撤巡撫官。因「巡撫之官，皆朝廷重臣，故三司所行多被掣肘」⑮，可見巡撫官雖未完全擁有考察權，但已漸剝奪地方三司之權力了。黃仕雋裁撤巡撫官的建議，並未受到採納，相反的，巡撫的權力卻與日劇增。景泰四年（西元一四五三）八月，以巡撫大臣考察地方官，要等到地方官朝覲時才治罪，已失去時效，遂命令考察地方官如有貪酷者，應即時奏請拿問。⑯至此，巡撫官已可拿問州縣官，只是必須先要奏請皇帝允許，方可執行。當然，巡撫在考察時，必須公正無私，否則反而招禍。巡撫浙江右都御史洪英，奉命考察浙江布政使以下官員，以私人恩怨罷黜按察使陳璇，受到都督李信的彈劾，而得罪下獄，並治以贖徒刑，贖畢，遂告致仕。⑰

總之，巡撫官考察地方官的權力，自宣德七年開始，已有日漸增加趨勢，從考察州縣官，到府，甚至省的最高長官布政使與提刑按察使，再加上前節所談軍事權的增加，難怪太僕寺少卿黃仕雋要認爲地方布政使，提刑按察使及都指揮使等三司官的權力，受到巡撫之掣肘了。然而考察地方官之權，並不是一項持續性的任務，時設時廢，未成爲正式的規定。考察地方官的權力成爲巡撫官的正式任務，是始於景泰末年。景泰七年，規定布政使及提刑按察使，必須受巡撫及巡按御史的考察。⑱考察布政使以下地方官，遂成巡撫例行任務，使巡撫成爲地方官之首了。

爲了行事方便，巡撫官皆以都察院之都御史充任。景泰四年九月，改鎭守陝西刑部右侍郎耿九疇爲都察院右副都御史，仍在陝西鎭守。爲何要改鎭守陝西的刑部右侍郎爲都察院右副都御史呢？據陝西布政使許資說：

侍郎鎭守與巡按御史不相統屬，行事矛盾，人難遵守，以文移往來，亦多窒礙。乞將九疇改授憲職，庶便於行事。⑲

巡撫加都御史頭銜，成爲巡按御史的直屬長官，行事方便，到底有那些方便呢？

第一：他可以按都察院官的慣例，直接上書給皇帝，不必經過一道又一道的手續往上呈。⑳

第二：他可以擁有御史彈劾的特權，舉劾其他官員，使地方官不得不聽命，再也不敢忽視他的命令。嘉靖二十九年（西元一五六〇），大臣建議恢復都御史一員，提督南京糧儲。建言內說，一切糧儲之缺失，都因提督南京糧儲由六部侍郎負責，這些侍郎皆非都御史，無正式舉劾之權，故屬下官員皆玩視不理。㉑可見巡撫擁有都御史頭銜之重要性。

第三：巡撫加都御史銜後，他可以用都御史「風聞」的慣例，彈劾任何官員。「風聞」，就是道聽塗說，不必要有充分的事實證明，就可彈劾其他官員，這也是都御史的特權之一。㉒

第四：最重要的是，巡撫加都御史銜後，他可以避免巡按御史的干擾，因爲他與巡按御史同樣是都察院官，而且是巡按御史的直屬長官，理應不會受到他們的干擾。不過：這是一廂情願的想法，並不具實效，後來巡撫仍屢受巡按御史的干擾。

一般都以爲景泰四年九月命令巡撫加都御史，從此以後，所有的巡撫官都改以都御史充任。事實並不如此，景泰六年的廣東巡撫揭稽，就是以兵部右侍郎充任巡撫㉓，而非都御史。景泰四年十月練綱，甚至於以浙江道的監察御史協贊陝西、延綏等處軍務。㉔練綱以監察御史協贊軍務，「名輕責重」，乞求升任僉都御史，以服人心。但他的要求未成，理由是陞官之事，豈可自求。㉕也許練綱只是「協贊」軍務，故未以都御史充任。還有，天順二年四月，恢復天下巡撫官，年富以戶部右侍郎充任山東巡撫，也不是都察院之都御史。年富到天順二年六月，才改以都察院之左副都御史巡撫山東。此後各地巡撫，除鄖陽撫治初設時，非以都御史充任外，其他時候皆完全以都察院之都御史充任巡撫官。㉖

巡撫加都御史銜，雖然可以直接上書給皇帝，可以用風聞的慣例彈劾官吏，可以避免受巡按御史干擾等特權。但相對的卻少了一項權力，那就是不能理獄訟。依照慣例，都察院之都御史不理獄訟。㉗李秉以都察院右僉都御史巡撫宣府時，有一武臣犯法，李秉將加以處罰，但他自己是都御史，不能親自審理訟案，請巡按御史張鵬代爲審理。㉘本來巡撫也可以審理刑獄，早在正統三年（西元一四三八），刑部尚書魏源就曾提議命名各處巡撫侍郎審理疑獄。正統皇帝同意魏源的提議，命令有巡撫的地方，由巡撫審理，沒巡撫的地方，則由巡按清軍御史審錄。㉙不過，這時之巡撫皆以侍郎充任，以巡撫侍郎審理訟獄並不違法。等到景泰四年及天順二年以後，巡撫皆以都察院之都御史改任，巡撫再不能理訟獄了。

巡撫之監察權，在天順以前，巡撫初創期間，並不確定。甚至於在嘉靖以前，有些權責還是不能確定。我們可以從實錄中看到，有時巡撫只能考察州縣官，有時只能考察府以下官員。景泰七年起，雖然規定行省之布政使、提刑按察使及都指揮使都在巡撫考察之列，但只是暫時性質，定期考察三司以下官員，要到弘治甚至於嘉靖皇帝以後才正式實施。就以審理刑獄權責來說吧，明明都察院之都御史不能理刑獄，但在景泰四年四月，卻又命令各處鎮守、巡撫及巡按等官，會同三司官審錄罪獄。㉚此時之鎮守及巡撫官雖未完全規定以都察院之都御史派任，仍有不少的鎮守及巡撫官擁有都御史頭銜。可見在此時，巡撫之監察權並無一定的界定。而事實上，明代巡撫的權限，不管財政、行政、軍政及司法權，從未有明顯的劃定，以至於巡撫的權限，依各駐地情勢的輕重緩急而不同，甚至於有互相矛盾的現象。我們以逮捕地方官的權力做例子：正統八年（西元一四四三）李純以監察御史巡撫遼東。任命之初，正統皇帝給李純逮捕地方官的權力，除具有軍職身分的人犯罪，必須具奏後才可逮捕，其他人員則可就行拿問。㉛具奏上聞，只是形式而已，並不一定要等候上方的准許。也就是說，一方面把不法情事向上報告，一方面就可拿問，不須等候上面的回音。正統十四年，大理寺左寺丞李奎，巡撫河南及直隸眞定等府，吏部右侍郎趙新，巡撫山東及直隸、鳳陽等四府，並賜教諭之曰：

各府州縣官，年老有疾闒茸罷軟者，起送吏部，貪官污吏，豪猾軍民，眾所惡者，拿問處置。廉能撫民，人心悅服者，以禮奬勸。或有邪術惑民者，訪察擒捕，公差官員科要銀兩等物，責

法害民者，一例拿問。㉜

河南巡撫李奎及山東巡撫趙新，有權拿問貪官污吏，不限於文官或武職，與李純時只限於文官，又有不同。正統十四年十二日，右副都御史史王來巡撫河南，不但可以親調官軍剿捕賊寇，而且「凡一應軍民利病，官吏賢否，事有當興革者，悉聽爾從宜區畫而行，應具奏者，奏來處置」。㉝官吏之賢與不肖，及事有當興革者，完全聽由巡撫「從宜區畫而行」，似乎又把巡撫之司法權擴大了。但「從宜區畫而行」並未能明確界定巡撫之權限，完全依個人的解釋而定，使巡撫權限更爲模糊，更爲籠統了。

景泰元年（西元一四五〇），任寧以都察院右僉都御史巡撫大同、宣府，景泰皇帝命令他：

凡有不公不法等事，除內外權豪勢要，及軍職具奏，其餘爾就擒治。㉞

於此，除軍職必先具奏，內外權豪勢要也先要具奏，方可拿問。內外權豪勢要指的是那些人？是不是內官及分封各地的皇親國戚？還是退休的大官及地主？無論如何，除軍權乃先要具奏，方可拿問外，又增加了內外權豪及勢要，巡撫之權，似乎不增反退。

景泰二年，右僉都御史祝暹擔任眞定與保定二府鎭守，任命時，命令祝暹，除軍職五品以上，必先具奏，方可拿問，其餘悉聽究治。㉟此命令，似乎又減低巡撫權力，因爲以前並未規定在逮捕五品以上的文官，先要具奏。但是另一方面，巡撫卻增加了對五品以下武官的逮捕權，以前巡撫對於違法的武臣，不管地位高低都先要上奏才能逮捕。景泰六年，左副都御史馬謹任命河南巡撫時，對於逮捕不法的文武官員，又有不同的規定。在命令中，馬謹對於不法的五品以上文官，及所有的軍職人員，不分品位，必先具奏，才能加以逮捕。㊱逮捕文職官員的規定未變，而逮捕武職人員則不分品位高低，都必先具奏，比祝暹的任命相對減低了。

由以上數例，可以看出明代巡撫逮捕權的不固定。也就是因爲巡撫逮捕權的不固定，在天順三年（西元一四五九），就發生了一項糾紛。遼東巡撫右僉都御史程信，收到管糧僉事胡鼎的揭帖，控告遼東都指揮使夏霖，貪酷違法。程信收到胡鼎的控告，向上報告夏霖不法事蹟，然後逮捕夏霖下錦衣衛獄。但是指揮使門達等人替夏霖申冤，認爲遼東巡撫程信越權，這件事既然是管糧僉事胡鼎所揭發，應由胡鼎自己奏聞，程信只能代爲轉達，不應親自接辦。而遼東巡撫程信卻引皇帝之敕令中明言，巡撫可以對五品以上不法武職人員「奏聞區處」之規定，所以程信說他的處置並不違法。最後都察院彈劾程信，認爲他強詞奪理不認罪。天順皇帝也認爲程信處事乖方，又不認錯，解除了他的遼東巡撫的職位。㊲依法來看，程信的處置並不違法。夏霖是遼東都指揮使，是正二品的武官，依前面遼東及其他各巡撫派任時的命令，拿問不法之五品以上武官，必先具奏，程信也依法上奏了，程信也引用巡撫可以「奏聞區處」之語，不就是奏聞後區畫處理之意嗎？指揮使門達等人指控程信不應代胡鼎奏聞之事，也不能成立，因爲御史們不是可以用「風聞」彈劾任何官員嗎？何況有事實根據的指控呢？其實，這件事純粹是私人恩怨所產生的糾紛，程信於景泰二年，出任山東右參政，負責督理遼東糧餉，得罪了遼東巡撫寇深，寇深懷恨在心。天順三年，夏霖事件發生，寇深剛好以左都御史掌管都察院，公報私仇，上奏程信處置不當。程信因此得罪，降調南京太僕寺少卿。㊳

巡撫逮捕權之不固定，一方面可以看出明廷對於巡撫的設立，沒有一定的方向。另一方面，也可以看出在天順以前，巡撫的設立，還未能穩定下來。總之，巡撫之監察權，在正統及景泰期間，雖有增大的趨勢，但其職權仍然未能完全確立。不過，巡撫之監察權，已漸受重視，而且各地巡撫對於監察權的使用，也很平均，不會因邊地或腹裡，而有太大的差異。奧山憲夫根據正統、景泰、天順三朝實錄裡，對於各地巡撫職掌的記載，作了一項很有價值的統計，在㈠北邊：包括遼東、宣大、宣府、大同、陝西、山西、寧夏、甘肅、延綏、永平等地，一九三例中，有關軍務者，占一六五件，或占百分之六十五。有關財政及民政者有九件，占百分之五。有關監察者，有十五件，或占百分之八。㊴㈡腹裡：包括順天、直隸、山東、河南等地。七十八例中，有十七例，或百分之二十二，屬於軍務。有四十九件，或百分之六十四，屬於財務及民政。有十二件，或百分之十六，屬於監察事務。㈢江南地區，包括南直隸、蘇、松、常、鎮四府，淮安、揚州、廬州三府，並徐、和二州及浙江等地，共有三十九件，其中屬於財務及民政者，有二十七件，或占百分之六十九。屬於監察者有七件，或占百分之十八，其他有五件，獨缺軍務。㈣湖廣及江西地方，共四十四例，屬於軍務者有十五例，占百分之三十四，屬於財務及民政者有十八例，或占百分之四十一，屬於監察者有八件，或占百分之十八。㈤西南地區，包括四川、廣西、兩廣、貴州、雲南及後來之廣東，共有八十例，屬於軍務者，有五十三件，占百分之六十六，屬於財務及民政者，有十件，占百分之十三，屬於監察者，有十二件，占百分之十五，其他有五件。㊵以上五個地區，㈠北邊及㈤西南地區，皆屬於邊方巡撫。㈡腹裡、㈢江南、㈣湖廣及江西，皆屬於內地巡撫。邊地巡撫的任務中，軍務分別占百分之八十五及百分之六十六。內地巡撫則在財務及內政所占的比例較高。而監察任務，則分別爲百分之八、百分之十六、百分之十八、百分之十八及百分之十五，全國不分邊地或腹裡，皆很接近。㊶

【附註】

① 張廷玉等：《明史》，卷七十一，志四十七，選舉三，第六冊，頁一七二三。
② 同上，頁一七二三至一七二四。
③《明宣宗實錄》，卷九十四，頁四上至四下，宣德七年八月庚子。
④ 同上，卷九十四，頁八下至九上，宣德七年八月壬子。
⑤《明英宗實錄》，卷五，頁一上，宣德十年十月壬申。
⑥ 同上，卷九，頁四下至五上，宣德十年九月乙酉。
⑦ 同上，卷十二，頁三下，宣德十年十二月庚戌。
⑧ 同上，卷十三，頁六下，正統元年正月乙酉。
⑨ 同上，卷十三，頁七上，正統元年正月丙戌。
⑩ 同上，卷四十四，頁五上，正統三年七月庚子。
⑪ 同上，卷一七八，頁八上至八下，正統十四年五月辛丑。
⑫ 同上，卷二一九，頁四下，景泰二年八月戊辰。

⑬ 同上，頁四下至五下。

⑭ 《明英宗實錄》，卷二二一，頁六上至六下，景泰三年十月庚戌。

⑮ 同上，頁七下。

⑯ 同上，卷二三一，頁二下至三上，景泰四年八月己丑。

⑰ 同上，卷二三二，頁五下至六上，景泰四年八月戊戌。

⑱ 李東陽等：《大明會典》，卷十三，吏部十二，朝覲考察，第一冊，頁八或頁二三八。

⑲ 《明英宗實錄》，卷二三三，頁七下，景泰四年九月癸未。

⑳ Charles O. Hucker, *The Censorial System of Ming China* (Stanford: Stanford University Press, 1966) P. 52.

㉑ 《明世宗實錄》，卷二八三，頁五下至六上，嘉靖三十九年四月丁巳。

㉒ Charles O. Hucker, *The Censorial System of Ming China*, P22.

㉓ 《明英宗實錄》，卷二四四，頁七上至七下，景泰五年八月丁酉。及同上，卷二五二，頁六上，景泰六年四月壬辰。

㉔ 同上，卷二三四，頁八上，景泰四年十月丁未。

㉕ 同上。

㉖ 同上，卷二九二，頁四下，天順二年六月丁卯。

㉗ 佚名：《九朝談纂》，上中下三冊，（臺北：偉文圖書出版社有限公司，民國六十六年八月）中冊，頁

八三四。又見王鏊：《震澤紀聞》，於沈雲龍選輯：《明清史料彙編初集》，八冊（臺北：文海出版社，民國五十六年三月），第三冊，卷五，頁二十二下或頁一二四二。

㉘同上。

㉙《明英宗實錄》，卷四十三，頁八上，正統三年六月癸酉。

㉚同上，卷二二八，頁九下至十上，景泰四年四月乙巳。

㉛同上，卷一〇八，頁八上，正統八年九月戊申。

㉜同上，卷一七七，頁七上至七下，正統十四年四月丁卯。

㉝同上，卷一八六，頁二十七上，正統十四年十二月癸酉。

㉞同上，卷一八八，頁四下至五上，景泰元年閏正月戊申。

㉟同上，卷二〇〇，頁三上，景泰二年正月丙午。

㊱同上，卷二五四，頁二上至二下，景泰六年六月丙子。

㊲同上，卷三〇九，頁六上至六下，天順三年十月丙午。

㊳張廷玉等：《明史》，卷一七二，列傳六十，程信傳，第十五冊，頁四五九三至四五九四。

㊴奧山憲夫：〈明代巡撫制度の變遷〉，頁六十。此時宣大總督尚未設立。

㊵同上，頁六十至六十三。

㊶同上，頁六十三。

第五章　明代巡撫之任用

第一節　巡撫之選任

明代巡撫之選任，照例內地巡撫官出缺，由吏部照會戶部共同推薦，邊方巡撫出缺，則照會兵部一同推用，最後再由皇帝擇用。①這種內地巡撫出缺，由吏部會戶部，邊地巡撫出缺，由吏部會兵部之慣例，不知始於何時。何孟春在弘治十一年（西元一四九八）擔任兵部主事時，已提到此慣例。往前推溯，也許可以推至景泰年間。景泰皇帝時代，兵部尚書的權力極大，遠超過六部之首的吏部尚書，內外大臣之任命，常由于謙做決定。景泰五年（西元一四五四），聽說蒙古人即將入侵，兵部尚書于謙請升戶部郎中陳汝言及刑部郎中陳金爲邊方巡撫，于謙的請求遭受十三道監察御史李琮等人的反對，他們認爲于謙持權蒙蔽，引用無才能之親信，建議以後巡撫及鎮守官出缺，應由吏部推選。景泰皇帝對於李琮的指控不表同意，他認爲于謙以兵部尚書推舉人才，並無不可。②也許因爲有此慣例，此後巡撫之推用，皆由吏部會戶部及兵部共同選任。

這種選任方式，一直維持到明世宗嘉靖年間，嘉靖十四年（西元一五三五），大學士費宏建議，以後巡撫官之選任，皆改由九卿會推。③從此開始，各地巡撫與戶部、禮部、刑部及工部等尚書、侍郎，及左右都御史、左右副、僉都御史，通政使及大理寺卿等之任用一樣，皆由各部院、通政司及大理寺卿等九卿之三品以上官員推舉。明代之地方官，惟有總督與巡撫在會推時，由九卿共同推舉。九卿會推巡撫官，與其他九卿相同，可見朝廷對巡撫之重視。然後來巡撫官之選任，並不一定照此方式進行。大學士嚴嵩當政期間（嘉靖二十至四十年，西元一五四二－一五六二），吏部及兵部持選簿給嚴嵩塡註。④九卿及巡撫之選用，幾乎由他一人決定。而在熹宗天啓時（西元一六二一－一六二七），趙南星爲吏部尚書，內外大臣如高攀龍等皆由他一人推用。當時山西巡撫出缺，河南左布政使郭尚友想得此位，趙南星得知郭尚友人品不佳，推用太常寺卿謝應祥。謝應祥後來因趙南星去職，未任山西巡撫。可見當時雖有會推之例，但多由吏部所控制。⑤所以戶科給事中孫紹統就說：「近日有巡撫不由廷推，而經從部覆者。」⑥

崇禎十三年（西元一六四〇），行人司左司副熊開元批評當時巡撫及總督之任用說，雖有廷推，但是：

明日廷推，今日傳單，其人姓名不列。至期，吏部出諸袖，諸臣唯唯而已。⑦

吏部尚書或內閣大學士在巡撫選任時，也不一定常常都有那麼大的影響力。他們的影響力視當時的政治結構與政治情況而定，如明神宗萬曆末年，巡撫選任時，吏部的影響力就很小。每次會推時，吏部只傳單大家集會，到了集會推舉時，其他九卿各推舉一人，而吏部官員反而「引嫌避席，拱手受成而已」。⑧吏部在推舉巡撫官時，只負責通知開會，而不參與選拔任務。這是萬曆末年的畸形現象，由於東林黨爭日益激烈，加上萬曆皇帝不上朝，吏部官員怕因此得罪，受到批評，才使吏部把選任巡撫，甚至選任其他大臣之事務，視同畏途，以免遭受批評。正常情形下，明代巡撫選任過程中，吏部都具有相當大的影響力。

明代巡撫多由進士出身，明代共有巡撫一千七百三十四人，只有十二人是舉人出身；他們是隆慶時的應天巡撫海瑞（隆慶三至四年任）、萬曆年的延綏巡撫張守中（萬曆一至二年任），及四川巡撫艾穆（萬曆十九至二十年任）。崇禎時代，因情勢危急，破格求才，舉人出身之巡撫最多，有遼東巡撫邱民仰（崇禎十四至十五年任）、湖廣巡撫宋一鶴（崇禎十四至十五年）及何騰蛟（崇禎十六至十七年）、安廬巡撫張亮（崇禎十六至十七年）、順天巡撫劉可訓（崇禎三年）、甘肅巡撫劉應遇（崇禎三至四年）、登萊巡撫孫元化（崇禎三至五年）、撫治鄖陽徐啓元（崇禎十六至十七年）、宣府巡撫陳新甲（崇禎七至九年）。⑨

不管明代巡撫之出身如何，這些巡撫到底是由那些官職選任的呢？首先讓我們看下表：

明代巡撫之來源表

由何種職位轉來	數目	備註	比率%
1.由現任其他地方之巡撫轉來	二五一	其中有六人自總督轉任	一一・二五
2.曾任巡撫或丁憂或去職或改任他官，又任巡撫	二二〇	其中有五人曾任總督	九・八六
3.六部尚書	六	兵部二人、刑部一人、工部二人、南京工部一人	〇・二七
4.六部侍郎	七〇	吏部二人、戸部二〇人、禮部四人、兵部一六人、刑部一八人、工部一〇人。	三・一四
5.六部郎中、員外郎及主事	一〇	吏部郎中一人、戸部郎中五人、兵部郎中一人、禮部員外郎一人、刑部員外郎一人、兵部主事一人。	〇・四五
6.都察院之都御史	一〇四	左右都御史五人、左右副都御史三一人、左右僉都御史六八人。	四・六六
7.監察御史及給事中	二四	監察御史二〇人、都給事中三人、給事中一人。	一・〇八
8.通政司官	四〇	通政使六人、左右通政三二人、左右通議二人。	一・七九
9.大理寺官	一二六	大理寺卿一三人、左右少卿九一人、左右寺丞二二人。	五・六五
10.太僕寺官	一二九	太僕寺卿六一人、少卿六八人。	五・七八

11.太常寺官	八五	太常寺卿三二人、少卿五三人。	三・八一
12.光祿寺官	四九	光祿寺卿四四人、少卿五人。	二・二〇
13.鴻臚寺官	三	南京鴻臚寺卿三人。	〇・一三
14.苑馬寺官	二		〇・〇九
15.尚寶司官	一	南京尚寶司卿	〇・〇四
16.翰林院修撰	二		〇・〇九
17.長史	一		〇・〇四
18.順天及應天府官	九二	順天府尹二九人、順天府丞三二人、應天府尹二三人、應天府丞八人。	四・一二
19.左右布政使	六二八	左布政使五〇六人、右布政使一二二人。	二八・一三
20.布政司左右參政及參議	九〇	左右參政八一人、左右參議九人。	四・〇三
21.按察司官	二〇三	按察使一三三人、副使六〇人、僉事一〇人。	九・〇九
22.出身不詳	九六		四・三〇
總數	二二三三		一〇〇

上表中，廣東及廣西巡撫，自成化五年至嘉靖四十二年（西元一四六九－一五六三），二地巡撫由同一人兼任，不重列入者有四十人，明代巡撫有一七三四人，上表中之二二三三人次，是因一人有重任二處，甚至五處不同地方巡撫，因以人次計算，皆重覆列入，故有二二三三人次。

由上表可以看出下列幾個現象：

1.由現任其他地方之巡撫轉任之比例占百分之十一點二五，居第二位。此項目中，以廣東巡撫所占的比例最高，有百分之三十五點五七（七十六人中有二十七人），廣東巡撫是由兩廣總督兼任，位高權重，較不可能由沒經驗的官員接任，故多半由其他地方巡撫轉任。居第二高位的是鳳陽巡撫及陝西巡撫，均佔百分之二十（鳳陽巡撫一百人中有二十人，陝西一百五十人中有二十三人，由其他地方巡撫轉任）。第三位是保定巡撫，占百分之十四點八三（九十五人中有十四人）。第四位是河南巡撫，占百分之十四點零一（一〇七人中有十五人）。第五位是浙江巡撫，占百分之十三點七九（五十八人中有八位）。這種轉來的巡撫，大多是由鄰近地區的巡撫轉任。一則是方便，避免長途跋涉及拖延時間。另則地方官有迴避本籍之規定，巡撫也是如此。明代自洪武以來規定更嚴，不僅廻避本籍任官，甚至於有北人南調，南人北調之規定。本籍北平、山西、陝西、河南及四川者，只能在浙江、江西、湖廣及南直隸當地方官。本籍浙江、江西、湖廣及南直隸者，只能在北平、山東、山西、陝西、河南、四川、廣東、廣西及福建等地當官。而本籍廣東、廣西及福建者，只能在山東、山西、陝西、河南及四川當官。⑩如此一來，由一地巡撫轉任他地巡撫，自然限制於鄰近地區了。明代巡撫中，在本籍任官者，只有一人，那就是宣宗時代的河南巡撫許廓。許廓，河南開封人，宣德五年二月，以工部左侍郎巡撫河南。⑪但這時巡撫制度尚未正式設立，許廓巡撫只數個月，臨時派任性質，並非專設。

職是之故，轉任他地巡撫官，大多轉至鄰近地區。以陝西巡撫爲例，二十三位他處轉來的巡撫，分別是：由甘肅巡撫轉來者有六人，由河南巡撫三人，由大同巡撫有三人，由寧夏、延綏、山東、山西巡撫轉任者各二人，由山西、宣府及貴州巡撫轉任者各一人。其中只有江西及貴州二地較遠，尤其是由貴州巡撫轉任的葉夢熊，只在陝西充任巡撫一年（萬曆十八年十月至十九年九月），其中在路上耗費的時間，可能就要二、三個月，甚至於半年以上。因此，轉任他處巡撫多數轉至鄰近地區，以免費時。葉夢熊下一次轉任，就轉至鄰近的甘肅巡撫。

2.曾任巡撫，後來丁憂，或因事去職，或改任他職，再任巡撫。這種例子，有二百二十件，佔百分之九點八六，居全部的第三位。這種現象仍以廣東及鳳陽巡撫所占的比例最高，分居一、二位。廣東巡撫占百分之三十八點一五（七十六人中有二十九位），鳳陽巡撫占百分之二十四（一百人中有二十四人）。這也都是因爲此二處巡撫由總督兼任的結果。第三名，是撫治鄖陽，占百分之十五點六八（一〇二人中有十六人），名列第四的是浙江巡撫，占百分之十三點七九（五十六人中有八人），名列第五的是保定巡撫，占百分之十點五二（九十五人中有十人）。

這種由曾任巡撫之官員轉任的巡撫，地位較高，資歷較深，故多以都察院之右副都御史或更高之職銜充任。在前面已經說過，從景泰四年以來，巡撫官皆兼都察院之都御史頭銜，而都御史又常以右僉都御史及右副都御史充任。不過，這些曾經擔任過其他地方之巡撫官，可能早已升任爲中央的六部侍郎，現在以都察院之右僉或右副都御史充當巡撫，等於降職。爲了避免這種尷尬的局面，在巡撫職銜上仍保有六部侍郎之原職，再兼右僉或右副都御史頭銜。例如傅希贄，原本是陝西巡撫，後調升爲戶部右侍郎回北京。萬曆十一年（西元一五八三），改任為漕運總督兼鳳陽巡撫，在其職銜上就以戶部右侍郎兼都察院右僉都御史充任。⑫同樣的例子，如王廷瞻，本來以右副都御史巡撫南贛，萬曆九年，改任南京大理寺卿⑬，後來又以戶部左侍郎總督倉場。萬曆十二年，總督漕運兼鳳陽巡撫出缺，遂以王廷瞻為都察院右都御史兼戶部右侍郎，總督漕運兼巡撫鳳陽。⑭這種以六部侍郎兼都察院之都御史充任巡撫的現象，始於成化時代的王恕。王恕曾以右都御史巡撫雲南，召回南京都察院不久，又升為南京兵部尚書。成化十五年（西元一四七九），應天巡撫出缺，遂以王恕為兵部尚書兼左副都御史，巡撫應天。⑮第二次是發生在武宗正德十一年（西元一五一六），陝西巡撫出缺，以大同巡撫右副都御史王憲，改為戶部右侍郎兼都察院左僉都御史，充任陝西巡撫。⑯世宗嘉靖之後，這種現象，屢見不鮮。

3.由六部尚書，六部侍郎、郎中，員外郎及主事，充任各地巡撫之比例不高，總共八十六人，占百分之三點八六。這點並不難理解，六部尚書及侍郎之位高權重，充任地方巡撫，無異貶低他們的地位。以尚書及侍郎充任巡撫官，常見於下列三種情況：㈠鳳陽及廣東巡撫，因由總督兼任，常由六部尚書及侍郎充任。全部七十六位由尚書及侍郎充任巡撫官的例子中，有二十八件，或百分之三十六點八四，發生在此二地區。㈡明末兵亂頻繁，各地紛設總督與經略，有不少總督與經略亦兼巡撫，總督及經略位高權大，多由尚書及侍郎充任，故有不少巡撫因兼總督與經略，而由尚書或侍郎官職之大臣充當。如崇禎時之王之臣，以兵部尚書兼都御史，充任遼東經略兼巡撫。⑰又如天啓年間的貴州巡撫張鶴鳴，以南京工部尚書，升為兵部尚書兼右都御史，總督貴州、四川、湖廣、雲南、廣西軍務，又兼貴州巡撫。⑱朱燮元，以兵部右侍郎升為兵部尚書兼右都御史，接任張鶴鳴總督五省，兼巡撫貴州。⑲李若星，以兵部右侍郎升為兵部左侍郎兼右僉都御史，接朱燮元，總督五省，兼巡撫貴州。⑳㈢巡撫初創時，尚未定制，各地巡撫常由六部尚書或侍郎充任。如雲南巡撫，在英宗正統九年至十一年間，楊寧以刑部右侍郎，侯璡以兵部左侍郎，充任雲南巡撫。㉑景泰時，李實以禮部右侍郎，王永壽以工部尚書充任湖廣巡撫。㉒正統時，趙新以戶部右侍郎，景泰時，薛希璉以刑部尚書，天順時，年富以戶部右侍郎，皆充任山東巡撫。㉓

至於六部郎中、員外郎及主事升任巡撫的例子更少，只有十件，大概是他們的工作繁重，人員少，品位又低，不便於轉任吧！

4.由都察院之都御史、十三道監察御史及給事中升任巡撫的比例並不高，總共一二八人，占百分之五點七四。也許有人會認為，既然各地巡撫都加都御史頭銜，為何沒有更多的巡撫直接由都御史充任？由都察院官充任巡撫，理論上可以，實際上則不太可能。都察院有左右都御史各一人，正二品，左右副都御史各一人，正三品，左右僉都御史各一人，正四品，全部只有都御史六人。再加上南京有右都御史、右副都御史及右僉都御史，各一人，南北兩京之都御史總共只有九人。㉔以九位都御史督理全國監察事務，已經人手不足，很難抽出人力外放為巡撫。另外，十三道監察御史在北京有一百一十人，南京有三十人，共一百四十人，人手較多。但他們的品位太低，只有正七品，不可能直接跳升至正四品或正三品的巡撫官。而六科都給事中及給事中，品位分別是正七品及從七品，品位亦太低。明代總共二千二百三十三位巡撫中，也只有二十人由監察御史升任，只有四人由給事中升任。這種畸形跳升的現象，是明末或巡撫設立之初，才會發生，正常情況，不可能由監察御史或給事中充任。

5.通政司出身的巡撫有四十人，占百分之一點七九，由左右通政選任者居多，四十人中有三十二人。由通政使遷任巡撫只有六人，左右通議只有二人。

6.由大理寺、太僕寺、太常寺及光祿寺官員充任巡撫官者，占相當大的比例，大理寺有一二六人，占百分之五點六五。太僕寺有一二九人，占百分之五點七八。太常寺有八十五人，占百分之三點八一。光祿寺有四十九人，占百分之二點二零。總共三八九人，占全部巡撫百分之十七點四四，其人數與比例僅次於布政使。

由這類升任之巡撫，有下列幾種特色：

㈠內地巡撫由這類官員升任的比例較高，依比例高低順序排列，分別是：南贛巡撫占百分之三十六點九二（六十五人中有二十四人），保定巡撫百分之二十七點三六（九十五人中有二十六人），河南巡撫有百分之二十七點一零（一〇七人中有二十九人），福建巡撫有百分之二十五（四十人中有十人），浙江巡撫占百分之二十四點一三（五十八人中有十四人），應天巡撫占百分之二十二點二二（九十人中有二十人），撫治鄖陽占百分之二十一點五六（一〇二人中有二十二人），四川巡撫占百分之二十點六八（八十七人中有十八人），山東巡撫占百分之十九點七九（九十六人中有十九人），江西與山西巡撫均占百分之十八點七五（江西巡撫八十人中有十五人，而山西巡撫九十六人中有十八人）。以上前十名中，僅山西與四川巡撫可視為邊地，其他比例較高的皆是內地巡撫。

㈡為何內地巡撫多由這類官員充任？原因之一是，這類官員不習軍事，不適於充任以軍務為重的邊地巡撫。另外的原因是，內地巡撫以安撫百姓，整頓風紀及督理稅糧為重，由大理寺、太僕寺、太常寺及光祿寺等官充任，較為恰當。

㈢這些官員多是榮譽官，備做皇帝之顧問，比較不受名額的限制，增加幾個人並沒太大的關係。所以戶科給事中孫紹統，在熹宗天啓時指出，太祖時代定制，南北各寺的官員，正卿一員，各少卿與丞，或二員，或三員，總計全國不過三十員的寺卿官。至今甚至有一衙門多至二、三十員，總計一百三、四十員。㉕增加的寺卿或少卿，則是為選任各地巡撫之用。

㈣以寺卿、少卿或寺丞充任巡撫，在明世宗嘉靖以前不常見。自穆宗隆慶（西元一五六七—一五七二）起，屢見不鮮。南贛巡撫二十四位由這類官員升任者中，就有十八人是在隆慶以後任用。保定巡撫二十六人中有十五位，河南巡撫二十九人中有二十三位，選任於隆慶以後。以大理寺、太僕寺、太常寺及光祿寺卿等「內吏」，補巡撫官的現象，到熹宗天啓以後更為常見。所以天啓五年（西元一六二五），巡按甘肅御史劉其志說：

請自今巡撫懸缺，擇外藩之最著最久者，與內吏兼推，使重內輕外之習，一洗其肺腸。㉖

可見天啓以來，以大理寺及太僕寺等「內吏」充任巡撫已成為常軌，甚至比布政使之外藩充任者還要普遍，所以劉其志才提出外藩與內吏兼推巡撫官的請求。

㈤大理寺卿爲九卿之一，職權很重，故由大理寺卿升任巡撫之例並不多見。全部二千二百三十三人次巡撫中，僅有十三人，占百分之零點五。而此十三人中，有五人是充任鳳陽及廣東巡撫，這兩地巡撫皆由總督兼任，位高權重，大理寺卿充任此兩地巡撫，並不貶低其身分與地位。大理寺官員充任巡撫官，決大多數是由大理寺之左右少卿及左右寺丞充任。

㈥太僕寺官在這類官員充任巡撫之比例最高，有一二九人，占全部巡撫之百分之五點七八，主要原因是太僕寺卿的職責是掌理牧馬，接觸地方事務比其他「內吏」多，馬政又是軍事上必要之補給品，由他們充任巡撫官似乎較爲恰當。

7.由鴻臚寺、苑馬寺、尙寶寺、翰林院及王府之長史充任巡撫者，只有九人，所占的比例最低。由鴻臚寺升任之三位巡撫，皆來自南京鴻臚寺。而由翰林院修撰升任之巡撫有二人，一是成化時之張頤，升爲宣府巡撫。㉗一是英宗正統時代的王恂，以翰林院修撰巡撫貴州。㉘崇禎十三年（西元一六四〇），巡撫交替頻繁，崇禎皇帝曾經命令吏部尙書選任資深翰林充當巡撫官。這項命令，受到武進士吳遵周的反對，他認爲翰林不懂軍事，不能適用。吳遵周因此得罪被削籍。㉙雖然如此，終至明亡爲止，未再見有由翰林升任之巡撫。

8.由順天、應天府尹及府丞升任者有九十二人，占百分之四點一二。寧夏及廣東巡撫都未見有由這類官員升任的巡撫。大同及南贛巡撫各只有一人，其他地方則有二至七人，差異不大。

9.由左右布政使升任巡撫者，有六二八人，占百分之二十八點一三，高居第一位。各地巡撫中，又以雲南巡撫由布政使升任的比例最高，占百分之五十二點一一（七十一人中有三十七人），超過半數的雲南巡撫是由布政使轉任。貴州居第二位，占百分之四十四點零四（八十四人中有三十七人）。其他依比例高低順序是：延綏，百分之四十點六九（八十六人有三十五人）。南贛，百分之四十（六十五人有二十六人）。湖廣，百分之三十九（一百人中有三十九人）。以布政使升任巡撫，並沒有固定的形式，不一定邊地巡撫之比例就高於內地。前三名之雲南、貴州與延綏都是邊地巡撫，但南贛、湖廣皆屬於內地巡撫，所占的比例分居四、五名。其他之內地巡撫如江西（百分之三十七點五）及河南（百分之三十五點五一），分居六、七名。可見內地巡撫由布政使升任的比例亦不低於邊地。比例偏低的有二處：鳳陽及廣東巡撫。這兩處巡撫，皆由總督兼任，位高權重，較不可能由布政使接任。故鳳陽巡撫一百人中，只有八人由布政使升任。七十六位廣東巡撫中，只有四人直接由布政使接任。

升任巡撫之布政使，亦多由鄰近地區選任，以免長途跋涉，拖延時間。尤其是嘉靖十九年（西元一五四〇）以後，明令各邊巡撫員缺，必須由就近官員推補，不得隔遠選用。㉚所以升任雲南巡撫之三十七位布政使，最多來自雲南，有九人，其次是鄰近的貴州布政使，有五人，湖廣布政使有四人。而陝西巡撫由陝西布政使升任的比例更高，三十五位布政使中，就有二十位出自陝西，占百分之五十七點一四。山西巡撫之三十二人中，也有十八人來自山西布政使，占五十六點二五。

10.由布政使司之左右參政及左右參議升任巡撫者，有九十人，占百分之四點零三。由這種官員升任的特色有二：㈠大多集中在北方邊地，大同巡撫有十一人，甘肅巡撫有十人，宣府有八人，延綏、寧夏、順天等巡撫各七人，山西巡撫有五人。北方這六個巡撫加起來就有五十五人，占一半以上。㈡這種出身的巡撫，以明末較爲流行，尤其是各地的分守道，多由參政、參議充任(31)，明末地方亂事頻傳，遂紛以分守道充任巡撫官，成爲明末巡撫之另一特色。

11.由提刑按察使、按察副使及僉事充任巡撫官者，有一〇三人，占百分之九點零九，居第四位。行省中之按察使司有外都察院之稱，而各地之巡撫又加都察院之都御史頭銜，那麼由按察使、副使或僉事充任巡撫，高居第四位，並不令人意外。

以按察使、副使或僉事充任巡撫，有幾個特色：

㈠明代末年設置的巡撫，常由這些官員充任。如密雲、安廬、山永等巡撫。安廬巡撫五人中，有三人是這類出身，密雲巡撫，四人中有一人，山永巡撫六人中有一人。實際的比例可能要更高，但因明末史料闕如，巡撫出身不易查出，如安廬巡撫六人中有一人出身不詳，密雲巡撫四人中有二人，山永巡撫六人中也有二人之出身不詳。否則由按察司官員充任之比例，可能還要高。

㈡邊地巡撫由這類出身者充任的比例比內地巡撫高，尤其是明末局勢不安時，由這類出身充任巡撫更爲普遍。明末短暫設置的巡撫不計，由這類官員充任地方巡撫，依比例高低順序排列如下：大同巡撫，百分之十八點四四（一〇三人中有十九人）；遼東巡撫，百分之十六點四九（九十七人中有十六人）；甘肅巡撫，百分之十五點三八（九十一人中有十四人）；寧夏巡撫，百分之十五點二九（八十五人中有十三人）；延綏巡撫，百分之十二點七九（八十六人中有十一人）；山西巡撫，百分之九點三七（九十六人中有九人）；四川巡撫，百分之九點一九（八十七人中有八人）；陝西巡撫，百分之八點六九（一一五人中有十人）及貴州巡撫，百分之八點三三（八十四人中有七人）。前九名，皆在邊地。這是因受流寇及外患之亂，巡撫交替頻仍，由地方之按察使、副使及僉事充任，較爲迅速與方便。

㈢明末兵備道，爲了治理流寇、苗亂及加強邊地之防禦及督理軍衛，而大量設置。這些兵備道的長官，照例由按察司之副使及僉事充任。巡撫出缺，又逢局勢緊張，爲了方便及實際上之需要，遂有不少地方由兵備道之按察司官員充任巡撫。㉜如大同巡撫在天啓、崇禎年間，以山西按察使王點、張翼明、焦源溥及河南按察使葉廷桂充任巡撫。遼東巡撫，從天啓至崇禎年間，以山東按察副使關鳴泰及方一藻，遼東按察使袁崇煥，及寧前道按察使畢自肅等充任巡撫。又如崇禎十年，史可法以南直隸監軍道按察副使，升爲右僉都御史，巡撫安廬。㉝

㈣由總督兼任巡撫的廣東巡撫與鳳陽巡撫，很少由按察司官員充任。廣東巡撫七十六人中，竟然沒有人由這類官員充任，而鳳陽巡撫之一百人中，也僅二人而已。此外，南贛巡撫六十五人中，也只有一人，河南巡撫一〇七人中，也只有二人，由按察司官員充任。

12.出身不詳的巡撫有九十六人，占全部巡撫之百分之四點三〇。出身不詳的巡撫，決大多數發生在明代末年，尤其是在天啓及崇禎年間（西元一六二一—一六四四），史料闕如，或史官疏忽，記載不詳，無法知道他們的出身。崇禎十六年（西元一六四三），崇禎皇帝向吏部抱怨說：

所舉各官，須詳註堪任何名，如李建泰、邱瑜、方岳貢、曾應遴、柳寅東、劉捷、涂必泓、徐養心，未註職名，即日具本以聞。㉞

各地上奏都不註明職銜，連崇禎皇帝都抱怨，難怪明末有很多巡撫之出身不詳。

明代巡撫由這麼多的管道充任，巡撫之職位自然因官吏出身不同而各異。前章中已說過，巡撫自景泰四年以來都加都察院之都御史頭銜。但都御史有左右都御史，正二品，左右副都御史，正三品，左右僉都御史，正四品。各地巡撫因出身及來源之不同，所以加都御史之頭銜自然也不同。一般而言，可分為下列幾種不同的型態：

第一型：由布政使司之左布政使充任巡撫者，都兼加右副都御史頭銜，由右布政使充任者，都加右僉都御史頭銜。但這種改任都御史方式，卻發生了一項問題，那就是左、右布政使都是從二品官，而右副布政使是正三品，右僉都御史是正四品官，以從二品之左右布政使，改任正三品或四品的左右副都御史及左右僉都御史的巡撫官，豈不是降格以求？實際上並非如此，如英宗正統十四年，陞山東左布政使洪英為都察院左副都御史，巡撫山東。陞河南左布政使王來為都察院左副都御史，巡撫河南。同時又命令他們「仍食二品俸」。㉟又如天順四年，山東在布政使劉孜，升為右副都御史巡撫山東，但仍支從二品俸。㊱都察院之都御史沒有從品，如從二品，從三品或從四品的官職，由左布政使改任為左副或右副都御史職，為避免降職之嫌，才又以支領從二品薪，以維持其身分。易言之，巡撫既然是由布政使升任，其地位自然較左、右布政使爲高。孝宗弘治時，巡撫地位已告確立，明顯的超越布政使，成爲地方行政首長，故實錄中已不再看到有支從二品俸之記載。

第二類型：由提刑按察使、按察副使，或按察僉事，順天及應天府丞，布政使司之左右參政及參議，通政司之左右通政及參議，大理寺之左右少卿、左右寺丞，太常寺、光祿寺及太僕寺少卿等官，升任巡撫者，除少數外，大多加兼都察院之右僉都御史頭銜充任。

第三類型：由順天、應天府尹，大理寺卿、太僕寺卿、太常寺卿及光祿寺卿等官，升任巡撫者，多是加右副都御史頭銜。及至明末，官多職賤，光祿寺卿升任巡撫有降爲以右僉都御史充任趨勢，甚至太僕及太常寺卿亦有以右僉都御史充任者。至於大理寺卿、順天及應天府尹，則未曾看到以右副都御史以下之都御史充任巡撫者。

第四類型：由現任其他地方之巡撫轉任者，有時是以同樣的都御史頭銜平轉，有時則加升一級調任。例如成化十七年（西元一四八一）三月，孫洪以巡撫大同右副都御史，同樣以右副都御史轉任河南巡撫。㊲弘治三年（西元一四九〇），錢鉞以巡撫山東右僉都御史，升爲右副都御史轉任河南巡撫。㊳至於曾任巡撫，後來丁憂或去職或轉任他職，再復任爲巡撫者，皆因年資較高，有的以原職充任，如鳳陽巡撫右副都御史滕昭，在成化五年，召回都察院，成化六年九月，又以同樣的右副都御史，充任應天巡撫。㊴有的以原職加兼都御史充任巡撫，如前面說過的傅希贄，本來是戶部右侍郎，改任鳳陽巡撫時，就以戶部右侍郎兼右僉都御史充任。有時爲了方便與需要，改任時，在邊地改以兵部左右侍郎加右僉都御史充任，在內地或腹裡則改以刑部或戶部左右侍郎加右僉都御史充任，這種現象在萬曆年間起，比較常見。

第五類型：以六部尚書及侍郎充任巡撫者，多以原職加都御史充任巡撫。而六部郎中、員外郎等，則以職位低，皆以右僉都御史充任。

總之，自巡撫制度建立後，在原來地方上最高的行政長官布政使之上，又加上一層行政組織，以前布政使考滿，有機會升爲六部侍郎或其他九卿長官，現在布政使要先任地方巡撫官，才有機會內轉爲京官。弘治十年（西元一四九七），兵部郎中何孟春說：

聖朝統一天下，非前代可比，任官有遠近殊，地大使然。然柄任之法，非如前代，常衡內外權重輕也。故仕途歷臺郎給舍者，多不免外遷鹽司郡守。爲鹽司者，秩無加焉。資級當遷，則用次補京堂卿佐貳，或留撫于外，得便宜從事，誠受主知，胡功業弗克樹。顧人情恒喜脫勞就逸，外多責辦，不若內優裕無他慮，故官尊於鹽司者，恒喜內，南京亦內也。[40]

何孟春說明初以來，各部郎中、給事中及監察御史等，有時會外調爲巡鹽道按察副使、按察使或布政使，表現優異者有機會內調至京師，充任九卿副官及侍郎，另外一些人則有機會留在地方，充當巡撫官。巡撫官雖可獨當一面，可以便宜行事，但人情好逸惡勞，外地巡撫權力再大也比京師的九卿副佐官員辛苦，南京也被視爲京師，大家都想調至北京或南京，不想在地方當巡撫官。

官員之避任巡撫官，早在正統年間已屢有所聞，有些被選任爲巡撫之大臣都想法避免，已就任者，有的也藉故稱病或養老求去。尤其是土木變亂後，邊方局勢危險，大臣視邊方巡視為畏途。禮科都給事中金達在景泰元年說：

比者朝廷多事，邊報不常，內外官員畏避差遣，在任者或省親、或祭祖，交章援例而去。在鄉者，或養病、或丁憂，經年託故不起。又有應詔舉至，輒行乞歸者。㊶

景泰二年，刑部左侍郎羅綺調外任松潘巡撫，因其愛妾是石亨之妹，透過石亨關係以銀千金賄賂宦官曹吉祥，求轉京職。㊷時逢于謙當國，羅綺未能如願，奪門之後，才被調回。這時的巡撫官，尤其是邊地巡撫，設立不久，未具規模，一切因陋就簡。再加上局勢不安，危險性高，任期又長，升遷不易，難怪大臣視為畏途。憲宗成化以後，局勢穩定，巡撫升遷管道正常，巡撫求去的現象，已經不像正統及景泰年間那麼頻繁。

世宗嘉靖末年，海盜倭寇為亂，北方軍事吃緊，官員多不願外放為巡撫官。中央之大理寺、太僕寺、太常寺及光祿寺官員，多想法避任，一被選任：

士大夫視之為火坑苦海，廷推一及，輒有倉皇失措，涕泗交流者。㊸

被廷推為巡撫官，甚至於「倉皇失措，涕泗交流」，眞令人難以相信。

萬曆前十年，張居正在位期間（西元一五七三—一五八二），北方有戚繼光、東北有李成梁，中央有兵部尚書譚綸及王崇古，東南沿海倭亂亦止，政治清明，局勢穩定，避不赴任的巡撫官很少見。直至萬曆末年，東林黨爭頻繁，巡撫之選任成為黨爭目標，避不赴任的巡撫又較常見。特別是崇禎年間，情況更爲惡劣。崇禎二年（西元一六二九），雲南、四川、河南、順天等巡撫缺人，會推結果，以太常寺少卿謝陞曾任順天府遵化縣知縣，熟習這個地方民情，遂推舉謝陞爲順天巡撫。謝陞聽到消息，勃然大怒說：「置我於薊，是害我也。」㊹薊指的是順天，離京師不遠，謝陞竟然說以他擔任順天巡撫，就是要害他。吏部尙書王永光接到謝陞的投書後，說：

謝常少既已棄之，誰又肯取。不如與俸淺道臣，不暇選擇，不敢推托。㊺

謝陞既然不願充任順天巡撫，別人自然也會拒絕，吏部尙書遂決定以資淺之道臺充任，最後以湖廣按察使王元雅充任。而謝陞不但未被處分，反而又升任爲太僕寺卿。難怪雲南道監察御史毛羽健說：

爲薊撫則有病，爲冏卿則無病矣。（謝）陞如此設心，（王）永光如此用人，欲天下之不平，豈可得哉。㊻

毛羽健之言，眞是一針見血，如此用人，怎能令人心服？怎能使天下太平無事？明室之亡，已指日可待矣。

【附　註】

① 何孟春：〈陳萬言以俾修省疏〉，於其書《何文簡奏疏》，見陳子龍等編：《明經世文編》，卷一二七，頁一七或頁一二二一。

② 《明英宗實錄》，卷二四一，頁二下至三上，景泰五年五月丙辰。

③ 《明世宗實錄》，卷一七八，頁三上至四上，嘉靖十四年八月乙巳。

④張廷玉等：《明史》，卷二一〇，列傳九八，黃傳策傳，第十八冊，頁五五六八。

⑤趙翼：《廿三史劄記校記》，三六卷，附補遺（臺北：王記書坊，民國七十三年九月），卷三三，明吏部權重，頁七七一。又見張廷玉等：《明史》，卷二四三，例傳一三一，趙南星傳，第二一冊，頁六三〇〇。

⑥《明熹宗實錄》，卷四〇，頁二上，天啓三年閏十月戊申。

⑦張廷玉等：《明史》，卷二五八，列傳一四六，熊開元傳，第二二冊，頁六六七〇。

⑧《明神宗實錄》，卷四三二，頁一四下至一五上，萬曆三十五年四月丙辰。

⑨龍文彬：《明會要》，卷三四，職官六，頁五九六。

⑩田村實造：〈明の時代性についこ—太祖の統治方針なゆ心とする〉，《史林》，三〇卷二期（一九四五），頁九二。

⑪崔竑：《國朝獻徵錄》，八冊（臺北：臺灣學生書局，民國五十四年一月），第三冊，卷三八，頁二七至二八。

⑫《明神宗實錄》，卷一三三，頁八上，萬曆十一年二月己亥。

⑬同上，卷一一一，頁一上，萬曆九年四月甲午。

⑭同上，卷一五〇，頁二上，萬曆十二年六月癸丑。

⑮《明憲宗實錄》，卷一八六，頁四下，成化十五年正月壬申。

⑯《明武宗實錄》，卷一四四，頁三下，正德十一年十二月丁卯。
⑰《明熹宗實錄》，卷八六，頁一上至一下，天啓七年七月乙丑。
⑱同上，卷七九，頁二四上，天啓六年十二月壬戌。
⑲《崇禎實錄》，卷一，頁十三上，崇禎元年六月丁未。
⑳談遷：《國榷》，卷九六，頁九八一一，崇禎十一年五月壬午。
㉑《明英宗實錄》，卷一一八，頁一下至二上，正統九年七月辛亥，楊寧。同上，卷一四三，頁七上，正統十一年七月戊子，侯進。
㉒同上，卷一九七，頁十一上，景泰元年十月己亥，李實。同上，卷二三八，頁四下，景泰五年二月癸巳，王永壽。
㉓趙新，見同上，卷一八一，頁十七上，正統十四年四月丁卯。薛希璉，見同上，卷二三四，頁十四下，景泰三年十二月辛亥。年富，見同上，卷二九〇，頁四上，天順二年四月庚午。
㉔張廷玉等：《明史》，卷七三，志四九，職官二，頁一七六七至一七六八。
㉕《明熹宗實錄》，卷四〇，頁二七下，天啓三年閏十月戊申。
㉖同上，卷五七，頁七上至七下，天啓五年三月甲寅。
㉗《明憲宗實錄》，卷一七八，頁三上，成化十四年五月丙子。
㉘《明英宗實錄》，卷八五，頁二〇下至二一上，正統十四年十一月甲辰。

㉙ 談遷：《國榷》，卷九七，頁五八七七，崇禎十三年九月甲午。同上，卷七一，頁五八九七，崇禎十四年五月壬辰。

㉚ 《明世宗實錄》，卷二三七，頁五上，嘉靖十九年五月乙巳。

㉛ 李國祁：〈明清兩代地方行政制度中道的功能及其演變〉，《中央研究院近代史研究所集刊》，第三期，上冊（民國六十一年七月），頁一五二至一五四。

㉜ 同上，頁一四八至一五〇。

㉝ 張廷玉等：《明史》，卷二五四，列傳一六二，史可法傳，第二三冊，頁七〇一五。《崇禎實錄》，卷一〇，頁六上，崇禎十年七月己巳。

㉞ 萬言：《崇禎長編》，卷一，頁一五，崇禎十六年十二月甲辰。

㉟ 《明英宗實錄》，卷一八一，頁一七上，正統十四年八月癸酉。

㊱ 同上，卷二九二，頁四下，天順四年十二月丙申。

㊲ 《明憲宗實錄》，卷二一三，頁七上，成化十七年三月己亥。

㊳ 《明孝宗實錄》，卷四三，頁五下，弘治三年九月甲戌。

㊴ 《明憲宗實錄》，卷八三，頁一下，成化六年九月庚辰。見吳廷燮：《明督撫年表》，頁三二四及三五一。

㊵ 何孟春：《餘冬序錄摘抄》，七卷，外編六卷，於沈節甫編：《紀錄彙編》，見王雲五主編：《宋元明

善本叢書十種》，二六冊，二一六卷（臺北：商務印書館，民國五十八年五月），第一九冊，卷一五三，頁三至四。

㊶《明英宗實錄》，卷一九八，頁一上，景泰元年十一月辛丑。

㊷佚名：《九朝談纂》，上中下三冊，中冊，頁九四三。

㊸《明世宗實錄》，卷五一三，頁六下，嘉靖四十年九月丙午。

㊹萬言：《崇禎長編》，卷二一，頁八至九，崇禎二年閏四月辛丑。

㊺同上，頁九。

㊻同上。

第二節　巡撫之異動

明代考課之法，無論中央或地方官員，任滿三年爲一考，六年再考。六年的兩次考察中，稱職官員得以留任，表現平常或不稱職者，除非犯大錯，亦可以留任。然後等待九年通考，才決定升遷或降職。①因巡撫官是四品以上官員，根據規定四品以上官員，九年任滿，其升遷或降調之決定，取自上裁。②

照上面的規定來看，好像一位巡撫官要經九年以上才會改調，但事實上並非如此。明代的巡撫，很少在同一地方任滿九年者，甚至於六年以上亦不多見。有關巡撫之任期留待下節討論，不便在此贅述。由於巡撫之任期不長，故其異動甚大。

明代巡撫之升遷異動時，照例不必上表稱謝。武宗正德初，規定巡撫遷陞或轉任，都要到京城領敕。這是宦官劉瑾所創的新例，目的是要收取巡撫們的賄賂。③使得新任巡撫先要至京領敕，再前往任所就職，幾度跋涉，常常遲誤任期。故劉瑾得罪被殺後，不再實施。嘉靖四十五年（西元一五六六），戶部左侍郎兼右僉都御史的鳳陽巡撫馬森，陞任南京戶部尚書。④馬森得到陞官的命令，上疏稱謝。上疏稱謝，與至京領敕不同，至少不必親自跋涉至京，延誤任期。但隆慶皇帝仍請禮部調查，到底總督或巡撫升秩，有沒有必要像馬森這樣上疏稱謝。禮部調查後回答說，可以。禮部說，在京文武百官遇到冊立后妃及太子之大禮，規定大臣合進一表稱賀。至於皇帝生日及新年元旦、冬至等節，只在朝廷陛下前致詞稱賀。大臣遇有陞遷或賞賜，在京大臣都蒙皇帝召見，當場致謝，不必上表再謝。而在南京及在外的五品以上衙門，及各總兵官，凡遇三大節，因不在京城，俱照例上表慶賀。如逢冊立皇后或太子等大典，則必須得到相關本部的同意；才可以上表稱賀。至於總督、巡撫及巡按，每逢大典皆不可以違例進表稱賀，但是巡撫及總督與南京五府掌印官，六部及都察院堂官、大理寺正官，皆係重臣，遇有陞遷、論劾留用、軍功受賜或邊鎮給賞等事，因在南京或外地，不能親自到中央朝廷稱謝，仍准許上疏稱謝。⑤然而這項新規定，實施只四年多，隆慶五年（西元一五七一），浙江巡撫右副都御史熊汝達，升任南京兵部右侍郎。熊汝達照例上疏稱謝，禮部以上疏稱謝太濫，建議南京各部院及在外巡撫總督，只有升任六部尙書及左右都御史，准許到任上疏稱謝外，其他六部侍郎以下省略。⑥從此，各地巡撫除非陞任尙書或左右都御史，否則皆不得上表稱謝。

至於被劾去職或回籍聽勘巡撫，照規定都直接回籍，不必到京。正德八年（西元一五一三），延綏巡撫舒崑山，被言官論劾去職，舒崑山親自赴京，輿論譁然，認爲舒崑山是想回京謀職。本來舒崑山如直接回籍等候，可能還有機會謀得一官半職。他一回京，大家認爲一個人被劾去職，還敢回京，眞是忝不知恥，故吏部一概相應不理，舒崑山亦自知沒趣，上書自陳身心勞疲，乞求致仕。⑦

升遷或轉任的巡撫，不必至京。罷去的、退休的巡撫也不必至京。不過，巡撫設立之初，規定每年八月，各地巡撫要回京議事。⑧景泰三年（西元一四五二），因局勢緊張，罷去各省巡撫官入京議事。景泰五年，局勢穩定，才又恢復。⑨不過，各地巡撫遠近不同，每年八月入京議事，遷延過久，影響地方事務。天順三年（西元一四五九），更改規定，以地方之遠近，分年輪流入京。孝宗弘治十一年（西元一四九八），又改以腹裡巡撫每三年，邊方巡撫每五年，必須入京一次，邊方規定在四月，腹裡在八月，遂爲定制。⑩

當然，巡撫官陞任京職，除南京外，必要回京。但由外陞內，例無期限，往往遷延遲回。萬曆三年（西元一五七五），陝西巡撫右副都御史郜光先，陞左副都御史，回京理都察院事。三個月後，郜光先仍未回京任職。萬曆皇帝遂指示以後升任回京之巡撫官，不許枉道回家，遷延曠職，否則予以黜罰。⑪巡撫在異動時，回家探望父母、親友，皆人之常情，想用法令加以限制，很難有實效。明代在巡撫設立之初，規定不能攜家帶眷。不能攜家眷之規定，使巡撫在外任職，長期與妻子分別，實在有違人倫。何況巡撫草創之初，任期動輒三、五年，甚至於有一、二十年者。于謙任河南及山西巡撫十七年，有一首「寄內」詩，是對妻子的懷念所表現出來的眞摯而深厚的感情詩：

結髮爲夫妻，恩愛兩相好。生男與育女，任期在偕老。我在叨國恩，顯宦亦何早。班資忝亞卿，巡撫歷邊徼。自愧才力薄，無功答穹昊。勉力效驅馳，庶以贖天討。汝居輦轂下，閨門日幽悄。大兒在故鄉，地遠音信杳。二女正嬌癡，但索梨與棗。況復家清貧，生計日草草。汝惟內助勤，何曾事溫飽。而非我不知，報主事非小。忠孝世所珍，賢良國之寶。尺書致慇懃，此意諒能表。歲寒松柏心，彼此永相保。⑫

其思念愛妻及家人之心情，眞是眞情流露，溢於言表。事實上，這時于謙在山西及河南兩地巡撫，夫人及二女在北京，而大兒子則與于謙父母在浙江錢塘老家，一家分居三地，其思念之情，可想而知。于謙就是因爲長期在外巡撫，苦不堪言。正統六年（西元一四四一）推舉參政王來、孫原貞自代，未獲允許就擅自回京，因而得罪下獄，並降爲大理寺左少卿。後來因地方被災嚴重，才又命熟習這些地方的于謙，回山西、河南巡撫。⑬

因爲巡撫長期在外，與家人隔離，故景泰初年，給事中李實建議：

近年各處鎭守、巡撫等官，動經三、五、七年，或一、二十年，室家懸隔，患疾病不能相恤；子女遠違，遇婚姻而不能嫁娶。有子者尚遺此慮，無子者誠有可矜。乞敕各官議，許其妻子完住，量給本處官倉俸米，以贍其家。⑭

從此以後，巡撫可携家赴任。不過，後來巡撫之異動太速，任期太短。尤其是充任邊地之巡撫，如携家帶眷，不僅危險，也是麻煩。所以邊地巡撫携家赴任者，並不多見。像郜光先內陞京職，繞道回籍探望，以至延誤赴任期限，已成常態。

下面把明代三十六個地方的巡撫，二千二百三十三人次的巡撫異動情形，列表如下：

明代巡撫異動表

異動情形	人數	所占百分比	附註
1.改任他處巡撫	一九三	八・六四	
2.升爲六部尚書及侍郎	四二八	一九・一七	①改任尚書五四人②改任侍郎三七四人。
3.升爲總督、經略及總河	一九七	八・八二	①總督漕運及兩廣六〇人②總河二〇人③經略四人。
4.回都察院	一三四	六・〇〇	
5.召回	五二	二・三三	
6.大理寺卿	八五	三・八一	
7.改任他職	二二一	〇・九九	①光祿寺卿一人②太僕寺卿二人③提督操江一〇人④通政司二人⑤巡視及巡視倉儲、鹽政都御史七人。

8. 調用他職	五七	二·五五	①調京別用二〇人②調外任用三七人。
9. 致仕	一六四	七·三四	
10. 養病	一一二	五·〇二	
11. 丁憂	九九	四·四三	
12. 免職	二八八	一二·九〇	①免職一七八人②回籍聽用一四人③回籍聽勘三六人④回籍閒住及冠帶閒住五〇人
13. 黜爲民	一八	〇·八一	
14. 降職	四七	二·一〇	
15. 下獄	六七	三·〇〇	其中五人戍邊
16. 死於任所	一三六	六·〇九	①病逝一〇二人②叛卒所殺一二人③流寇殺害或自殺一一人④死於獄中六人⑤得罪被誅五人。
17. 未候代離任	一三	〇·五八	其中有一〇人爲末代巡撫
18. 未任	三	〇·一三	
19. 降賊	一	〇·〇五	
20. 不詳	一一七	五·二四	
總數	二二三三	九九·九九	

由上表可以看出下列幾個現象：

1.改任他處之巡撫者有一九三人，占百分之八點六四。這一九三人並不包括改任總督漕運兼鳳陽巡撫及總督兩廣兼廣東巡撫之六十人，因爲改任兩廣及漕運總督之巡撫，都加尚書及六部侍郎兼都御史銜，皆屬升官性質，故不列於此。

2.升任爲六部尚書及侍郎之巡撫，有四百二十八人，占百分之十九點一七，所占比例最大。明代未設巡撫官時，中央六部侍郎多由寺卿官、順天及應天府尹，及十三布政使司之布政使升任。設立巡撫官起，順天、應天府尹及布政使，要先任巡撫，才有機會內調爲六部侍郎。這種變化，連帶形成二個後果：第一：巡撫之任期縮短：因爲府尹及布政使之品位與巡撫所兼都御史之品位，幾乎一樣。在轉任巡撫時，多已達考滿升官期限，如無過失，充任巡撫不久，就可內轉六部侍郎。第二：斷絕了由府尹及布政使直接升任侍郎的管道。弘治時之南京刑部主事胡世寧，看到這種弊端，建議兩京府尹及十三布政使等十五人，不必充任巡撫官。由他們十五人中，選擇政績傑出者升任爲六部侍郎。而巡撫官則改由大理寺、太僕寺、太常寺及光祿寺等官員充任。⑮胡世寧以爲如此一來，巡撫就能久任，地方才能安定。但胡世寧沒想到，如此一來，巡撫的升遷管道不是中斷？而且誰又願意充任任期長久，工作又辛苦之巡撫官呢？尤其是經濟條件差，情勢不穩定的邊地又有誰願意充任巡撫官？難怪他的提議未獲採納。

在此項目中，有五十四人由巡撫升任爲六部尚書，其中有十八人由鳳陽巡撫兼總督漕運升任，有十四人由兩廣總督兼廣東巡撫升任，占一半以上，這都是兩地巡撫皆由總督兼任的結果。此外，應天巡撫有六人升任尚書，這是因爲應天是南京所在地，全國稅糧重心，何況應天巡撫有時亦兼任總督南直隸糧儲之職。

3.由巡撫升爲總督、經略或總理河道官者，有一九七人，占百分之八點八二。這也是屬於升官，巡撫升任總督官，在邊地之總督及經略多以兵部右侍郎兼右僉都御史充任，內地之總督及經略，多以戶部右侍郎兼右僉都御史充任，而由巡撫升任總理河道，則多以工部右侍郎兼右僉都御史充任。

4.回都察院管理院事者，有一三四人，占百分之六。屬於這一類的巡撫，有的是以原官調任，有的是進一級升任。無論如何，調回京師充當都御史，雖未升級，也算是升官。到底在北京或南京任職，總比在外地充任巡撫官舒適。

5.召回者有五十二人，占百分之二點三三。這些召回原職的巡撫，以正統及景泰年間較爲常見，憲宗成化以後，從未見到。

6.由巡撫調任爲大理寺卿，有八十五人，占百分之三點八一，這也算是升官性質。大理寺卿，正三品，品位與左右副都御史同，但大部分調任大理寺卿的巡撫，都是正四品的右僉都御史，所以由右僉都御史的巡撫改任大理寺卿，算是升官。何況大理寺卿是九卿之一，又與刑部及都察院合爲三法司，其地位遠比同品位的太僕寺卿、太常寺卿高。在上節中，曾經提到有一二六位巡撫是由大理寺官升任，但決大多數是大理寺的少卿及寺丞改任，由大理寺卿充任巡撫官者，只有十三人。以大理寺正卿充任左、右副都御史的巡撫官，同樣是正三品，雖非降級，充其量也不過是平調而已。

7.改任他職者有二十二人，占百分之零點九九。其中有十人改任提都操江都御史，提督操江是負責長江下游巡江任務，皆由左右副都御史或左右僉都御史充任。改任光祿寺卿者只一人，是弘治四年（西元一四九一）的河南巡撫錢鉞，以右副都御史改調南京光祿寺卿，是因得罪而降調。⑯改爲太僕寺卿的有二人，都是平調性質。其他七人，皆改任他處巡視，巡鹽及閱視倉儲都御史，也是平調性質。

8.調用他職的有五十七人，占百分之二點五五。其中調京別用二十人，調外別用三十七人。因調任職位不明，故專列此項。

9.致仕者有一六四人，占百分之七點三四。明代規定官員年滿七十致仕，後來又規定年滿六十以上，也可以申請退休。孝宗弘治四年（西元一四九一），規定有自願申請退休之官員，不分年齡，都命令致仕。⑰明代巡撫之年齡，因史料不足，很難查知，但在一六四位致仕之巡撫中，很少有七十歲才致仕者。因爲年滿七十之巡撫致仕時，或給驛還鄉、或賜敕、或加賜白金文綺、或加其他的恩典。⑱這種特別的禮遇，並不多見。大多數致仕的巡撫，不是因病請求，就是被劾或得罪，而勒令致仕者。

10.回家養病之巡撫有一一二人，占百分之五點零二。回家養病多出自巡撫本人之請求，在巡撫草創期間，任期長。巡撫提出回家養病的要求，不容易獲得同意。例如在景泰六年（西元一四五五），山西巡撫蕭啓，因病上書求去，書云：

> 臣年近六十，百病交攻，服藥無效。比者陳情乞骸，未蒙俞允。竊恐苟延歲月，有妨重務，是以憂懼益深，心志益衰，病益劇，伏乞矜憫，早賜退歸之，庶副首丘之念。⑲

這封文情並茂的請求，並未獲得景泰皇帝的答應。直到明年，蕭啓病入膏肓，才得以回家。這與後來巡撫輕易稱病求去的現象，眞是不可同日而語。嘉靖時，吏部尙書廖紀就說，從武宗正德以來，很多大臣稱病求去，士風大壞，嘉靖皇帝遂下令嚴格取締這種不正常之風。⑳

事實上，開這種風氣之先的是兩廣總督兼廣東巡撫的王守仁。王守仁在嘉靖八年（西元一五二九），罹患重病，自己推薦鄖陽巡撫右副都御史林富替代，不等候上面的同意就離職回家。㉑嘉靖皇帝相當不高興，本想處罰王守仁，但不久王守仁病逝，遂不了了之。但也造成後來巡撫不俟同意，而私自離任之先例。嘉靖十二年，四川巡撫宋滄，因疾乞休，不等同意，因病加劇，遂擅自離任回家。行至湖廣荊州府去世。湖廣巡撫汪珊請求給予宋滄祭葬，被拒絕，認爲宋滄不候代就擅自離任，違背規定。同時處罰替宋滄求告祭葬之湖廣巡撫汪珊冠帶閒住。㉒

嘉靖十一年，兩廣總督兼巡撫的林富，上疏求去。當時兩廣亂事未定，於是吏部建議先派南贛巡撫右副都御史陶諧爲兩廣總督兼巡撫，前往兩廣任職，然後再發布同意林富的去職令，才不會造成舊任巡撫離去而新任巡撫未任的沒人處理的窘境。㉓事實上，從嘉靖三年（西元一五二四）以來，就規定各巡撫，不論邊方或內地，遇有升遷或丁憂當去者，必須等待新任的巡撫到達後，才可離任。㉔這個規定，實施得並不徹底。尤其是內地巡撫，仍然照例不候代就離任。嘉靖三十三年（西元一五五四），御史徐栻提議說，近來不分邊地與內地，紛遭寇亂，內地與邊地無異，故建議徹底實施去任巡撫必須等候新任巡撫到任後才離去的規定。他說不管陞遷、丁憂之總督與巡撫，不分內外，都必須候代，不

得擅自離任。只有降調及革職之巡撫，才准許由巡按御史代理，不受此限。㉕

此後，嚴格執行這項規定，巡撫不敢擅自離任，神宗萬曆末年，因久不視朝，內外大臣之任命與升遷幾乎完全停頓。再加上黨爭頻仍，有不少內外官員不候代而離任，缺官情形甚為嚴重。萬曆三十年（西元一六〇二），六部尚書只剩三人，六部侍郎少十人，十三道監察御史也有九道沒人負責，十三行省中，有三個行省沒布政使，二十四個府缺知府。到了萬曆四十年，情況更糟，內閣大學士只剩一人，又生病。六部尚書只剩一人，負責吏、兵及刑部。戶、禮及工部，各只有一位侍郎負責。都察院已經八年沒有左右都御史。地方上的巡按御史甚至於十年未換，地方官也將近有一半的缺額未補。㉖在這種惡劣的情況下，比較正常的是地方的巡撫官。雖然在萬曆三十二年（西元一六〇四），曾經有一度山西、鄖陽、福建及河南巡撫官缺，將近半年未補，但大部時候各地都有巡撫。這些巡撫也許等候接任的時間很久，但都未擅離職守，如鳳陽巡撫李三才。李三才在萬曆三十一年（西元一六〇三），就改任總理河道，但因新任之鳳陽巡撫未到，他一直在任等到萬曆三十九年（西元一六一一），才因病去職。一等就有八年之久。不知為何像內閣大學士李廷機，上書求去一百二十幾次，沒有結果，最後棄官回籍，風氣一開，內外官員，爭相效尤，但是地方之巡撫卻大多還能像李三才一樣，守住崗位。又如萬曆四十一年，兩廣總督兼廣東巡撫的張鳴岡，升任南京刑部尚書，改以雲南巡撫周嘉謨代替。但因周嘉謨一直未到廣東接任，張鳴岡一直在廣東等候，不敢離去。一等就三年，直到萬曆四十四年，去世為止，都未曾離開。㉗又如四川巡撫喬璧星，因病奉命允許致仕，然新任巡撫未至，病情加劇，五次懇求免代先行離任，未獲回音，他還是等到新任的巡撫到來，才離任。㉘泰昌元年（西元一六二〇），江西巡撫洪佐聖，以病求去，不允。遂擅自離去，但洪佐聖在回家途中，仍沿路上書請求同意，後來調查確無虛假，才准回籍調理。㉙

明代之政局，到神宗萬曆末年，中央與地方官員缺官甚多，而巡撫官大多還能恪守崗位，這也許明室還能苟延殘存一段時間的原因吧！

11.丁憂之巡撫有九十九人，占百分之四點四三。明初，文武百官，因祖父母、父母去世，不必等候回報，就可自行回家奔喪。後來規定，京官需要獲得准許，拿到孝字號勘合，在外官員需要移文知會所在官司，拿到證明後，才可回籍奔喪。㉚守喪期限為二十七個月，服滿再起復任用。

明代巡撫設置之初，各地巡撫遇有丁憂，常有奪情，或回家奔喪即回，不守丁憂守喪二十七個月的期限。例如任職二十一年的應天巡撫周忱，就曾兩遭親喪，皆未曾中斷其在應天巡撫的職守。㉛正統元年（西元一四三六），浙江巡撫王瀹母喪，正統皇帝未答應他回去守喪二十七個月，但允許他奔喪畢，即回視事。㉜土木之變後，局勢加緊，巡撫遇有親喪，更不可能回籍守喪。延綏巡撫陸矩，在景泰二年，鎮守真定時父喪，就被奪情，不得回籍。㉝山西巡撫蕭啓，在景泰二年，鎮守居庸關，因父喪，上書說：

> 臣近聞父喪，乞歸守制，蒙以居庸緊要關隘，令臣奪情，仍舊鎮守。臣奉德音，俯伏涕泣，痛惟臣於父病不得侍湯藥，終又不得歸葬，人子私情，豈難抑置。臣聞宋富弼以母喪去位，詔起

復之。富固辭，卒得終制。岳飛乞終母喪，以張憲攝軍事，步歸廬山，二人皆當時倚重，尚容其歸。況今邊事方寧，臣非弼、飛重任，不許終制，又不許奔喪，不孝之罪，臣將何逃。伏望聖恩，務允俾臣暫歸襄事，遄來以效涓報。㉞

蕭啓的請求，遭受了拒絕。這是明代巡撫設置之初的情形，後來局勢穩定，巡撫官逢親喪，大多能回籍守喪。嘉靖十三年（西元一五三四），雲南巡撫顧應祥接到母喪消息，不等同意及新任巡撫到任，就擅自離任回籍。後來聽說照例必須候代，趕快又回雲南任職，並且上章請求處分，結果令革職閒住。㉟顧應祥被革職十一年後，被赦免不候代之革職閒住罪，又恢復官職。嘉靖二十七年（西元一五四八），離任十四年後，又回雲南任巡撫之職。㊱

因親喪未經允許，就擅自離任回籍守制的巡撫，雖然很少，仍有數例。隆慶五年（西元一五七一），遼東巡撫毛綱以親喪，不候代就離任，降一級調外任。㊲而最爲有名的是萬曆三十五年（西元一六〇七）的江西巡撫許弘綱。許弘綱父喪，推薦陸長庚及王佐兩人取代，不等上面的同意就擅自離任，回家奔喪。㊳這件事引起軒然大波，吏科右給事中翁憲祥、兵科都給事中宋一韓，紛紛提出糾劾許弘綱。㊴許弘綱答辯說，《大明會典》規定，自嘉靖三年（西元一五二四）起，各巡撫遇有升遷或丁憂，必須等候新任巡撫到達交接後方可離任。但是嘉靖二十九年（西元一五五〇），又有新規定，凡是內地巡撫不必等候交代，可以先行離去，這就是他擅自離任之理由。㊵但是許弘綱沒有注意到，嘉靖三十三年，全國不分邊地或內地均遭受賊亂，御史徐栻又建議，各地巡撫遇有升遷或丁憂，不分內外，必須等候接任的人到達後，才可離任。㊶這個新規定，許弘綱卻忽略了。何況已有隆慶五年，遼東巡撫毛綱親喪離任被降一級處分之前例。最初，許弘綱與毛綱一樣，被處罰服滿之日，降一級調外任。後來又顧及江西巡撫許弘綱是內地巡撫，不像毛綱的遼東是邊地巡撫，故從輕處罰，改降調南京衙門。㊷許弘綱之丁憂事件，以從輕發落處理。後來許弘綱又歷經兩廣總督，再升任兵部尚書，協理京營戎政。㊸

12.免職之巡撫有二八八人，占百分之十二點九零。這個項目可分四種類型：第一種是稱爲免，或稱爲罷，或稱爲革職，或革職回籍，或回籍，或又稱削籍。屬於這類者有一七八人，占多數。第二種是，回籍聽用，有二十四人。這種巡撫未犯大錯，處罰較輕，有東山再起的可能。不過亦因故去職，故列入於此。第三種是，回籍聽勘，有三十六人。這種巡撫比前一種所犯的過錯較重，但並非無東山再起的可能。如順天巡撫王大用，在嘉靖十一年（西元一五三二），被劾回籍聽勘，後來又改任四川巡撫，再升至刑部右侍郞。㊹第四種是，回籍閒住及冠帶閒住之巡撫，有五十人，處罰也都很輕，再被任用的可能性很大。

13.黜爲民之巡撫有十八人，占百分之零點八一，所占的比例不高。

14.降職者有四十七人，占百分之二點一零。天順奪門之後，裁去巡撫官，很多巡撫得罪而降職。武宗正德初年，宦官劉瑾專權，得罪而降職之巡撫，亦不在少數。

15.下獄之巡撫有六十七人，占百分之三，其中有五人被戍邊。這些入獄的巡撫所犯的過錯較爲嚴重，但也並非不能平反。尤其是正德初年，劉瑾專權，不少巡撫得罪劉瑾而下獄，直到劉瑾被殺，才得以平反。如延綏巡撫徐以貞，正德四年下獄，劉瑾伏誅，才得以復官。㊺又如寧夏巡撫冒政，正德二年得罪劉瑾下獄，劉瑾死後，復原職才致仕。㊻全部六十七位下獄之巡撫，有十二人發生在武宗正德時代。而巡撫下獄最多的時代是崇禎年間，有二十二位巡撫被下獄。這與明末局勢不穩有關，何況崇禎二年（西元一六二九），處罰閹黨而牽連下獄者，亦不少。反而熹宗天啓時，魏忠賢得勢，不齒閹黨的巡撫自動告去，其他留任者或不敢得罪魏忠賢，或為其同黨，反而少見巡撫官下獄之事。與正德年間，劉瑾專政時，截然不同。

16.死於任所者有一三六人，占百分之六點零九。其中病逝於任所之巡撫有一〇二人。非病逝者有三十四人，其中得罪被誅者有五人，得罪死於獄中有六人，被判卒所害有十二人，被流寇殺害或自殺者有十一人。

17.未候代就離任者有十二人，其中有十人為未代巡撫。其他未赴任之巡撫有三人，降賊者一人。

18.最後一項，異動情形不明者有一一七人，占百分之五點二四。其中以崇禎年間，因史料不足及記載不詳，而不知異動情形者有三十六人。天啓年間，不詳者有十一人。而神宗萬曆年間，尤其是萬曆十七年（西元一五八九）後，萬曆皇帝不上朝視事，以至於異動情況不明者，也有二十六人。在這三個皇帝任內，巡撫異動情況不詳者，就有七十三人，占全部不詳一一七人之百分之六十二點三九。

就整體來看，明代巡撫二千二百三十三人次之異動情形，可分為下列四種類型：

第一種類型，是屬於升官性質的巡撫。這類包括升爲六部尙書及侍郎，升爲總督、經略及總理河道，回都察院管事及升任大理寺卿等，合計八百四十四人，占全部之百分之三十七點八零，超過三分之一的巡撫有升官的機會，看起來巡撫升遷之管道並不差。如再加上改任他處巡撫之一九三人，則有一〇三七人，占百分之四十六點四四，其比例更爲可觀，幾乎占了一半。事實上，改任他處的巡撫，常常加一級改任，如未加級，也是有由繁調簡，由外調內之傾向。以南贛巡撫爲例，六十五位巡撫中，由四川巡撫轉任者二人，由鄖陽撫治轉任有一人，由貴州巡撫轉任一人，共四人。此四人中，有三人由右僉都御史升右副都御史，只有由撫治鄖陽轉位之吳百朋未升級平轉，但鄖陽之所以稱爲「撫治」，而不稱巡撫，就是其地位不如其他地區之巡撫，故稱「撫治」。吳百朋由鄖陽改任南贛，也有升遷之意。總之，明代巡撫升遷之管道，相當不錯。

第二類型，屬於平轉，或是不升官也不是降職者。包括召回者有五十二人，改任他職者二十二人，致仕一六四人，養病一一二人，丁憂九十九人，病逝於任所者一〇二人，未候代就離任十三人，未任三人，降賊一人，及被叛卒所害十二人，被流寇殺害或自殺者十一人，共五九一人，占全部之百分之二十六點四七。如改任他處巡撫之一九三人，算爲平轉，則有七八四人，占百分之三十五點一一。

第三類型，是屬於降職類者，有調用他職五十七人，免職二八八人，黜爲民十八人，下獄六十七人，得罪死於獄中六人，得罪被殺者五人，共四四一人，占全部之百分之十九點七五。

第四類型，是異動情況不詳者有一一七，占全部之百分之五點二四。

總而言之，明代巡撫之升遷管理暢通，遇有巡撫出缺，隨時遞補。就是在萬曆末年中央及地方官員過半數未補之情況下，亦很少看到各地巡撫有未補的情形。而且多數巡撫亦能堅守崗位，實非其他官員所能相比擬。

【附註】

① 李東陽等：《大明會典》，卷十二，吏部十一，考功清吏司，第一冊，頁二或頁二二一。又見，陸粲：〈去積弊以振人才疏〉，於其書《陸貞山集》一，見陳子龍等編：《明經世文編》，第四冊，卷二八九，頁十二或頁三〇四八。
② 李東陽等：《大明會典》，卷十二，吏部十一，考功清吏司，第一冊，頁二或頁二二一。
③ 《明武宗實錄》，卷四七，頁六上，正德四年二月辛巳。
④ 《明世宗實錄》，卷五六四，頁八下，嘉靖四五年閏一〇月乙卯。
⑤ 《明穆宗實錄》，卷六，頁七上至七下，隆慶元年三月癸酉。
⑥ 同上，卷六二，頁二下，隆慶五年一〇月辛丑。
⑦ 《明武宗實錄》，卷一〇一，頁二上至二下，正德八年六月庚午。
⑧ 龍文彬：《明會要》，卷三四，職官六，頁五八八。
⑨ 同上，頁五八九。
⑩ 同上，頁五九〇至五九二。

⑪《明神宗實錄》，卷三九，頁三下，萬曆三年六月辛巳。
⑫于謙：《忠肅集》，十二卷，見王雲五主持：《四庫全書珍本四集》（臺北：商務印書館，一九七三年），第三三五冊，卷十一，頁十九下。
⑬《明英宗實錄》，卷七七，頁一上至一下，正統六年三月庚子。又見同上，卷七九，頁九下，正統六年五月甲寅。又見同上，卷八二，頁八上，正統六年八月丙戌。
⑭余繼登：《典故紀聞》，卷十二，頁二二六。
⑮胡世寧：〈知人官人疏〉，於其書《胡端敏公奏議》，見陳子龍等編：《明經世文編》，卷一三三，頁五或一三〇二。又見《明孝宗實錄》，卷二二四，頁一上至二下，弘治十八年五月丙戌。
⑯《明孝宗實錄》，卷四七，頁二上，弘治四年正月辛卯。
⑰李東陽等：《大明會典》，卷十三，吏部十二，致仕，第一冊，頁十九至二〇或二四四。
⑱同上。
⑲《明英宗實錄》，卷二五七，頁六下，景泰六年八月丁卯。
⑳余繼登：《典故紀聞》，卷十七，頁三〇〇至三〇一。
㉑《明世宗實錄》，卷九七，頁一上至一下，嘉靖八年正月乙巳。
㉒同上，卷一五一，頁一上至一下，嘉靖十二年六月己卯。
㉓同上，卷一三六，頁一下至二上，嘉靖十一年三月己未。

㉔同上，卷四〇，頁一〇上，嘉靖三年六月丙辰。

㉕同上，卷四〇八，頁七上至七下，嘉靖三三年三月辛酉。

㉖Charles O.Hucker, "Chu I-Chün 朱翊鈞：萬曆皇帝傳" 見L. Carrington Goodrich & Chaoying Fang ed. *Dictionary of Ming Biography 1368-1644*（明代名人傳）（New York & London. Columbia University Press, 1976），P.327

㉗《明神宗實錄》，卷五五一，頁一下，萬曆四四年十一月戊辰。

㉘同上，卷四九五，頁七上至七下，萬曆四〇年五月甲辰。

㉙《明熹宗實錄》，卷三，頁十八下，泰昌元年十一月丙申。

㉚李東陽等：《大明會典》，卷十一，吏部一〇，丁憂，第一冊，頁二或二〇五。

㉛張廷玉等：《明史》，卷一五三，列傳四一，周忱傳，第十四冊，頁四二一五。

㉜《明英宗實錄》，卷二一，頁六上，正統元年八月己卯。

㉝同上，卷二〇〇，頁九下，景泰二年正月庚甲。

㉞同上，卷二〇七，頁十三下，景泰二年八月乙未。

㉟《明世宗實錄》，卷一五八，頁九下至一〇上，嘉靖十三年正月己未。

㊱同上，卷二九五，頁五下至六上，嘉靖二四年閏正月己丑。

㊲《明穆宗實錄》，卷五四，頁十二上，隆慶五年二月戊午。

㊳《明神宗實錄》，卷四二九，頁四下，萬曆三五年一月辛未。
㊴同上。
㊵同上，卷四三一，頁四上至四下，萬曆三五年三月戊寅。
㊶《明世宗實錄》，卷四〇八，頁七上至七下，嘉靖三三年三月辛酉。
㊷《明神宗實錄》，卷四三一，頁四上至四下，萬曆三五年三月戊寅。
㊸《明光宗實錄》，卷四，頁十六上，泰昌元年八月甲寅。
㊹《明世宗實錄》，卷一四四，頁三下，嘉靖十一年十一月丁卯。及同上，卷二九〇，頁二上，嘉靖二三年九月己亥。又見吳廷燮：《明督撫年表》，頁五八三。
㊺《明武宗實錄》，卷四八，頁五上，正德四年三月丁未。及同上，卷六三，頁六下，正德五年五月庚辰。
㊻同上，卷三一，頁三下，正德二年一〇月甲申。又見張廷玉等：《明史》，卷一八六，列傳七四，冒政傳，第十六冊，頁四九四三。

第三節 巡撫之任期

明代巡撫之任期，依照皇帝在位期間，各地巡撫人數及各地巡撫任期之總月數，所得之結果，統計如下①：

歷任皇帝	巡撫任期（月）	人數	平均任期（月）	附註
一、正統	二九一九	五二	五六・一三	包括宣德時期
二、景泰	一七四三	四八	三六・三一	
三、天順	八七五	二五	三五	
四、成化	四八九六	一五四	三一・七九	
五、弘治	四五六三	一六一	二八・三四	
六、正德	四〇三〇	二二一	一八・二三	
七、嘉靖	一二六八五	六五〇	一九・五一	
八、隆慶	一八一六	一〇九	一六・六六	
九、萬曆	一四三三八	四六二	三一・〇三	
十、天啓	二二七七	一二四	一八・三六	
十一、崇禎	六〇二一	二六七	二二・五一	
總　計	五六一五三	二二七三	二四・七〇	

由上表可以看出明代巡撫之平均任期是二四・七零月，比明代七卿之平均任期二十九・五零月稍短。②再自不同的皇帝觀之，明代巡撫之任期，從宣德，正統以來依次遞減，自宣德、正統等之五十六點一三月，景泰時之三十六點三一月，天順時之三十五月，成化時之三十一點七九月，弘治時之二十八點三四月，降至正德時之十八點二三月。嘉靖時稍爲提升，隆慶時又降至最低點，萬曆時提升至

與憲宗成化相當之三十一點〇三月，天啓時又降至十八點三六月，崇禎時又稍爲提升至二十二點五一月。

明代巡撫之任期，在巡撫設置之初，任期較長。最長的莫過於從宣德五年至景泰二年（西元一四三〇－一四五一）的應天巡撫周忱，在應天任巡撫之職共二十一年之久，其次是巡撫山西及河南的于謙，從宣德五年至正統十二年（西元一四三〇－一四四七），共十七年之久。巡撫之任期長，可使巡撫官熟習地方事務，了解民間問題之所在，處理起來可以駕輕就熟。其缺點是長期擔任巡撫之職，無法內轉京職，窒息升遷管道。

周忱在應天二十一年，雖未能內轉京職，然應天是天下首富之區，又屢加侍郎及戶部尚書、工部尚書職銜，故周忱尚不抱怨任職太長。于謙就不同了，于謙一人身兼河南及山西巡撫，地廣人稀，交通不便，山西又處邊境，經濟條件差，一人往來二地巡撫，再加上此時之巡撫又無一定之任所，往來各地奔波，其苦可想而知。于謙在任職巡撫時，有一首「自歎」詩云：

我生四十餘，已作十年客。有歲能幾何，少壯難再得。今朝太行南，明日太行北。風雪敝貂裘，塵沙暗金勒。寒暑互侵凌，凋我好顏色。齒牙漸搖脫，鬒髮日以白。位重才不充，況此遲暮迫。爲上乏勳勞，爲下無德澤。揣分宜退休，非惟慕奇特。蚤賦歸去來，遮免清議責。③

于謙苦於：「今朝太行南，明日太行北。」的巡撫生涯，連他的妻子去世時，他正好在外巡撫，離家數千里，不能守在愛妻身旁，見她最後一面，其「悼內」詩，展示其內心之哀痛：

漂渺音容何處尋？亂山重疊暮雲深。
四千里外還家夢，二十年前結髮心。
寂寞青燈形對影，蕭疏白髮淚沾襟。
篋中空有遺書在，把玩不堪成古今。④

這種長期在外漂泊的巡撫生活，難怪于謙想要「揣分宜退休」了。正統六年（西元一四四一），于謙以在外年久，沒有朝廷同意，就請人自代回京，被下獄，並由兵部左侍郎降爲大理寺左少卿。⑤爲了避免使巡撫之任期過長，首先在景泰元年（西元一四五〇）因給事中李實之建議，允許巡撫可以攜帶妻子赴任，並由當地官倉量給俸米以養家。⑥另外在正統七年（西元一四四二）時，陝西巡撫就規定每年輪調制，由都御史陳鎰與王翺兩人輪流巡撫。後來因陳鎰在陝西深得民心，人民乞留之，遂停止輪調制。⑦

由於巡撫任期過長，憲宗成化時，陝西巡撫項忠就建議各地巡撫以三年爲一期，才轉任他官，如地方遇有寇盜及其他緊急之事，則等待事定後才更換。但兵部尚書王復及吏部尚書王翺認爲：

巡撫之任，以防邊禦虜，調兵討賊，饋餉賑饑，撫安兵民，皆是重務，若三年一易，則一方利弊未能究知，凡百所爲，率皆苟且，不爲經久之計，忠所言難從。⑧

項忠之提議未獲同意，而實際上在憲宗成化時巡撫之任期平均只有三十一點七九月，不到三年。項忠在陝西任巡撫職也不到四年。還好成化以後，很少見到巡撫任期太長的抱怨聲。代之而起的，反而是抱怨巡撫太短的呼聲了。

弘治元年（西元一四八八），兵部郎中陸容就抱怨巡撫任期太短，請求久任巡撫，他說：

今巡撫者，席未及暖，即思入朝，在朝大臣亦惟知援引鄉里故舊以爲得策。至於朝廷一面之託，託生民一方之休戚，皆漫不之顧。猶病者求愈而日易其醫，則醫者何以奏功，而病者何以得瘳哉。⑨

陸容認爲蘇、松等地自從周忱以來，也有不少有作爲的巡撫官，但至今江南人民受益而不忘者，只周忱一人，這都是久任巡撫之優點。他形容巡撫更換太快，好像病人想醫治好病而每天更換醫生一樣，實不可能之事。

陸容提出久任巡撫之議不久，弘治四年，兵科給事中楊瑛，也提出久任東南巡撫之議。楊瑛認爲東南地方是財賦之源，而近來弊端叢生，巡撫大臣一赴任，剛有成效，而又被他人取代，這麼一來事多紛更，民無實惠，請在這些地方巡撫之任期至少五至七年。⑩同年，代府靈丘王朱成欽也建議各巡撫有諳於軍務及威望者，請勿改調，應加秩增祿，使其久任。但吏部答覆說辦不到，因爲三品以上之京官，多半在巡撫官中選任，如果使地方巡撫久任，那只能從內地巡撫推升爲兩京之三品官，對邊方巡撫不公平，否決了靈丘王之提議。⑪弘治七年，南京太僕寺少卿呂嵩也提出久任巡撫之議，他說周忱剛任應天巡撫時，人民罵他爲「周白地」，因爲他的平米法使百姓以爲有搜刮民財之嫌，但他巡撫應天日久，人民受惠，至巡撫之末期時，則有「米舖地」之謠。⑫此外南京刑部郎中喻宗府，也建言說，不僅內地巡撫要久任，邊地巡撫爲軍事重鎮，也應久任其巡撫官，才可防止邊患。⑬

大家紛紛提出建議要求久任巡撫官，而巡撫官之任期卻愈來愈短。孝宗弘治時，政治清明，弘治皇帝也知道應久任巡撫官，他也設法要使巡撫官的任期延長。但實際上卻沒有辦法，爲什麼呢？前面陸容就說過，各地巡撫席未及暖，就想法內轉，到中央任職。因爲京城之官職安定，升官機會也較大。此外，最大的原因就是從憲宗成化以來，兩京大員出缺，都由各地巡撫陞任。所以南京太僕寺少卿呂㦂建議久任東南巡撫之職，就行不通，因爲這些地方之巡撫的任期如果太長，影響他們升遷至中央的機會，對他們不公平，他們自己也不願意。⑭如果都把各地的巡撫之任期延長，又會窒息兩京大臣缺額之補充，而且對各地巡撫而言，也是一項打擊，這麼一來，不僅影響巡撫官之士氣，更使後人不願再擔任巡撫官了。

武宗正德及世宗嘉靖時代巡撫之任期，分別是十八點二三月及十九點五一月，任期皆不及兩年，內外大臣紛紛提出久任巡撫之建議。嘉靖七年（西元一五二八），刑部尚書胡世寧建議，十三布政使司之布政使及順天、應天府尹等十五員，如稱職者，則升任兩京之六部侍郎及都察院之都御史，而不必再由巡撫推補。⑮胡世寧以爲六部侍郎、都御史及其他九卿等官，不由巡撫升任，而改由布政使及順天、應天府尹升任，則可使巡撫任期長，但他沒想到這麼一來，巡撫之出路豈不中斷？誰願再任巡撫之職？內閣大學士張璁看到了胡世寧之建議後，也提出他自己久任巡撫的意見。張璁認爲近來巡撫官，只是地方布政使、按察使及郎中等升遷到中央之中途站。如劉文莊在嘉靖三年六月由河南左布政使，陞右副都御史巡撫河南。尚未赴任，八月又改任河南巡撫，不到一年又改任都察院之都御史。王輒在嘉靖三年六月由順天府尹，陞爲右副都御史巡撫四川。剛到四川巡撫沒有幾個月，嘉靖四年八月又陞爲工部右侍郎。何詔在嘉靖四年六月由福建左布政使，陞爲右副都御史巡撫保定，六年五月，又陞爲工部侍郎。黃衷在嘉靖三年八月由雲南左布政使，陞爲右副御史巡撫雲南，四個月後，本年十二月又改任湖廣巡撫，不久又升爲工部侍郎。像這樣，更換太速是使巡撫不能久任之原因。爲了彌補此弊端，張璁建議巡撫官應該由更多的管道升任，如兩京各寺卿，大理寺丞，資深之給事中、御史、郎中及在外之布政使，按察使，左右參政及資深之兵備副使、知府，都可以升任巡撫官。原來職位高者，如兩京寺卿及左右布政使及按察使以左、右副都御史補巡撫官，職位較低者，如少卿寺丞，給事中，御史，左右參政，兵備副使及知府，則以左、右僉都御史充任巡撫官。⑯張璁認爲巡撫來源之管道多，巡撫官不一定都由布政使選任，尤其是由位低的官員升任巡撫官，可以使他們安於本位，專心任職，正統及景泰年間的巡撫官就是由地位較低之少卿及寺丞等升任，才能久任。

張璁的建議相當好，因爲如以左、右布政使充任巡撫官，則因布政使是副二品官，不得不以正三品之左、右副都御史改任。如此一來，出任巡撫不久，年資就足夠轉任中央之侍郎，其任巡撫之任期自然不會太長。如以少卿、寺丞或更低的左右參議等充任巡撫官，則只要以左、右僉都御史改任就可，那麼至少要等三年才能升任左、右副都御史，升任左、右副都御史的巡撫官，還要再等一段時間才能升任中央九卿之職了。因此嘉靖皇帝接受了張璁之建議，開始以較低位之兩京寺卿少卿、大理寺丞、按察副使及左右參議充任巡撫官。這就是爲什麼從嘉靖以後，有大量這類官員充任巡撫官之原因。然而，張璁之提議，並沒有對巡撫任期的延長有太多的幫助。嘉靖時巡撫之任期由正德時代之十八點二三月，增加到十九點五一月，再增加到萬曆時代之三十一點零三月。神宗萬曆時巡撫任期之加長，另有其他原因，下面再談。嘉靖時代雖比正德時代增加，但並不太多，成效亦不大，嘉靖二十三年，張永明就說：「巡撫都御史事繁責重，近來遷轉太速，雖雅志有爲，乍到地方，咨詢未悉，迨其諳習，則除書已下，何以責其成功。」⑰爲何嘉靖巡撫任期不長呢？

第一，嘉靖時代沿海倭寇爲亂，北方外患亦很猖獗，各地巡撫因軍事失利而得罪去職者甚多，巡撫更換頻繁，任期不長。

第二：嘉靖以後，雖然有許多巡撫以寺卿、少卿、寺丞等官充任，但是以左右布政使充任巡撫者仍占多數。因中央之寺卿、少卿等官，對地方事務隔閡，又不諳軍事，皇帝不放心讓他們充任與民間關係密切之巡撫官。何況布政使與地方接觸較深，由他們充任，可以駕輕就熟，避免無謂之麻煩。以布政使充任巡撫官，不能久任之弊端遂無法消除。

第三：好逸惡勞是人之天性，明代官員升任巡撫後，皆有機會內轉爲京官，故不論年資如何，巡撫官對內轉京官多趨之若鶩。何況正如吏部說的「今部堂有缺，必取之卿貳，卿貳有缺，必取之督撫。」⑱那一個巡撫不設法急轉爲六部之侍郎呢？

總之，嘉靖時期，甚至後來明代之巡撫官不能久任之主要原因，正如吏部斬釘截鐵的答覆工科給事中張學顏，不能久任巡撫的原因說：「若督撫歲久不遷，而資望淺者，仍得躐陞，啓僥倖速化之心，失出入均勞之義。」⑲這句話，直截了當的透露了巡撫不能久任之原因，如果讓巡撫久任，而資淺的人反而能升任六部侍郎，豈不使人有僥倖之心，失去犒賞勞苦有功人員的意義了嗎？

明神宗萬曆年間，巡撫之任期平均是三十一點零三月，比嘉靖時增加了將近一年之久，這有進一步說明之必要。萬曆初年，巡撫之任期並未有明顯的增加，萬曆十三年，陝西巡按史董子行曾上疏請久任責成巡撫官。萬曆皇帝告訴內閣大學士申時行說：「即有年久者，寧加俸加銜，不可輕易更動。」⑳萬曆皇帝與申時行在實錄中很少有的這項對話中，可以看出在萬曆十三年時，巡撫更易頻繁，故萬曆皇帝命令巡撫官寧可加俸加銜，不可輕易更動。這項命令對巡撫之任期，並無太大的影響。萬曆二十一年，吏科都給事中許弘綱就說，在萬曆十三年時曾經命令巡撫官不可更動太速，現在呢？

乃今有一歲而推者，有半歲而推者。㉑

許弘綱之要求久任巡撫，過了不久，卻終於實現了。實現之原因，並非制度之改變，而是萬曆皇帝之不上朝所致。萬曆皇帝從萬曆十九年（西元一五九一）開始，直到萬曆四十三年（西元一六一五），將近有二十六年不上朝。㉒不上朝的結果是對於巡撫官之辭職一概不理。在上面已說過，雖然中央及地方官員不候代而擅自離任的現象很普遍，但巡撫官擅自離任的現象卻不多見。這就是神宗萬曆期間，巡撫官任期加長的原因。如：僅次於周忱及于謙任期最久的巡撫是雲南巡撫陳用賓，陳用賓從萬曆二十一年（西元一五九三）到萬曆三十六年（西元一六〇八），任巡撫職十五年又四個月，由都察院右僉都御史至右都御史加兼兵部右侍郎。萬曆二十七年（西元一五九九），南京吏科給事中祝世祿及河南道監察御史陳煃等糾劾陳用賓溺職。萬曆三十三年，陳用賓也乞求罷去，皆被留任。㉓明代巡撫任期較長，名列第四的是南贛巡撫李汝華，李汝華從萬曆二十三年（西元一五九五）至萬曆三十六年（西元一六〇八），任職將近十四年。廣東巡撫戴燿從萬曆二十六年（西元一五九八）至萬曆三十六年（西元一六〇八），任職超過十年。山東巡撫黃克纘，從萬曆二十九年（西元一六〇一）至萬曆四十年（西元一六一二），任職將近十一年。順天巡撫李頤，從萬曆二十年（西元一五九二）至萬曆二十九年（西元一六〇一），及接任的劉四科，從萬曆二十九年（西元一六〇一）至萬曆三十八年（西元一六一〇），兩人的任期都接近九年。遼東巡撫趙楫，從萬曆二十八年（西元一六〇〇），至萬曆三十六年（西元一六〇八），任期超過八年。宣府巡撫王象乾，從萬曆二十二年（西元一五九四）至萬曆二十九年（西元一六〇一），任期將近七年。同時在宣府的汪道亨，從萬曆四十年（西元一六一二）至四十六年（西元一六一八），任期將近六年。山西巡撫魏允貞，從萬曆二十一年（西元一五九三）至萬曆二十九年（西元一六〇一），任期將近八年。浙江巡撫劉元霖，從萬曆二十二年（西元一五九四）至萬曆三十年（西元一六〇二），任期將近八年。江西巡撫夏良心，從萬曆二十六年（西元一五九八）至萬曆三十三年（西元一六〇五），任期將近七年。鄖陽巡撫黃紀賢，從萬曆三十三年（西元一六〇五）至萬曆三十九年（西元一六一一）及陳禹謨從萬曆四十年（西元一六一二）至萬曆四十八年（西元一六二〇），兩人之任期都接近八年。陝西巡撫賈待問，從萬曆二十三年（西元一五九五）至萬曆三十年（西元一六〇二），任期超過七年。寧夏巡撫楊時寧，從萬曆二十三年（西元一五九五）至萬曆二十九年（西元一六〇一），任職將近六年。接任的黃嘉善，從萬曆二十九年（西元一六〇一）至萬曆三十八年（西元一六一〇），任職將近九年。雲南巡撫劉世曾從萬曆九年（西元一五八一）至萬曆十六年（西元一五八八），任職七年多。甘肅巡撫田樂從萬曆二十年（西元一五九二）至萬曆二十六年（西元一五九八），任職超過六年。繼任的徐三畏從萬曆二十六年（西元一五九八）至萬曆三十三年（西元一六〇五），超過七年，又繼任的周盤，從萬曆三十四年（西元一六〇六）至萬曆四十年（西元一六一二），任職六年。鳳陽巡撫李三才，從萬曆二十七年（西元一五九九）至萬曆三十九年（西元一六一一），任職將近十二年。接任的陳薦，從萬曆四十年（西元一六一二）至萬曆四十五年（西元一六一七），超過五年。廣西巡撫楊芳，從萬曆二十六年（西元一五九八）至萬曆三十五年（西元一六〇七），將近九年。

萬曆年間巡撫任期超過五年以上者列表如左：

巡撫人名	巡撫地名	任期	出處
1.李頤	順天	二十年（一五九二）六月至二十九年（一六〇一）六月，共六年十一月	實錄卷二四九頁七下，二十年六月壬子 實錄卷三六〇頁三上，二十九年六月丙子
2.劉四科	順天	二十九年（一六〇一）九月至三十八年（一六一〇）七月，共八年十月	實錄卷三六三頁六下，二十九年九月戊午 實錄卷四七二頁三下，三十八年六月辛巳

3.趙楫	遼東	二十八年（一六〇〇）七月至三十六年（一六〇八）七月，共八年	實錄卷三四九頁六，二十八年七月戊申 實錄卷四〇八頁一上，三十六年七月乙酉
4.孫瑋	保定	三十年（一六〇二）四月至三十六年（一六〇八）八月，共六年四月	實錄卷三七一頁一下，三十年四月丁酉 實錄卷四四九頁一下，三十六年八月己未
5.王象乾	宣府	二十二年（一五九四）九月至二十九年（一六〇一）一月，共六年四月	實錄卷二七七頁四下，二十二年九月丙戌 實錄卷三五五頁三上，二十九年一月癸亥
6.魏允貞	山西	二十一年（一五九三）五月至二十九年（一六〇一）五月，共八年一月	實錄卷二六〇頁五上，二十一年五月甲戌 實錄卷三五九頁六下，二十九年五月壬子
7.賈待問	陝西	二十三年（一五九五）五月至三十年（一六〇二）十一月，共七年六月	實錄卷二八五頁十下，二十三年五月戊戌 實錄卷三七八頁六下，三十年十一月癸亥
8.楊時寧	寧夏	二十三年（一五九五）十二月至二十九年（一六〇一）三月，共五年三月	實錄卷二九二頁九下，二十三年十二月庚申 實錄卷三五七頁五上，二十九年三月癸丑
9.黃嘉善	寧夏	二十九年（一六〇一）六月至三十八年（一六一〇）三月，共八年九月	實錄卷三六〇頁五下，二十九年六月戊子 實錄卷四七一頁四上，三十八年三月壬辰
10.田樂	甘肅	二十年（一五九二）四月至二十六年（一五九八）六月，共六年二月	實錄卷二四七頁七下，二十年四月戊申 實錄卷三三八頁八上，二十六年六月丙子
11.徐三畏	甘肅	二十六年（一五九八）七月至三十三年十二月（一六〇六），共七年五月	實錄卷三三四頁七上，二十六年七月壬子 實錄卷四一六頁五上，三十三年十二月丙午
12.周盤	甘肅	三十四年（一六〇六）一月至四十年十二月（一六一三），共六年十一月	實錄卷四一七頁一下，三十四年正月庚午 實錄卷五〇三頁十六下十七上，四十年正月癸丑

13.李三才	鳳陽	二十七年（一五九九）五月至三十九年（一六一一年）二月，共十一年九月	實錄卷三三五頁四下，二十七年五月丁巳 實錄卷四八〇頁四下，三十九年二月戊子
14.黃克纘	山東	二十九年（一六〇一）九月至四十年（一六一二）二月，共十年六月	實錄卷三六三頁二上，二十九年九月丁酉 實錄卷四九二頁十一上十一下，四十年二月庚寅
15.劉元霖	浙江	二十一年（一五九三）十一月至三十年（一六〇二）十一月，九年一月	實錄卷二七九頁二上，二十一年十一月丁亥 實錄卷三七八頁十二上，三十年十一月甲申
16.夏良心	江西	二十六年（一五九八）七月至三十三年（一六〇五）二月，共六年七月	實錄卷三二四頁七上，二十六年七月壬子 實錄卷四〇六頁四下，三十三年二月戊午
17.李汝華	南贛	二十三年（一五九五）七月至三十六年（一六〇八）六月，共十二年八月	實錄卷二八七頁三上，二十三年七月癸未 實錄卷四四七頁三下，三十六年六月己巳
18.黃紀賢	鄖陽	三十三年十二月（一六〇六）至三十九年（一六一一）五月，共五年四月	實錄卷四一六頁五上，三十三年十二月丙午 實錄卷四八三頁八下九上，三十九年五月戊申
19.陳禹謨	鄖陽	四十二年（一六一四）八月至四十八年（一六二〇年）八月，五年十一月	實錄卷五二三頁八下，四十二年八月丙午 明光宗實錄卷三頁十三下，四十八年八月戊申
20.喬璧星	四川	三十三年十二月（一六〇六）至四十年（一六一二）五月，共六年四月	實錄卷四一六頁三上，三十三年十二月癸卯 實錄卷四九五頁七，四十年五月甲辰
21.劉世曾	雲南	九年（一五八一）三月至十六年（一	實錄卷一一〇頁一，九年三月乙丑

		五八八）四月，共七年一月	實錄卷一九七頁二上，十六年四月戊午
22.陳用賓	雲南	二十一年（一五九三）正月至三十六年（一六〇八）八月，共十五年七月	實錄卷二五六頁三，二十一年正月甲戌 實錄卷四四九頁三上，三十六年八月甲子
23.郭子章	貴州	二十七年（一五九九）三月至三十六年（一六〇八）三月，共九年一月	實錄卷三三二頁四下，二十七年三月丁亥 實錄卷四四四頁一上，三十六年三月戊子
24.戴燿	廣東	二十六年（一五九八）八月至三十六年（一六〇八）十月，共十年二月	實錄卷三二五頁二上，二十六年八月丙辰 實錄卷四五一頁二下，三十六年十月丁卯
25.楊芳	廣西	二十六年（一五九八）十月至三十五年（一六〇七）四月，共八年六月	實錄卷三二七頁一上，二十六年十月戊寅 實錄卷四三二頁五下，三十五年四月己亥

以上二十五位巡撫中，任期均在五年至十五年之間，其中除雲南巡撫劉世曾的任期在萬曆十七年（西元一五八九），是在萬曆皇帝開始不視朝以前，其他二十四位巡撫都在萬曆十七年以後。可見這些巡撫任期的增長，並不是朝廷的政策，而是因爲萬曆皇帝不任命新巡撫，不接受巡撫之辭職，也不升任巡撫爲中央的六部侍郎或其他三品以上之官員的結果。我們以鳳陽巡撫李三才爲例，李三才從萬曆二十七年至三十九年（西元一五九九－一六一一）擔任鳳陽巡撫十一年九個月。李三才在萬曆三十年（西元一六〇二），爲治河事與戶部侍郎趙世卿意見不和，引疾求去，上面也同意他的辭職。㉔但一直沒找人替他。李三才就一直等候新任的巡撫。萬曆三十一年（西元一六〇三），又以河工緊急，命李三才治河，並另找人巡撫鳳陽。㉕然而替代的人還是未至，直到萬曆三十九年（西元一六一一），才

因病去職。像李三才兩次去職卻獲得允許，而替代他的人卻一直未來，而在巡撫鳳陽十一年九個月之中，有九年等待替代之人。李三才不像其他的六部官員及布政使等官員，等候不到就擅自離任。明代的巡撫擅自離任的並不多見，這也是爲什麼在萬曆二十年（西元一五九二）以後，各地巡撫任期都偏長的原因。

隆慶（西元一五六七—一五七二）與天啓（西元一六二一—一六二七）年間，巡撫之任期皆偏短，這是因爲這兩位皇帝在位不長，政治不穩定的結果。至於崇禎時代（西元一六二八—一六四四），巡撫任期有二十二點五一月，比正德與嘉靖時代還長，是因爲內地巡撫，尤其未受流寇波及之巡撫任期偏長，反之只有北方邊境之巡撫任期則偏短。崇禎時代（西元一六二八—一六四四）各地巡撫任期列表如左：

巡撫地名	巡撫人數	巡撫任期（月）	每人巡撫均數（月）
1.順天	十五	一九六	一三・〇六
2.遼東	八	一七六	二二・〇〇
3.保定	七	一九四	二七・七一
4.宣府	十二	一九八	一六・五〇
5.大同	八	二〇一	二五・一二
6.山西	十	二〇五	二〇・五〇

7. 陝西	十六	二〇五	一二·八一
8. 延綏	十一	一九二	一七·四五
9. 寧夏	八	二〇五	一五·六一
10. 甘肅	十	二〇九	二〇·九〇
11. 鳳陽	七	二一四	三〇·五七
12. 應天	七	二一二	三〇·二八
13. 山東	十二	一九四	一六·一六
14. 河南	十三	一九四	一四·九二
15. 浙江	七	二〇一	二八·七一
16. 江西	六	二〇七	三四·五〇
17. 南贛	七	二〇〇	二八·五七
18. 福建	六	二〇九	三四·八三
19. 湖廣	十一	二〇四	一八·四五
20. 鄖陽	十一	二〇〇	一八·一八
21. 四川	九	一八九	二一·〇〇
22. 雲南	七	二〇七	二九·五七
23. 貴州	四	二〇七	五一·七五
24. 廣東	六	二〇六	三四·三三
25. 廣西	五	一九〇	三八·〇〇

26.登萊	九	一八〇	二〇・〇〇
27.偏沅	四	二〇五	五一・二五
28.山永	六	一四九	一四・八三
29.天津	七	一九二	二七・四二
30.密雲	四	六五	一六・二五
31.安廬	五	八〇	一六・〇〇
32.昌平	五	五五	一一・〇〇
33.通州	三	六〇	二〇・〇〇
34.承德	一	一〇	一〇・〇〇

由上表可以看出，鳳陽、應天、江西、福建、貴州、廣東、廣西及偏沅等地巡撫，因不受戰亂影響，巡撫任期有偏長之趨勢，這也許是崇禎皇帝無暇兼顧的結果。至於各地巡撫之任期，先看下面之統計表：

巡撫地名	巡撫人數	巡撫總月數	巡撫均數(月)	名　次
1.順天	一〇〇	二一八〇	二一・八〇	二五
2.遼東	九八	二四五九	二五・〇九	十六
3.保定	九五	一八八三	一九・八二	二八
4.宣府	一〇四	二四七八	二三・八二	二三
5.大同	一〇三	二四七三	二四・〇〇	二一

6. 山西	九六	二三四〇	二四・三九	十九
7. 陝西	一一五	二四三七	二一・一九	二七
8. 延綏	八六	二三二四	二七・〇二	九
9. 寧夏	八五	二四八〇	二九・一七	五
10. 甘肅	九一	二四八七	二七・三三	八
11. 鳳陽	一〇〇	二三四六	二三・四六	二四
12. 應天	九〇	二五一七	二七・九六	七
13. 山東	九六	二三八八	二四・八七	一七
14. 河南	一〇七	二三二四	二一・七一	二六
15. 浙江	五八	一五二六	二六・三一	一一
16. 江西	八〇	二一二七	二六・五八	一〇
17. 南贛	六五	一六四五	二五・三〇	一五
18. 福建	四〇	一〇一四	二五・三五	一四
19. 湖廣	一〇〇	二三八六	二三・八六	二二
20. 鄖陽	一〇二	一九一三	一八・七五	三一
21. 四川	八七	二二一四	二五・四四	一三
22. 松潘	四	一六七	四一・七五	一
23. 雲南	七一	二一五五	三〇・三五	三
24. 貴州	八四	二一六一	二五・七二	一二

25. 廣東	七六	二二六〇	二九・七三	四
26. 廣西	七九	二三〇三	二九・一五	六
27. 登萊	十三	二五一	一九・三〇	二九
28. 偏沅	八	二六〇	三二・五〇	一
29. 山永	六	一四九	二四・八三	一八
30. 天津	一二	二八九	二四・〇八	二〇
31. 密雲	四	六五	一六・二五	三二
32. 安廬	五	八〇	一六・〇〇	三三
33. 昌平	五	五五	一一・〇〇	三五
34. 通州	六	八八	一四・三三	三四
35. 承德	一	一〇	一〇・〇〇	三六
36. 屯田	一	一九	一九・〇〇	三〇

上表中任期最長的是松潘及偏沅巡撫，這兩位巡撫設立期間短，與登萊、山永、天津、密雲、安廬、昌平、通州、承德及屯田巡撫一樣，都是明末或特殊情況設定之巡撫，設立時間短，無法看出整個明代巡撫任期之趨向。除了以上所述及的巡撫外，明代巡撫任期較長的是雲南、廣東、廣西、應天、江西、浙江、貴州、福建、南贛等東南地區之巡撫，這些巡撫除雲南及貴州外，均屬內地巡撫。而且又遠離邊患頻繁的北方，局勢穩定，巡撫任期較能長久。嘉靖時，東南沿海雖曾遭受倭亂，雲南及貴州

亦受少數民族之紛擾，但整體而言，不像北方那麼嚴重。四川巡撫之任期二五點四四月，超過二四點七〇之平均數，與四川特殊之地理環境有關。

上表中最令人奇怪的是寧夏、甘肅及延綏等邊地巡撫，此三地巡撫之任期高居五、六及九名，這與北方其他巡撫任期較短的現象，有很大的差異。從延綏巡撫來看，其巡撫之任期在成化、弘治及正德年間（西元一四六五—一六二一）有二十位巡撫，共六四八月中平均任期三十三點四月，寧夏巡撫則在這段期間內，二十二位巡撫，六九七月中平均任期三十一點六八月，甘肅巡撫則在嘉靖期間，平均任期二十六點五五月。此外，這三地巡撫在萬曆年間，平均任期都偏高，延綏巡撫在萬曆年間平均三七點六六月，寧夏巡撫平均三八點六〇月，甘肅巡撫三十四點七〇月。也就是說，這三巡撫在成化至萬曆年間，邊患不很嚴重時，巡撫之任期偏長，是使其巡撫任期平均增加的主要因素。

至於鄖陽與湖廣巡撫平均任期較短，則因鄖陽地理環境複雜，處於河南、安徽、湖北、陝西四省交界之山區，經濟條件亦較差，明代所謂之山寇及礦盜，橫行此地，處理不當亦屢被革職，故鄖陽巡撫之流動性亦大。而湖廣巡撫則因幅員廣大，治理不易，巡撫之任期亦不長。

最後，我們依六個月、六個月至一年、一至二年、二至三年等等作爲分期，列表看各地巡撫在各分期內之巡撫數：

明代巡撫任期分期表

任期＼巡撫地名	1.順天巡撫	2.遼東	3.保定	4.宣府	5.大同	6.山西	7.陝西	8.延綏	9.寧夏	10.甘肅	11.鳳陽	12.應天	13.山東	14.河南
6個月以下	15	11	12	12	13	8	20	5	5	6	8	8	6	10
6個月至1年以下	23	27	27	19	19	18	23	14	12	13	29	13	17	22
1－2年以下	25	22	29	33	31	35	33	26	28	27	35	27	39	40
2－3年以下	23	21	13	20	19	18	20	18	15	20	10	23	19	23
3－4年以下	7	6	9	11	7	10	10	14	10	11	8	9	9	9
4－5年以下	2	2	3	1	8	4	4	3	10	7	3	4	1	2
5－6年以下	2	1	1	5	3	1	3	5	2	1	6	5	1	
6－7年以下	1	3	1	1	1					5	1		2	
7－8年以下						1	2	1	2	1				
8－9年以下	2	3							1				1	
9－10年以下		1		1	1									
10－12年以下		1		1	1								1	
12－14年以下														
14－16年以下														
16－18年以下						1								1
18－20年以下														
20年以上												1		
人數	100	98	95	100	100	96	100	86	85	91	100	90	96	100

15.浙江	3	14	22	9	4	3	1	1	1									58
16.江西	8	12	35	15	4	1	2	1	1		1							80
17.南贛	5	8	26	14	5	6							1					65
18.福建	0	4	17	14	4	1												40
19.湖廣	6	21	35	19	9	6	2	1		1								100
20.鄖陽	14	23	43	14	5	1	2											100
21.四川	4	12	37	17	11	2	1	2	1									87
22.松潘	0	1	0	1	0	0	2											4
23.雲南	4	11	20	18	8	4	2		3					1				71
24.貴州	4	12	35	18	8	2	3			1	1							84
25.廣東	7	6	26	12	16	3	1	3		1		1						76
26.廣西	5	13	19	21	11	5	2	1		2								79
27.登萊	0	4	6	2	1	0												13
28.偏沅	1	2	3	0	0	0	1				1							8
29.山永	1	0	2	2	1	0												6
30.天津	0	3	4	2	2	1												12
31.密雲	3	0	0	0	0	1												4
32.安廬	1	1	2	1	0	0												5
33.昌平	2	2	0	1	0	0												5
34.通州	1	2	2	1	0	0												6
35.承德	0	1	0	0	0	0												1
36.屯田	0	0	1	0	0	0												1

人數	比數	累增比數
209	9.20	9.20
427	18.79	27.99
765	33.66	61.65
444	19.53	81.18
218	9.59	90.77
90	3.96	94.73
55	2.42	97.15
24	1.06	98.21
15	0.66	98.87
10	0.44	99.31
6	0.26	99.57
5	0.22	99.79
1	0.04	99.83
1	0.04	99.87
2	0.09	99.96
0	0	99.96
1	0.04	100
2273	100.00	

由上表可以看出，任職不到六個月的巡撫有二〇九人，占百分之九．二〇。任職不到六個月的巡撫，是指任職從二個月至五個月而言。所謂任職之期限是指《明實錄》所記載的日期而定，也就是說根據實錄所頒佈的聘任及解任日期爲準。這種計算方式當然有它的缺點，因爲發表聘任的日期並不就是等於就任之日期，而發佈解任的日期，與到達當事人手中，也需一段時間。不過這是計算巡撫任期最客觀與正確的方式，捨此方式，別無他途可循。而不把任期一個月的巡撫計算在內，是因爲一個月內實際上無法赴任。事實上，任期二至五個月內的巡撫，也會有不少未赴任所。然而除非有明白記載未赴任，在此都以赴任計算。在本章第一節曾經說過，各地巡撫中，有不少是由本地或鄰近地區之布政使升任，如陝西巡撫三十五位由布政使升任者中，就有二十位由陝西布政使接任，山西巡撫三十二人中，也有十八人。何況有很多巡撫之駐地與布政使在同一城市，故二至五個月的任期，並非不可能。任期不到六個月的巡撫中，以陝西之二十人，順天之十五人及鄖陽之十四人之爲最高。其次大同之十三人，宣府、保定之十二人及遼東之十一人，所占之比例亦較大。

任期六個月以上，一年以下的巡撫，有四百二十七人，占百分之十八點七九，占第三位。在這項內，以鳳陽巡撫之二十九人，遼東、保定的二十七人，順天、陝西及鄖陽的二十三人最高。任期六個月至一年以下之二十九位鳳陽巡撫，升任尙書侍郎及都御史者有十七人，改任總督及其他地區巡撫四人，致仕四人，死於任所四人，不詳者一人。而遼東巡撫之二十七人中，有四人改任他處巡撫，五人內調中央之九卿，五人致仕，丁憂三人，罷職者七人，罷爲民者一人，下獄一人，自殺一人，去職之原因分配相當平均，不像鳳陽巡撫多半因升遷而離職。

如把任期六月至一年以下之巡撫與任期六個月以下之巡撫合計，則占百分之二七點九九，超過四分之一。明代巡撫有四分之一以上的任期不到一年。不到一年的任期對於地方事務實在很難有所建樹。○ Berkelbach Van der Sprinkel 在做明代七卿任期的一項研究中發現，明代七卿的任期，五六二人中有一六二人之任期在一年以下，占百分之二八點八㉖，這與明代巡撫任期一年以下的比例百分之二七點九九很接近。

明代巡撫任期最居多數的是任期一年以上，二年以下之七六五人，占百分之三十三點六六，超過三分之一的巡撫的任期，都屬於這一類。除開明末設立的巡撫及松潘巡撫不算，從順天至廣西的二十五個地方中，每一地方巡撫的任期，在一年以上，二年以上者都高居第一位，只有遼東與廣西居第二位。可見明代巡撫之任期以一至二年之間最爲常見。

任期二年以上，三年以下之巡撫有四百四十四人，占百分之十九點五三，居第二位，但比第三位的六月以上，一年以下的巡撫，高出不很多。任職三年以上，四年以下的巡撫居第四位，但也比任職六個月以上的巡撫，高不了多少。至於任職四年以上的巡撫，則愈來愈少。而大部分任職較長的巡撫，不是發生在巡撫初設時代，就是在神宗萬曆二十至四十八年（西元一五九二—一六二〇）之間。

總之，明代巡撫之任期，平均是二十四點七零月，而以各別皇帝的時代加以劃分來看，明代巡撫之任期，則有逐漸遞減的趨勢，由正統時代的五六點一三月，到景泰時代的三六點三一月，天順時代的三十五月，成化時代的三一點七九月，弘治時代的二八點三四月，再降至正德時代之一八點二三月，嘉靖時代稍爲升至一九點五一月，但亦在平均數之下。隆慶時代降至最低點的一六點六六月。萬曆時代因神宗長期之不視事，得罪之巡撫較爲少見，巡撫之異動也較不頻繁，而且巡撫也較能堅守崗位，不輕易離職，以至於萬曆時代之平均任期升至三一點零三月。天啓時代又降至一八點三六月，崇禎時代因內地及南方地區巡撫之任期偏長，使崇禎時代巡撫之任期升至二三點七零月，但均在平均任期二四點七零月之下。

【附　註】

① 全部之巡撫有一三七三人，是因廣東及廣西兩地重複之四十位巡撫，皆列入之故，比前面表中之一三三三人，增加了四十人。另外，上面之月數，皆改以陽曆之月數計數。

② O. Berkelbach Van der Sprinkel, "High Officials of the Ming" *Bulletin of the School of Oriental and African Studies* XIV (1952), P.91-92。他估計明代七卿之平均任期是三十一個月，換算成陽曆等於二九點五零月。

③ 于謙：《忠肅集》，第三二五冊，卷一一，頁一九下。

④于謙：《于謙詩選》，林寒選注（杭州：浙江人民出版社，一九八二年七月），頁七二。
⑤《明英宗實錄》，卷七七，頁一下，正統六年三月庚子。又同上，卷七九，頁九下，正統六年五月甲寅。
⑥龍文彬：《明會要》，卷三四，職官六，頁五八九。
⑦《明英宗實錄》，卷九九，頁一一上，正統七年一二月甲寅。
⑧《明憲宗實錄》，卷二九，頁四上至四下，成化二年四月辛亥。
⑨《明孝宗實錄》，卷二〇，頁五下，弘治元年一一月壬申。
⑩同上，卷四九，頁四下至五上，弘治四年三月癸未。
⑪同上，卷四七，頁五上至五下，弘治四年正月丁酉。
⑫同上，卷九一，頁四下至五下，弘治七年八月庚午。
⑬同上，卷一〇四，頁三下，弘治八年九月庚子。
⑭同上，卷九一，頁五下，弘治七年八月庚午。
⑮《明世宗實錄》，卷八七，頁七下至八上，嘉靖七年四月乙丑。又見胡世寧：〈知人官人疏〉，《明經世文編》，第二冊，卷一三三，頁五或頁一三二一。又見夏燮：《明通鑑》，卷五四，紀五四，嘉靖七年四月乙丑，頁二〇一七至二〇一八。
⑯張璁：〈論館選巡撫兵備守令〉，於其書《張文忠公集》，一八卷，見黃群編：《敬鄉樓叢書》，四輯三八種七八冊（民國一七至二四年印），第四輯，第十冊，奏疏卷之三，頁二四至二七。

⑰ 龍文彬：《明會要》，卷三四，職官六，頁五九三。

⑱ 《明世宗實錄》，卷四五五，頁四上至四下，嘉靖三十七年正月丙子。

⑲ 同上。

⑳ 《明神宗實錄》，卷一六一，頁七下至八上，萬曆十三年五月己丑。

㉑ 《明神宗實錄》，卷二六三，頁六下至七上，萬曆二十一年八月甲午。

㉒ L.Carrington Goodrich & Chaoying Fang ed: *Dictionary of Ming Biography, 1368-1644* P.326-327.

㉓ 《明神宗實錄》，卷三三一，頁一一下，萬曆二七年二月丁丑。及同上，卷四〇六，頁三上至三下，萬曆三三年二月辛亥。

㉔ 張廷玉等：《明史》，卷二三二，列傳一二〇，李三才傳，第二〇冊，頁六〇六一至六〇六七。

㉕ 《明神宗實錄》，卷三八三，頁一〇上至一〇下，萬曆三一年四月庚戌。

㉖ O.Berkelbach Van der Sprenkel "High Official of the Ming" P.P.87-114。

第六章 結論

巡撫制度是明代新創的一項地方政治制度，爲明代以前之其他朝代所無。巡撫之設立，使明代地方組織增加了另一層行政機構，成爲超越布政使的最高行政長官，對於明代的地方政治有莫大的影響。下面就本書研究的結果，做幾點結論：

第一：明代巡撫官始設於宣德五年（西元一四三〇），派遣侍郎趙新、趙倫、吳政、于謙、曹弘、周忱等六人，前往各地督理稅糧。再經過正統、景泰年間的長期發展：正統年間，因行政上及軍事上的需要，在各地紛紛設立巡撫與鎮守，景泰四年（西元一四五三），爲使巡撫的事權專一，而規定巡撫皆加都御史銜，明代巡撫制度才告確立。

第二：明代巡撫之稱呼，亦經過一段時期的演變。巡撫設立之初，由六部侍郎充任巡撫，故有「巡撫侍郎」合稱的現象，直到正統中，不專以侍郎充任巡撫官，才逐漸停用。英宗正統年間（西元一四三六—一四四九），以軍事上之需要，屢派文臣鎮守地方。這些「鎮守」文臣，有時亦兼安撫百姓、督理稅糧及糧餉補給之巡撫任務，巡撫官有時亦兼「鎮守」之軍事任務，巡撫與「鎮守」常常可以互用，最後「鎮守」文臣亦視爲巡撫。天順二年（西元一四五八）以後，遂不再有「鎮守」之文臣。同樣，「提督」、「參贊」、「贊理」與「協贊」軍事文臣，在天順以前，常與巡撫互用，亦可視爲巡撫。

此外，巡撫常與巡按御史合稱爲「撫按」。景泰四年以後，巡撫改由都察院之都御史充任，故巡撫又稱「撫院」、「撫臺」或俗稱「撫軍」。巡撫有時又稱「中丞」，是以漢代的御史中丞，稱呼明代的巡撫都御史的結果。明代的南贛巡撫因專理軍務，廣東、鳳陽、應天巡撫又以總督兼任，故亦可稱「軍門」。

第三：明代先後設立了順天、遼東、保定、宣府、大同、山西、陝西、延綏、寧夏、甘肅、鳳陽、應天、山東、河南、浙江、江西、南贛、福建、湖廣、鄖陽、四川、松潘、雲南、貴州、廣東、廣西、登萊、偏沅、山永、天津、密雲、安廬、昌平、通州、承德及屯田等三十六個巡撫。以上三十六個巡撫，依設立先後時間的不同，大致可分爲四個時期：第一個時期是在宣德五年（西者列表如左：，設立了山西、應天、山東、河南、浙江、江西及湖廣等七個巡撫。第二個時期是在宣德十年至正統元年（西元一四三五—一四三六），設立了遼東、宣府、大同、陝西、寧夏及甘肅等六個巡撫。第三個時期是在正統十四年至景泰元年間（西元一四四九—一四五〇），設置了順天、鳳陽、四川、貴州、廣東及廣西等六個巡撫。第四個時期是在天啓元年至崇禎十年間（西元一六二一—一六三七），設立了登萊、山永、密雲、安廬、昌平、承德及屯田等七個巡撫。同時，廢除已久之天津、通州、偏沅三個巡撫，也在第四個時期內復設。其他之保定、延綏、南贛、福建、鄖陽、松潘、雲南等七個巡撫，皆在不同時間內，因特殊需要而設。

明代巡撫設立後，並非一成不變，一些朝廷大臣，尤其是宦官及武官反對的聲浪很大。一些巡撫，就在各方反對之下，屢受裁撤。明代巡撫裁撤過程，亦可分爲三個主要時期：第一個時期是在正統五年至十二年間（西元一四三九—一四四七），先後裁去了山東、浙江、江西、湖廣、山西及河南等六個巡撫。正統十四年，土木之變後，又恢復。第二個時期是在天順元年（西元一四五七），裁革了所有的巡撫官。天順二年起，又陸續恢復。第三個時期是在正德二至五年間（西元一五〇七—一五一〇），廢去了順天、保定、山西、應天、山東、河南、江西、鄖陽、雲南及貴州等十個巡撫。正德五年，宦官劉瑾被誅，又陸續恢復。

第四：明代巡撫初設時，本以督理稅糧及撫安百姓爲主要任務。但正統以來，北方局勢緊張，南方又有內亂，各地巡撫又漸掌有軍事權，紛紛兼有「提督」、「參贊」、「贊理」及「協贊」等軍務。巡撫之軍事權已漸駕凌武臣之上。至於巡撫之監察權，也與日劇增。由考察州縣官，到考察布政使及提刑按察使。甚至不必先行具奏就可逮捕五品以下文武職官員。

第五：明代巡撫的來源，以布政使最多，全部二千二百三十三人次的巡撫中，有六百二十八人由布政使升任，占百分之二十八點一三，居第一位。由其他地區巡撫轉任者，有二百五十一人，占百分之十一點二五，居第二位。曾任巡撫，因丁憂或因事去職，或改任他官，再度任巡撫者有二百二十人，占百分之九點八六，居第三位。由按察司官升任巡撫者，有二百零三人，占百分之九點零九，居第四位。由太僕、大理寺卿出身者，分占百分之五點七八及五點六五，分居第五及第六位。如把太僕寺、大理寺、太常寺及光祿寺等寺卿官出身的巡撫合計，共有三百八十八人，占全部巡撫者百分之十七點四四，僅次於布政使。

第六：由明代巡撫的異動來看，全部二千二百三十三人次中，有四百二十八人，升為六部尚書或侍郎，所占比例最高。免職者，有二百八十八人，占百分之十二點九零，居第二位。升任為總督、經略及總理河道大臣者，有一百九十七人，占百分之八點八二，居第三位。而改任他處巡撫者，有一百九十三人，占百分之八點六四，居第四位。如以升降職來分類，則明代巡撫之異動情形可分為下列四種類型：第一類型，屬於升官的巡撫，共八百四十四人，占百分之三十七點八零，超過三分之一的巡撫有升官的機會。第二類，屬於平轉的巡撫，有七百八十四人，占百分之三十五點一一。第三類型，屬於降職者，有四百四十一人，占百分之十九點七五。第四類型，是異動情況不詳者，有一一七人，占百分之五點二四。

第七：明代巡撫之任期，平均是二十四點七零月。以各別皇帝來分：正統時，平均任期五十六點一三月。景泰時，三十六點三一月。天順時，三十五月。成化時，三十一點七九月。弘治時，二十八點三四月。正德時，十八點二三月。嘉靖時，十九點五一月。隆慶時，十六點六六月。萬曆時，三十一點零三月。天啓時，十八點三六月。崇禎時，二十二點七零月。

至於明代各地巡撫之任期，如以六個月以下，六個月至一年，一年至二年，二年至三年，等方式分期來看，則以任期一年以上，二年以下之巡撫居多，有七百六十五人，占百分之三十三點六六。二年以上，三年以下的巡撫有四百四十四人，占百分之十九點五三，居第二位。任期六個月以上，一年以下的巡撫，有四百二十七人，占百分之十八點七九，居第三位。

引用文獻（依作者之姓氏筆畫順序排列）

一、論文部分

1.于　登：〈明代監察院制度概述〉，《金陵學報》，第六卷第二期（民國三十六年十一月），頁二一三至二二九。
2.小川尙：〈明初の地方按治について〉《東方學》，第五十四輯（一九七七年七月），頁六三至七六。
3.巨煥武：〈明代巡按御史與中差御史〉，《國立政治大學學報》，第三十一期（民國六十四年五月），頁七五至九十。
4.巨煥武：〈明代督撫與巡按權勢之升沉〉，《思與言》，第十三卷第四期（一九七五年十一月），頁三八至四七。
5.田村實造：〈明の時代性について－太祖の統治方針を中心とする〉，《史林》，三十卷二期（一九四五年）。
6.百　川：〈明代麓川之役述詳〉，《思想戰線》，一九八六，二（總六十八期，一九八六年四月）

頁五六至六一。
7.何鵬毓：〈明代監察制度〉，《東方雜誌》，四十四卷第二號（民國三十七年二月），頁四十七至五十三。
8.吳　晗：〈明代民族英雄于謙〉，於其書《吳晗雜文選》（北京：人民文學出版社，一九七九年十二月），頁一三九至一五一。
9.吳　晗：〈明代的軍兵〉，《中國社會經濟史集刊》，第五卷第二期（民國二十六年六月），頁一四七至二〇〇。
10.吳　晗：〈況鍾與周忱〉，同上，頁一二五至一三八。
11.李國祁：〈明清兩代地方行政制度中道的功能及其演變〉，《中央研究院近代史研究所集刊》，第三期上冊（民國六十一年七月），頁一三九至一八八。
12.谷光隆：〈明代の勳臣に關する一考察〉，《東洋史研究》，二十九卷四期（一九七一年三月），頁六六至一二三。
13.周遠康、謝肇華：〈萬曆後期的礦稅之禍—明代遼東檔案研究之三〉，於王仲犖主編：《歷史論集》，第三集（濟南：齊魯書社，一九八三年四月），頁二三六至二七一。
14.栗林宣夫：〈明代の巡撫の成立について〉，《史潮》，第十一卷三期（一九四二年一月），頁六九至九八。

15.張治安：〈明代廷推之研究〉，《國立政治大學學報》，第二十九期（民國六十三年五月），頁二〇三至二二六。

16.奧山憲夫：〈明代巡撫制度の變遷〉，《東洋史研究》，第四十五卷三期（一九八六年九月），頁五五至八十。

17.賴家度、李光璧：〈明代民族英雄于謙〉，於歷史研究編輯部編：《明清人物論集》，上、下二冊，（成都：四川人民出版社，一九八二年），上冊，頁二二〇至二三三。

18.韓道誠：〈熊廷弼之經略遼東〉，《學術季刊》，第六卷第三期（民國四十七年三月），頁一八三至二〇三。

19.瞿蛻園：〈歷代職官簡釋〉，於黃本驥編：《歷代職官表》（臺北：洪氏出版社，民國六十五年一月），頁一至二二。

20.Huang.Ray, " The Liao-tung Campaign of 1619, " *Oriens Extremus*, Vol.28.No.1 (1981), pp. 30-54.

21.Hucker,Charles O., " Governmental organization of the Ming Dynasty, " *Harvard Journal of Asiatic Studies XXI (1958)*, pp.1-66.

22.Parsons, James B., " Ming Dynasty Bureaucracy: A Supplementary Analysis, " *Monumenta Serica 29* (1970-71), pp.456-483.

23.Sprenkel, O. B. Van der, " High Officials of the Ming, " *Bulletin of the School of Oriental and African Studies* ,

London University, XIV (1952), pp.87-114.

二、專書部分

1.于　謙：《于謙詩選》，林寒選注，杭州，浙江人民出版社，一九八二年七月。

2.于　謙：《忠肅集》，十二卷，二冊，於王雲五主持：《四庫全書珍本》四集，第三二四及三二五冊，臺北，商務印書館，民國六十二年。

3.文元發：《學圃齋隨筆》，上下兩冊，臺北，偉文圖書出版社有限公司，民國六十五年九月。

4.文　秉：《定陵志略》，上下兩冊，十卷，臺北，偉文圖書出版社有限公司，民國六十五年九月。

5.王世貞：《弇山堂別集》，六冊，臺北，臺灣學生書局，民國五十四年五月。

6.王世貞：《觚不觚錄》，一卷，於（明）陳繼儒輯：《寶顏堂秘笈》，六集，四八冊，明萬曆中繡水沈氏刊本，民國十一年上海文明書局石印本，第十冊，第二函。

7.王世貞：《鳳洲雜編》，臺北，廣文書局，民國五十八年九月。

8.王廷相：《雅述篇》，上下兩篇，於其書，《王氏家藏集》，五冊，臺北，偉文圖書出版社有限公司，根據國立中央圖書館本影印，民國六十五年五月。

9.王　鏊：《震澤紀聞》，於陳文燭編：《歷代小史》，一〇五卷，三二冊，上海，商務印書館根據上海涵芬樓影印明刊本，民國二十九年一月，第二六冊，卷八四。

10.永瑢等奉敕修撰：《歷代職官表》，七十二卷，於王雲五主編：《國學基本叢書》，第八十六及八十七冊，臺北，臺灣商務印書館，根據上海涵芬樓影印明刻本，民國二十九年一月。

11.田藝蘅：《留青日札》，四卷，臺北，廣文書局，民國五十八年九月。

12.伍袁萃：《林居漫錄》，上下二冊，於《清代禁燬書叢刊》，第一輯，臺北，偉文圖書出版社有限公司，民國六十六年八月。

13.朱睦㮮：《皇朝中州人物志》，十六卷，臺北，學生書局，據明隆慶二年刊本景印，民國五十九年十二月。

14.何良俊：《四友齋叢說》，三十八卷，一冊，北京，中華書局，一九五九年四月。

15何孟春：《餘冬序錄摘抄》，七卷，外篇六卷，於沈節甫輯：《紀錄彙編》，見王雲五主編：《宋元明善本叢書十種》，二一六卷，二六冊，臺北，商務印書館，民國五十八年五月，第十九冊，卷一五三。

16.余繼登：《典故紀聞》，十八卷，臺北，大立出版社，出版年代不詳。

17.吳廷燮：《明督撫年表》，附人名索引，上下二冊，魏連科點校，北京，中華書局，一九八二。

18.吳尚默：《西臺摘疏》，一卷，於趙紹祖、趙繩祖輯：《涇縣趙氏古墨齋刊本》，民國六年翟鳳翔等據清道光趙氏本景印。

19.呂　坤：〈明職〉，同治九年，一八七〇年，吳世裕刻，包括呂坤之〈明職〉，海瑞之〈參評〉及耿定向之〈耐煩說〉成一書。
20.呂　毖：《明朝小史》，十八卷，於鄭振鐸輯：《玄寶堂叢書》，十函，一二〇冊，民國三十年上海據清初本景印，第八函，第八七冊。
21.李光濤：《熊廷弼與遼東》，中央研究院歷史語言研究所專刊之六十八，臺北，中央研究院歷史語言研究所，民國六十五年八月。
22.李東陽等修，申時行等重修：《大明會典》，二二八卷，五冊，臺北，新文豐出版公司，民國六十五年七月。
23.李　賢：《天順日錄》，一卷，見王雲五主編：《宋元明善本叢書十種》，卷二十二。
24.李　賢：《古穰雜錄》，一卷，於沈節甫編：《紀錄彙編》，二一六卷，上海涵芬樓景印明萬曆刊本。
25.沈家本修、徐宗亮纂：《天津府志》，五十三卷，十二冊，清光緒二五年刊本，臺北，臺灣學生書局景印本，民國五十七年六月。
26.沈德符：《萬曆野獲編》，上中下三冊，於元明史料筆記叢刊之一，北京，中華書局，一九五九年二月。
27.周　怡：《訥谿奏疏》，一卷，於錢熙祚輯，錢培讓、錢培杰續輯：《指海》，二十集，一六〇冊，清道光中金山錢氏據借月山房彙鈔刊版重編增刊本，民國二十四年上海大東書局據清錢氏重編借月山房彙鈔本景印，第十集，第七十三冊。
28.皇甫錄：《皇明紀略》，於王雲五主編：《人人文庫》，二四四八種，臺北，商務印書館，民國六十八年八月。
29.胡汝礪編，管律重修，陳明猷校刊：《嘉靖寧夏新志》，銀川，寧夏人民出版社，一九八二年十二月。
30.唐順之：《唐荊州先生文集》，十八卷，補遺一卷，附錄二卷，於盛宣懷編：《常州先哲遺事》，清光緒中武進盛氏刊本，卷八。
31.夏　燮：《明通鑑》，一百卷，四冊，沈仲九標點，北京，中華書局，一九五九年二月。
32.徐光啓：《徐氏庖言》，五卷，上下二冊，上海，土山灣印書館，民國二十二年十月。
33.徐學聚：《國朝典彙》，二百卷，四冊，臺北，臺灣學生書局，民國五十四年。
34.海　瑞：《海忠介公全集》，七卷，臺北，海忠介公全集輯印委員會，民國六十二年五月。
35.高　岱：《鴻猷錄》，十一卷，見王雲五主編：《宋元明善本叢書十種》，卷七十七。
36.高建勳修、王維珍纂：《通州志》，十一卷，五冊，臺北，臺灣學生書局，據清光緒五年刊本影印，民國五十七年六月。
37.崔　竑：《國朝獻徵錄》，八冊，臺北，臺灣學生書局，民國五十四年元月。
38.張孚敬（聰）：《張文襄公集》，十八卷，於黃群編：《敬鄉樓叢書》，四輯，三十八種，七十八冊，民國十七至二四年印，第四輯之七，第十冊。

39.張廷玉等：《明史》，三三二卷，二八冊，北京，中華書局，一九七四年。

40.張　萱：《西園聞見錄》，一〇七卷，四十冊，北平，哈佛燕京學社，一二七卷，三十冊，臺北，成文出版社，一九七一。

41.敖　英：《東谷贅言》，二卷，《附校勘記》一卷，於胡思敬輯：《豫章叢書》，三十函，二六五冊，民國南昌豫章叢書編印局刊本，民國五年刊，第九函，第七十冊。

42.章　懋：《楓山語錄》，一卷，於錢熙祚輯，錢培讓、錢培杰續輯：《指海》，二十函，一六〇冊，第六函，第四十五冊。

43.陳子龍、徐孚遠、宋徵璧等編：《明經世文編》，五〇四卷，六冊，香港，珠璣書局，一九六四年。

44.陳仁錫：《皇明世法錄》，九二卷，四冊，臺北，臺灣學生書局，民國五十四年元月。

45.陳弘緒：《寒夜錄》，上中下三卷，於曹溶輯，陶越增刪：《學海類編》，二十函，一二〇冊，清道光十一年，一八三一年，六安晁氏本景印，集餘四〈記述〉，第十四函，第九十冊。

46.陳登原：《國史舊聞》，臺北，明文書局，民國七十年七月。

47.陶　梃：《續說郛》，四十六卷，五二七種，三冊，臺北，新興書局，民國六十一年三月根據清順治丙戌年，一六四六年，刻本影印。

48.陸　容：《菽園雜記》，一卷，於高鳴鳳輯：《今獻彙言》，十冊，明萬曆中刊本，民國二十六年上海商務印書館據明本景印，第七冊。
49. 陸　深：《玉堂漫筆》，一卷，於陳繼儒輯：《寶顏堂秘笈》，六函，四十八冊，明萬曆中繡水沈氏刊本，民國十一年上海文明書局石印本，第二函，第十三冊。
50. 陸　楫：《蒹葭堂雜著》，一卷，見王雲五主編：《宋元明善本叢書十種》，卷二〇四，第二十五冊。
51. 傅鳳翔：《皇明詔令》，二一卷，四冊，臺北，成文出版社，民國五十六年九月。
52. 焦　竑：《玉堂叢書》，八卷，顧思點校，北京，中華書局，一九八一年。
53. 賀　欽：《醫閭先生集》，九卷，於金毓黻編輯：《遼海叢書》，十集，第四集，第三一及三二冊，民國二十至二三年，遼海書社排印本。
54. 黃仁宇：《萬曆十五年》，臺北，食貨出版社，民國七十四年。
55. 黃本驥：《歷代職官表》，臺北，洪氏出版社，民國六十五年一月。
56. 黃宗羲：《明夷待訪錄》，於沈雲龍選輯：《明清史料彙編》，初集八冊，臺北，文海出版社，民國五十六年，三月，第五冊。
57. 楊士聰：《玉堂薈記》，一卷，同上，第三冊。
58. 萬　言：《崇禎長編》，不分卷，中央研究院歷史語言研究所，民國五十一年。
59. 葉　盛：《水東日記》，四十卷，魏中平點校，北京，中華書局，一九八〇年十月。